Manual de Proteção de Dados

Manual de Proteção de Dados

LGPD COMENTADA

2021

Luiz Fernando do Vale de Almeida Guilherme

ALMEDINA

MANUAL DE PROTEÇÃO DE DADOS
LGPD COMENTADA

Autor: Luiz Fernando do Vale de Almeida Guilherme

Diretor Almedina Brasil: Rodrigo Mentz
Editora Jurídica: Manuella Santos de Castro
Editor de Desenvolvimento: Aurélio Cesar Nogueira
Assistentes Editoriais: Isabela Leite e Larissa Nogueira

Diagramação: Almedina
Design de Capa: FBA

ISBN: 9786556272061
Abril, 2021

Dados Internacionais de Catalogação na Publicação (CIP)
(Câmara Brasileira do Livro, SP, Brasil)

Guilherme, Luiz Fernando do Vale de Almeida
Manual de proteção de dados: LGPD comentada /
Luiz Fernando do Vale de Almeida Guilherme. – 1. ed.
São Paulo: Almedina, 2021.

ISBN 978-65-5627-206-1

1. Direito 2. Proteção de dados – Direito – Brasil
3. Proteção de dados – Leis e legislação
4. Tecnologia I. Título

21-56084 CDU-342.721(094.56)

Índices para catálogo sistemático:

1. Lei geral de proteção de dados: Direito à privacidade 342.721(094.56)

Aline Graziele Benitez – Bibliotecária – CRB-1/3129

Este livro segue as regras do novo Acordo Ortográfico da Língua Portuguesa (1990).

Editora: Almedina Brasil
Rua José Maria Lisboa, 860, Conj. 131 e 132, Jardim Paulista | 01423-001 São Paulo | Brasil
editora@almedina.com.br
www.almedina.com.br

SOBRE O AUTOR

Luiz Fernando do Vale de Almeida Guilherme

Advogado em São Paulo, Brasília, Minas Gerais, Rio de Janeiro, Paraná e Recife.

Advogado inscrito na Ordem dos Advogados de Portugal.

Sócio de Almeida Guilherme Advogados Associados (www.aglaw.com.br).

Pós Doutor em Direito Mercantil pela Universidad de Salamanca – Espanha.

Doutor e Mestre em Direito pela PUC-SP.

Especialista em Mediação pela Faculdade de Direito de Salamanca (Espanha).

Capacitado em Mediação e Arbitragem pela CACB e Cbmae.

Especialista em Prática de Mediação e Arbitragem na Universidade Portucalense (Porto, Portugal).

Bacharel em Direito.

Membro Efetivo da Comissão de Sustentabilidade e Meio Ambiente da OAB/SP (2011-2013).

Membro Efetivo da Comissão de Meio Ambiente da OAB/SP (2013-2015).

Membro Efetivo da Comissão de Meio Ambiente da OAB/SP (2016-2019).

Coordenador do Grupo de Direito Ambiental Tributário (2016-2019).

Membro Consultor da Comissão de Infraestrutura, Logística e Desenvolvimento do IASP, do Instituto dos Advogados do Distrito Federal.

Membro do Instituto Brasileiro de Direito Processual (IBDP).

Membro da Comissão de Direito Internacional da OAB/RJ (2016-2018).

Membro da Comissão de Assuntos Legislativos da OAB/DF (2016-2018).

Membro da Comissão Especial de Mediação da OAB/DF (2016-2018).
Membro honorário do Instituto de Direito Privado (IDP).
Membro do Instituto dos Advogados do Brasil (IAB) e Comitê Brasileiro de Arbitragem – CBAr.
Membro da Comissão de Arbitragem da OAB/MG.
Professor do curso de pós-graduação nas Faculdades de Direito da Universidade Presbiteriana Mackenzie – UPM, da PUC/SP (Cogeae), da Fundação Armando Alvares Penteado – FAAP, da Escola Paulista da Magistratura – EPM, do Complexo Educacional Damásio de Jesus, do Ibmec/SP (Insper) e da Business School of São Paulo (Anhembi Morumbi).
Ex-Coordenador do Mestrado, Ex-Coordenador Adjunto e Ex-Professor da Escola Paulista de Direito (EPD). Professor do curso de graduação nas Faculdades de Direito da UPM e Ex- Professor Doutor Adjunto das Faculdades Metropolitanas Unidas – FMU, onde também leciona na Especialização.
Ex-Coordenador do curso de arbitragem da Escola Superior da Advocacia (ESA). Professor do Curso de Especialização em Fashion Law na Faculdade Santa Marcelina, de Mescs no Ebradi e de Direito Civil na UFMT.
Professor do Curso de Especialização em Direito Ambiental na ESA/SP.
Professor do curso de Pos Graduação em Direito Desportivo do Instituto Internacional de Direito Desportivo (IIDD).
Ex-Coordenador dos cursos de extensão da FADISP/ALFA.
Autor de diversos artigos e livros jurídicos.
Ingressa o corpo de pretensos árbitros do CEBRAMAR (DF).
Membro da Comissão de Direito Civil do IAB (2016-2018).
Membro da Comissão de Mediação, Conciliação e Arbitragem do IAB (2016-2018).
Membro associado do CONPEDI – Conselho Nacional de Pesquisa e Pós Graduação em Direito.
Associado do Instituto Brasileiro de Direito Civil (IBDCivil).
Parecerista do site: www.civilista.com.
Parecerista da Revista de Informação Legislativa publicado pelo Senado Federal.
Associado ao Instituto Brasileiro de Direito Processual (IBDP).
Foi premiado com a Láurea do Mérito Docente pela OAB-SP.

NOTA DO AUTOR

A Lei Geral de Proteção de Dados (LGPD) – diante da tecnologia e avanço digital – tem como bem jurídico o maior bem imaterial do planeta: "os dados pessoais", ou seja, qualquer informação da pessoa natural identificável ou identificada deve ser autorizada pela pessoa física, já que a lei traz uma nova cultura em prol de direitos de personalidade (arts. 11 a 21 do CC, principalmente o artigo 11: Com exceção dos casos previstos em lei, os direitos da personalidade são intransmissíveis e irrenunciáveis, não podendo o seu exercício sofrer limitação voluntária) e dos direitos humanos em prol da dignidade da pessoa (art. 1º, III da CF, cláusula pétrea em conformidade com o artigo 60, §4º, IV da CF). Os dados que as pessoas disponibilizam podem, se agrupados, confrontados, analisados ou estudados em conjunto ser utilizados para distorcer democracias, trazer graves ameaças a direitos fundamentais existentes e ainda gerar ideologias racistas e de segregação.

Do outro lado, os dados pessoais que são estereótipos do próprio direito de personalidade da pessoa humana não pode ser utilizado, também, em prol de empresas para capitanear a tendência de consumo da coletividade ou da sociedade. Esses dados sensíveis tem que ser delimitados pela vontade das pessoas em autorizar ou não, seja pelo seu uso, seja pelo seu valor. A lei privilegia a prevenção pautada na liberdade das pessoas naturais, mas deve-se lembrar que esses direitos ou melhor essa nova cultura de direitos trazida pela LGPD deve ser assistida e delimitada pelos direitos da personalidade já trazidos pelo Código Civil de 2002 dentro daquela estrutura principiológica do Direito Civil, em que eticidade e socialidade fazem parte na interpretação da norma jurídica.

Os dados pessoais, dados sensíveis das pessoas humanas, são intransmissíveis e irrenunciáveis, devendo sempre ser autorizado sua permissão já que como sombra do direito de personalidade não pode meramente sofrer limitação voluntária sem explicações do porquê se dá ou não essa permissão. O Poder Judiciário, a doutrina e os órgãos de fiscalização trazidos pela LGPD devem sempre se ater a isso para resguardar direito inerente às pessoas naturais.

Mesmo assim, qualquer utilização equivocada deve ser pautada em perdas e danos, sendo legítimo a requerer tal medida o cônjuge sobrevivente, ou qualquer parente em linha reta, ou colateral até o quarto grau, por analogia do parágrafo único do artigo 12 do CC, sendo lembrado que: "a vida privada da pessoa natural é inviolável, e o juiz, a requerimento do interessado, adotará as providências necessárias para impedir ou fazer cessar ato contrário a esta norma" (art. 21 do CC).

Este Manual procura trazer de maneira didática comentários da Lei Geral de Proteção de Dados, além de fazer comparativo com a legislação portuguesa e europeia, inclusive, detalhando em uma parte exemplos práticos que podem ser utilizados pelos operadores do direito.

LISTA DE SIGLAS E ABREVIATURAS

ABA – Associação Brasileira dos Anunciantes
ABAP – Associação Brasileira das Agências de Publicidade
ABEMD – Associação Brasileira de Marketing de Dados
ANPD – Autoridade Nacional de Proteção de Dados
ANS – Agência Nacional de Saúde
CEO – Chief Executive Officer
CGPPDP – Comitê Gestor de Privacidade e Proteção de Dados Pessoais
CNPD – Comissão Nacional de Proteção de Dados (Portugal)
CNPDPP – Conselho Nacional de Proteção de Dados Pessoais e da Privacidade
CONAR – Conselho Nacional de Autorregulamentação Publicitária (www.conar.org.br)
CC – Código Civil
CDC – Código de Defesa do Consumidor
CNH – Carteira Nacional de Habilitação
CNJ – Conselho Nacional de Justiça
CNPJ – Cadastro Nacional da Pessoa Jurídica vinculada ao Ministério da Fazenda, ora Ministério da Economia.
CF – Constituição Federal
CP – Código Penal
CPC – Código de Processo Civil
CPF – Cadastro da Pessoa Física mediante o Ministério da Fazenda, ora Ministério da Economia.
DPO – *Data Protection Officer*
ECA – Estatuto da Criança e do Adolescente

FORCOM – Fórum Permanente de Comunicação
GDPR – *General Data Protection Regulation*
INEP – Instituto Nacional de Estudos e Pesquisas Educacionais Anísio Teixeira
IP – *Internet Protocol*
LINDB – Lei de Introdução ao Código Civil
LGPD – Lei Geral de Proteção de Dados
MP – Medida Provisória
PL – Projeto de Lei
Privacy by Design – Privacidade desde a concepção
RG – Registro Civil
SINAES – Sistema Nacional de Avaliação da Educação Superior

SUMÁRIO

PARTE I
DO INÍCIO DA LGPD DO PROJETO E DA JUSTIFICATIVA DA LEI

PARTE II
COMENTÁRIOS À LEI – ARTIGO POR ARTIGO

PARTE III
ANÁLISE PRÁTICA

PARTE IV
ANEXOS

PARTE I

DO INÍCIO DA LGPD
DO PROJETO E DA JUSTIFICATIVA DA LEI

1. Interpretação da Justificativa do Projeto de Lei nº 4.060/2012

A tão aguardada Lei Geral de Proteção de Dados – "LGPD" (Lei nº 13.709/2018) começou a ganhar os seus contornos no Brasil ainda no início da década de 2010, mais precisamente no ano de 2012, trazida a contexto pelo então Deputado Milton Monti, por intermédio do projeto de lei apresentado à Câmara dos Deputados (PL nº 4.060/2012).

Naquele momento, a figura do Legislativo pátrio vislumbrou necessidades prementes tanto no Brasil quanto no plano exterior, uma vez que os caminhos que a evolução tecnológica e o entrelaçamento de relações entre pessoas e instituições, já, por todo globo, suscitavam a latente troca de informações e de dados pessoais que aparentemente já necessitavam de certa regulação.

O PL nº 4.060/2012 – que seis anos mais tarde se solidificou na Lei nº 13.709/2018 – contemplava em seu início apenas 25 artigos, ainda sem apresentar a profundidade que os anos de debate trouxeram para o espírito da LGPD.

De todo modo, é elogiável a percepção até então visionária do então deputado que, naquele momento, entendeu pela necessidade de elemento de regulação que disciplinasse e tutelasse a crescente penetração de entidades na vida íntima das pessoas, captando informações e dados pessoais sem controle e de forma desmedida. Não à toa ter entendido o deputado, naquele momento, que esse marco que regulasse esse conjunto de práticas fosse geral e abrangente diante das mutações permanentes em uma área de evolução tecnológica tão rápida; bem como também percebeu que certas questões específicas deveriam ficar a cargo de um conselho de autorregulamentação.

Assim, seguem as palavras concisas e objetivas do então Deputado Milton Monti, em sua *Justificativa* para a introdução de um projeto de lei que dispusesse sobre a proteção de dados pessoais.

Em seguida, será apresentada a própria Lei nº 13.709/2018, também intitulada Lei Geral de Proteção de Dados – LGPD, com os seus 65 artigos, mais parágrafos e incisos, cada um dos quais comentados, abaixo.

JUSTIFICATIVA DO PROJETO DE LEI

"O presente Projeto de lei tem por objetivo dar ordenamento jurídico e institucional ao tratamento de dados pessoais, bem como a proteção dos direitos individuais das pessoas, de acordo com a Constituição da República Federativa do Brasil.

O tratamento de dados é hoje uma realidade cada vez mais presente em nosso cotidiano, especialmente quando experimentamos o avanço da tecnologia da informação, em especial a internet e suas aplicações nas mais diversas áreas de nossa vida em sociedade. Até pouco tempo era inimaginável pensar nas aplicações e a interação que a internet teria em nosso dia-a-dia, ao mesmo tempo em que podemos imaginar que isso continuará em ritmo acelerado e de incremento, tendo em vista a velocidade em que novas tecnologias são desenvolvidas para a comunicação com as pessoas.

Dentro dessa realidade se faz necessário estabelecer normas legais para disciplinar tais relações, especialmente para dar proteção à individualidade e a privacidade das pessoas, sem impedir a livre iniciativa comercial e de comunicação.

Por esses motivos e sensibilizado pela realização do V Congresso Brasileiro da Indústria da Comunicação, evento promovido pela ABAP – Associação Brasileira das Agências de Publicidade e pelo FORCOM – Fórum Permanente de Comunicação, no qual tive a honra e a oportunidade de participar, e de forma especial como Presidente da Comissão 5 que tratou do tema da comunicação "one-to-one" Personalização X Privacidade, e que decidi apresentar o presente Projeto de Lei.

Debatemos com muitos especialistas dessa área, destacando aqui a participação do blogueiro Marcelo Tás, do ator Odilon Wagner, do Presidente da ABEMD Efraim Kapulski, do Advogado Vitor Morais de Andrade, do Diretor da Editora Abril Fernando Costa, além de mais de uma centena de participantes, sendo elaborado ao final e aprovado um relatório pelos participantes de Comissão, bem como a aprovação por todas as 38 entidades que compuseram o V Congresso em uma votação plenária, destacando ainda que o texto final foi aprovado por unanimidade.

Procurei no presente Projeto de Lei expressar o resultado de todos os debates e observações vindas das acaloradas reflexões daquele encontro. Podemos destacar as linhas mestras das conclusões dos debates que indicaram a necessidade de um marco regulatório para disciplinar essa atividade e que o mesmo deveria ser, geral e abrangente, face às mutações permanentes em uma área de evolução tecnológica tão rápida, bem como que as questões específicas deveriam ficar a cargo de um conselho de autorregulamentação, aos moldes do CONAR que é destaque em eficiência aqui em nosso país como também em outros países do mundo.

Não há dúvida nenhuma que o Estado deve cuidar das questões gerais, mas é também evidente que a sociedade é refrataria ao excesso de tutela por parte do Estado e que deseja exercer na plenitude seus direitos constitucionais inclusive o de receber se quiser comunicações pelos meios disponíveis no momento.

Desta forma gostaria de pedir aos meus pares que possam aprovar a presente propositura.

Sala das sessões em, de 2012
Deputado MILTON MONTI"

2. Análise do projeto e do histórico da Lei nº 13.709/2018

A Lei Geral de Proteção de Dados (LGPD), além de significar um marco em favor da sociedade em consonância com os principais preceitos e defesas observadas na legislação alienígena, também representa um ponto de resiliência social, na medida em que, ao longo da década, por diversas o seu projeto sofreu reveses e se viu a ponto de ser ceifado.

E, não obstante os naturais vetos e alterações que sofreu em seu curso, já em vias de ser levada a cabo ainda teve que conviver com um triste capítulo da história de todos, que foi o aparecimento de uma enfermidade de caráter global que postergou a sua entrada em vigor, tal qual se observa da leitura de seu artigo 65, em seu inciso II.

Depois disso, no dia 26 de agosto de 2020, novamente essa data sofreu alteração com a apreciação pelo Senador Federal dando conta da necessidade de sua entrada em vigor de forma imediata. Porém, pouco depois, a mesma Casa entendeu por bem pela espera de novos dias e pela sanção presidencial para o tão aguardado dia em que a Lei Geral de proteção de Dados de fato faria parte da vida de todos os brasileiros. Mais alguns capítulos dessa narrativa se sucederam até que, no dia 18 de setembro de 2020, o Presidente da República sancionou a Lei nº 14.058/2020 (originária da MP nº 959/2020), extinguindo-se os efeitos de referida MP que adiava a entrada em vigor da Lei Geral de Proteção de Dados em solo nacional. Com isso, a partir de 18 de setembro de 2020, finalmente, a LGPD foi de fato recepcionada e vivenciada pela sociedade brasileira.

PARTE II

COMENTÁRIOS À LEI – ARTIGO POR ARTIGO

1. Disposições Preliminares – Objetivo da Lei nº 13.709/2018

CAPÍTULO I
DISPOSIÇÕES PRELIMINARES

Art. 1º Esta Lei dispõe sobre o tratamento de dados pessoais, inclusive nos meios digitais, por pessoa natural ou por pessoa jurídica de direito público ou privado, com o objetivo de proteger os direitos fundamentais de liberdade e de privacidade e o livre desenvolvimento da personalidade da pessoa natural.
Parágrafo único. As normas gerais contidas nesta Lei são de interesse nacional e devem ser observadas pela União, Estados, Distrito Federal e Municípios.

A Lei nº 13.709 de 14 de agosto de 2018 (Lei Geral de Proteção de Dados – LGPD) consiste em expoente normativo que caminha de mãos dadas com alguns dos principais diplomas legislativos produzidos tanto em território nacional quanto em solo estrangeiro. A rigor, tanto lá quanto cá, a preocupação do legislador e da própria sociedade em relação aos dados que individualizam estão mais do que nunca na ordem do dia e merecem um importante debate. Esse introito precisa ser realizado a fim de que seja estabelecido um *piso*, um referencial de interpretações acerca da relevância da temática.

Sendo mais claro, não é de hoje que a humanidade coleta, registra e acessa dados. Esse tipo de tarefa sempre foi importante para definir parâmetros e para que aquele que obteve referidos dados pudesse em algum modo deles tirar proveito. Sucede que atualmente há o chamado universo do *Big Data* e do *Big Analytics* que possibilitaram o armazenamento de informações dais mais variadas formas e pelas mais – por vezes – obscuras razões. O fato é que os dados podem ser tratados e convertidos em informações valiosas para os seus receptores, ainda que muitas vezes sem o aval daquele que é o legítimo titular daquela informação. Mas, como esse titular pode saber se o dado a respeito dele coletado está recebendo o devido tratamento se esse titular sequer sabe que a informação sobre ele foi coletada?

Na prática, a violação da privacidade se tornou um *business* dos mais relevantes e lucrativos e a LGPD se apresenta como uma norma que reforça a autonomia do titular do dado selecionado e coletado. A Lei Geral de Proteção de Dados disciplina o controle que o titular de informações pode ofertar sobre os dados que, ao fim e ao cabo, são dele mesmo. Com isso, a preocupação contumaz é de que elemento intrínseco à personalidade da pessoa natural, como a sua privacidade, não seja violado por terceiro quando este opera e recebe a informação daquela pessoa. Outrossim, consagra-se a liberdade e o livre desenvolvimento da personalidade.

Assim, a LGPD inaugura as suas disposições, em seu capítulo inicial para tratar das disposições gerais, desde logo incutindo a máxima de que a Lei Geral de Proteção de Dados dispõe sobre o direcionamento realizado sobre os dados das pessoas – (incluindo em forma digital) – quando feito por pessoa natural ou por pessoa jurídica, de direito público ou de direito privado, a fim de que sejam protegidos os direitos fundamentais da liberdade (art. 5º, *caput*, da Constituição Federal) e da privacidade, e o do livre desenvolvimento da personalidade da pessoa natural.

Em seguida, no parágrafo único do artigo 1º o legislador teve o devido cuidado para ilustrar a magnitude da norma ao determinar que os preceitos gerais e fundamentais da lei têm viés eminentemente nacional, devendo ser observados tanto pela União, quanto pelos Estados, os Municípios e o Distrito Federal.

2. Bem jurídico protegido pela LGPD

Art. 2º A disciplina da proteção de dados pessoais tem como fundamentos:
I – o respeito à privacidade;
II – a autodeterminação informativa;
III – a liberdade de expressão, de informação, de comunicação e de opinião;
IV – a inviolabilidade da intimidade, da honra e da imagem;
V – o desenvolvimento econômico e tecnológico e a inovação;

VI – a livre iniciativa, a livre concorrência e a defesa do consumidor; e
VII – os direitos humanos, o livre desenvolvimento da personalidade, a dignidade e o exercício da cidadania pelas pessoas naturais.

O artigo 2º da norma dialoga com o artigo 6º da mesma lei que, por sua vez, traz os princípios gerais e norteadores daqueles que realizam o tratamento de dados. Nesse sentido, o presente artigo 2º tutela a disciplina da proteção de dados pessoais tendo como parâmetros (i) o respeito à privacidade; (ii) a autodeterminação informativa; (iii) a liberdade de expressão, de informação, de comunicação e de opinião; (iv) a inviolabilidade da intimidade, da honra e da imagem; (v) o desenvolvimento econômico e tecnológico e a inovação; (vi) a livre iniciativa, a livre concorrência e a defesa do consumidor; e (vii) os direitos humanos, o livre desenvolvimento da personalidade, a dignidade e o exercício da cidadania pelas pessoas naturais.

O que se percebe é a premente preocupação do legislador com institutos garantidores dos direitos da personalidade, tal qual o Código Civil pátrio também cuidou de entre os artigos 11 a 21[1]. Assim, quando

[1] "Art. 11. Com exceção dos casos previstos em lei, os direitos da personalidade são intransmissíveis e irrenunciáveis, não podendo o seu exercício sofrer limitação voluntária. Art. 12. Pode-se exigir que cesse a ameaça, ou a lesão, a direito da personalidade, e reclamar perdas e danos, sem prejuízo de outras sanções previstas em lei. Parágrafo único. Em se tratando de morto, terá legitimação para requerer a medida prevista neste artigo o cônjuge sobrevivente, ou qualquer parente em linha reta, ou colateral até o quarto grau. Art. 13. Salvo por exigência médica, é defeso o ato de disposição do próprio corpo, quando importar diminuição permanente da integridade física, ou contrariar os bons costumes. Parágrafo único. O ato previsto neste artigo será admitido para fins de transplante, na forma estabelecida em lei especial. Art. 14. É válida, com objetivo científico, ou altruístico, a disposição gratuita do próprio corpo, no todo ou em parte, para depois da morte.Parágrafo único. O ato de disposição pode ser livremente revogado a qualquer tempo. Art. 15. Ninguém pode ser constrangido a submeter-se, com risco de vida, a tratamento médico ou a intervenção cirúrgica. Art. 16. Toda pessoa tem direito ao nome, nele compreendidos o prenome e o sobrenome. Art. 17. O nome da pessoa não pode ser empregado por outrem em publicações ou representações que a exponham ao desprezo público, ainda quando não haja intenção difamatória. Art 18. Sem autorização, não se pode usar o nome alheio em propaganda comercial. Art. 19. O pseudônimo adotado para atividades lícitas goza da proteção que se dá ao nome.
Art. 20. Salvo se autorizadas, ou se necessárias à administração da justiça ou à manutenção da ordem pública, a divulgação de escritos, a transmissão da palavra, ou a publicação, a exposição ou a utilização da imagem de uma pessoa poderão ser proibidas, a seu requerimento e sem

o legislador instituidor da LGPD dispõe que a disciplina de proteção de dados se funda no respeito à privacidade; na liberdade de expressão; na inviolabilidade da intimidade, da honra e da imagem; e, por último, na proteção de dados que tem como fundamentos os direitos humanos, o livre desenvolvimento da personalidade, na dignidade e no exercício da cidadania pelas pessoas naturais, antes de mais nada ele está corroborando com a proteção que o próprio legislador civilista já oferece a essas mesmas demandas. Com isso se verifica que "o objetivo central da LGPD é resgatar a dignidade dos titulares de dados e seus direitos básicos relacionados à autodeterminação informativa"[2]. Outrossim, há a percepção de que o universo que as sociedades habitam são permeados de receptores de informações e que tais dados são processados, sendo certo que, em que pese haja o profundo interesse de se conduzir o tratamento digno e transparente de tais informações coletadas, não se deve frear o desenvolvimento econômico, tecnológico e o espírito criativo para produzir e empreender.

Em suma, assim como asseveram Gustavo Tepedino e Chiara Spadaccini de Teffe, a Lei Geral de Proteção de Dados brasileira *bebe na mesma fonte* do Regulamento Geral Europeu sobre a Proteção de Dados 2016/679[3]

prejuízo da indenização que couber, se lhe atingirem a honra, a boa fama ou a respeitabilidade, ou se se destinarem a fins comerciais". (Vide ADIN 4815, sobre direitos autorais bibliográficos e, ainda, a Lei 9.610/98) "Parágrafo único. Em se tratando de morto ou de ausente, são partes legítimas para requerer essa proteção o cônjuge, os ascendentes ou os descendentes. Art. 21. A vida privada da pessoa natural é inviolável, e o juiz, a requerimento do interessado, adotará as providências necessárias para impedir ou fazer cessar ato contrário a esta norma."

[2] TEPEDINO, Gustavo; FRAZÃO, Ana; OLIVA, Milena Donato (coords). Lei Geral de Proteção de Dados e as suas repercussões no Direito Brasileiro, São Paulo: Revista dos Tribunais, p. 100.

[3] A GDPR europeia é, hoje, regramento modelo e referencial a respeito da proteção de dados no mundo. Mas há diversos outros diplomas normativos que tratam da temática ao redor do globo e o compilado elaborado por Mariana González muito bem retrata o cenário:
"Alemanha: Em muitos aspectos, a Alemanha é um dos países líderes na regulamentação sobre privacidade e proteção de dados. A Lei Federal de Proteção de Dados de 2017 (Bundesdatenschutzgesetz – BDSG) segue os preceitos da GDPR e veio para substituir a lei de mesmo nome que havia sido instituída em 2001. A BDSG trata dos direitos e deveres de órgãos públicos e privados para as atividades de coleta e processamento de dados, que têm o dever de contratar um profissional responsável por privacidade de dados e de determinar regras claras para avaliações de score de crédito, por exemplo. Além disso, há diretrizes específicas para como as empresas devem e podem fazer tratamentos de dados de seus funcionários.

Argentina: A Lei de Proteção de Dados da Argentina (Lei nº 25.326) estabelece que a coleta de dados só pode ser feita mediante o consentimento do usuário. A lei, que se aplica a qualquer pessoa ou entidade que lida com dados pessoais no país, diz ainda que o titular dos dados (o indivíduo a quem as informações se referem) tem o direito de acessar, corrigir, deletar e solicitar a exclusão de seus dados. Porém, para deixar as regras de proteção de dados do país mais alinhadas às tendências mundiais estabelecidas pela GDPR, a Argentina vem trabalhando em uma nova lei sobre o tema, que terá a legislação atual como base e ainda irá mais além – determinando, por exemplo, uma abordagem mais completa e obrigações mais rígidas.
Austrália: a lei máxima sobre segurança e proteção de dados é a Lei de Privacidade de 1988, que governa tanto as instituições do setor público quanto as do setor privado. A lei foi construída com base nos 13 Princípios Australianos de Privacidade (APPs, ou Australian Privacy Principles), que discorrem sobre temas como uso e divulgação de dados; direitos do titular dos dados; manutenção da qualidade dos dados; e transparência e anonimidade. A lei é complementada pelas regulamentações estaduais de privacidade e pelas leis de proteção de dados voltadas para setores específicos – estabelecidas de acordo com o uso que cada mercado faz de dados pessoais.
China: A mais recente regulamentação chinesa sobre privacidade é a lei Tecnologia da Informação: Especificação Sobre Segurança de Informações Pessoais (GB/T 35273-2017). Conhecida também apenas como "O Padrão", a regulamentação traz diretrizes sobre transparência, direitos do titular e consentimento. Antes da entrada em vigência dessa lei, em 2017, o conjunto de regras chinesas sobre o tema era formado por diferentes regulamentações, como a Lei Civil da República Popular da China (de 2017), a Lei de Cibersegurança (2017), a Lei Criminal (2015), a Decisão de Fortalecer a Proteção das Redes de Informações (2012), o Padrão Nacional de Segurança da Tecnologia da Informação (2013) e a Lei de Proteção ao Consumidor (2014).
Dinamarca: as principais regras sobre o tema estão na Lei Dinamarquesa de Proteção de Dados, de 2018. Anteriormente, a questão era regida pela Lei Dinamarquesa de Processamento de Dados Pessoais, estabelecido em 2000. A lei mais recente serve como complemento e reforço da GDPR – a regulação europeia exige que os países da União Europeia atualizem suas próprias leis para que estejam alinhadas às regras da GDPR. Dessa forma, a lei dinamarquesa trata de processamento de dados, divulgação de informações pessoais, consentimento, transferência de dados etc., além de estabelecer multas para casos de violação.
Estados Unidos: Os Estados Unidos não têm uma única lei que governe a privacidade de dados, e sim diversas legislações específicas para diferentes setores ou vigentes em determinado estado. Há cerca de 20 leis voltadas para um único setor ou indústria em âmbito nacional, além de outras 100 legislações estaduais de privacidade – o estado da Califórnia é o "lar" de 25 delas. A principal lei californiana de privacidade é a Lei da Califórnia de Privacidade do Consumidor (CCPA), que garante aos consumidores quatro direitos básicos sobre seus dados pessoais: o direito de serem notificados, de terem acesso, de poderem optar (ou não) por uma coleta de dados e de terem acesso igualitário a serviços. Todas as empresas que coletam

(*General Data Protection Regulation – GDPR*), representando "no contexto atual instrumentos para a proteção e a garantia da pessoa humana, uma vez que facilitam o controle dos dados tratados, impõem deveres e responsabilidades aos agentes de tratamento e proporcionam segurança para que as informações circulem. Os dois sistemas encontram-se alinhados, como desejou o legislador brasileiro, para que a norma nacional, nos próximos anos, seja reconhecida como adequada ao sistema europeu"[4].

e/ou tratam dados de cidadãos californianos precisam seguir a CCPA, e não apenas aquelas com sede no estado. Nacionalmente falando, as mais importantes regulamentações são a Lei de Privacidade de 1974, a Lei de Proteção à Privacidade de 1980, a Lei Gramm-Leach-Bliley de 1999, a Lei de Portabilidade e Responsabilidade dos Seguros de Saúde de 1999 e a Lei de Relatório de Crédito Justo de 2018. Além disso, os Estados Unidos têm alguns acordos especiais de proteção à privacidade com a União Europeia e a Suíça.
França: A França é outro exemplo de país da União Europeia que atualizou suas normas de proteção de dados para seguir mais explicitamente a GDPR: o país trocou sua Lei de Proteção de Dados (Lei 78-17) pela Lei 2 de Proteção de Dados (2016-1321). A nova regulamentação estabelece as regras para os agentes de tratamento, determinando também que quaisquer tratamentos de dados devem ser feitos para fins de objetivos específicos e que apenas os dados fundamentais para tais propósitos podem ser coletados. Além disso, a segunda versão da lei firma o direito do titular de saber quem é o agente de tratamento e qual é o propósito da coleta e do tratamento.
Grécia: A Grécia encontra-se atualmente em processo de elaboração de uma nova lei de proteção de dados, que já nascerá alinhada com a GDPR. Enquanto isso, a regulamentação vigente é a Lei 2.472 de 1997, que traz regras para controladores e operadores e visa garantir os princípios da transparência, do tratamento de dados com propósito e da responsabilização dos agentes. O país conta também com duas regulamentações adicionais sobre o tema: o Diretivo de Privacidade Eletrônica (Lei 3.471 de 2006), com normas complementares à lei principal, e o Diretivo de Retenção de Dados (Lei 3.917 de 2011), que trata do armazenamento de dados.
Japão: Até 2003, a privacidade de dados era regida pela Lei de Proteção de Informações Pessoais (Lei 57 de 2003). Até que, em 2017, o Japão colocou em prática a chamada Emenda APPI de 2017, que traz preceitos básicos para a proteção de dados pessoais. A Emenda APPI traz regras sobre compartilhamento de dados com terceiros, manutenção de informações em bancos de dados, anonimização de dados e vazamentos, estabelecendo diretrizes para proteger os titulares. Por causa da nova legislação, o Japão foi incluído na "lista branca" da União Europeia de países com leis adequadas de proteção de dados". Disponível em: https://blog.idwall.co/protecao-de-dados-cenario-mundial-das-leis/. Acesso em 17/09/2020.

[4] TEPEDINO, Gustavo; FRAZÃO, Ana; OLIVA, Milena Donato (coords). Lei Geral de Proteção de Dados e as suas repercussões no Direito Brasileiro, São Paulo: Revista dos Tribunais, p. 292.

Tomando como gancho, os Estados nacionais integrantes da União Europeia criaram suas próprias legislações para recepcionarem o GDPR.

Portugal, em razão de sua conexão histórica lógica e direta com o Brasil, foi selecionado Estado referencial para, em dadas circunstâncias, servir de mero agente comparativo com a legislação europeia de proteção de dados. Isso porque, em que pese o fato de o Regulamento ter impacto em todo o continente europeu, cada Estado nacional tem o papel de recepcioná-la a seu modo. Com isso, Portugal introduziu a Lei nº 58/2019 para receber a legislação e para, entre outras estipulações, determinar a criação da Comissão Nacional de Proteção de Dados a quem, como incumbência principal, compete controlar os efeitos do GPDR[5].

A cultura da Lei Geral de Proteção de Dados é proteger os direitos de personalidade e manter viva os direitos fundamentais do homem já que nos dias atuais com o avanço da tecnologia, principalmente, pós a pandemia, este novo paradigma deve trazer nova interpretação a liberdade de contratar as pessoas naturais.

2.1. Do Entendimento Jurisprudencial sobre o bem jurídico da LGPD

Em que pese a inexistência de corpo de decisões a respeito da Lei Geral de Proteção de Dados e do bem jurídico por ela tutelado – evento esse explicado pela prorrogação da *vacatio* de parte preponderante da norma – alguns tribunais já têm circunstancialmente se manifestado acerca de situações que se revelam como expoentes da própria LGDP. Assim, mesmo que não se tenham consolidadas tais impressões já é igualmente possível se observar a influência que os preceitos da norma oferecem na jurisprudência, conforme no acórdão abaixo:

> *RESPONSABILIDADE CIVIL. COMINATÓRIA. Cerceamento de Defesa. Inocorrência. Divulgação indevida de dados que pertencem à esfera íntima do autor, de seus familiares e vizinhos em página da internet. Autor advogado militante que teve divulgados pela ré seus dados pessoais que não são de domínio público, como estado civil, idade, sexo, filiação, telefone, profissão, valor da renda, nomes e telefones de parentes,*

[5] Quanto a esse particular, mais adiante, essa obra dedicará algum espaço para oferecer novos dados e elementos comparativos entre a legislação local do Estado português e o GDPR.

signo do zodíaco, nomes, endereços e telefones dos vizinhos. Consiste em afronta à liberdade individual e ao sigilo dos dados pessoais, a divulgação de informação que extrapole a legítima necessidade. No caso, não restou demonstrada a utilidade e a compatibilidade da divulgação com eventual finalidade dela. Ré que não se desincumbiu do ônus contido no art. 373, II, do CPC. Honorários recursais. Majoração. RECURSO NÃO PROVIDO NA PARTE CONHECIDA.(TJ-SP – AC: 10067474420188260704 SP 1006747-44.2018.8.26.0704, Relator: Alfredo Attié, Data de Julgamento: 11/07/2016, 27ª Câmara de Direito Privado, Data de Publicação: 18/09/2019).

3. Da aplicabilidade da LGPD

Art. 3º Esta Lei aplica-se a qualquer operação de tratamento realizada por pessoa natural ou por pessoa jurídica de direito público ou privado, independentemente do meio, do país de sua sede ou do país onde estejam localizados os dados, desde que:
I – a operação de tratamento seja realizada no território nacional;
II – a atividade de tratamento tenha por objetivo a oferta ou o fornecimento de bens ou serviços ou o tratamento de dados de indivíduos localizados no território nacional;
III – os dados pessoais objeto do tratamento tenham sido coletados no território nacional.
§ 1º Consideram-se coletados no território nacional os dados pessoais cujo titular nele se encontre no momento da coleta.
§ 2º Excetua-se do disposto no inciso I deste artigo o tratamento de dados previsto no inciso IV do caput do art. 4º desta Lei.

A norma tem aplicação direta sobre qualquer operação de tratamento executada por pessoa natural ou por pessoa jurídica[6] – seja ela de direito público ou de direito privado – independentemente do meio (reforçando o dogma de que pode ser, por exemplo, em meio digital, tal qual se verifica no artigo 1º), do país de sua sede ou do país onde estejam depositados os dados, desde que observada alguma das condições dispostas nos incisos do referido artigo 3º. A primeira delas é de que o tratamento se dê exclusivamente no Brasil. Então, *a prori*, ainda que a pessoa, natural ou jurídica, de direito público ou privado, valendo-se de qualquer meio, seja estrangeira, se ela estiver executando o tratamento de dados em território

[6] Vide: artigos 1º ao 78 do CC.

nacional os dizeres e determinações dessa lei a ela se aplicarão. Assim, se "qualquer das fases de tratamento tiver sido realizada no Brasil, seja a coleta, o acesso, o processamento e/ou a transferência das informações, incidirá a regulação legal da lei de proteção"[7], tal qual bem afirmam Joyceane Bezerra de Menezes e Hian Silva Colaço.

Entretanto, fica excetuado de tal determinação aqueles dados provenientes de fora do território nacional e que não sejam objeto de comunicação, uso compartilhado de dados com agentes de tratamento brasileiros ou objeto de transferência internacional de dados com outro país que não o de proveniência, desde que o país de proveniência proporcione grau de proteção de dados pessoais adequado ao previsto na LGPG.

Já o inciso II determina como condicionante que a atividade de tratamento tenha como destinatário final aquele que esteja localizado em território nacional também, seja na oferta ou no fornecimento de bens ou de serviços.

Por último, a norma é aplicada desde que os dados objeto do tratamento tenham sido coletados, novamente, no Brasil. Ou seja, se uma companhia estrangeira realizar o processamento de dados de pessoas que estejam em território brasileiro, seja de forma definitiva ou não, ela terá que obedecer às regras da LGPD, sendo certo que por dados coletados em território nacional se lê os dados pessoais cujo titular no Brasil se encontrava no exato momento da recepção dos mesmos.

4. Das exceções da LGPD

Art. 4º Esta Lei não se aplica ao tratamento de dados pessoais:
I – realizado por pessoa natural para fins exclusivamente particulares e não econômicos;
II – realizado para fins exclusivamente:
a) jornalístico e artísticos; ou
b) acadêmicos, aplicando-se a esta hipótese os arts. 7º e 11 desta Lei;
III – realizado para fins exclusivos de:
a) segurança pública;

[7] TEPEDINO, Gustavo; FRAZÃO, Ana; OLIVA, Milena Donato (coords). Lei Geral de Proteção de Dados e as suas repercussões no Direito Brasileiro, São Paulo: Revista dos Tribunais, p. 192.

b) defesa nacional;
c) segurança do Estado; ou
d) atividades de investigação e repressão de infrações penais; ou
IV – provenientes de fora do território nacional e que não sejam objeto de comunicação, uso compartilhado de dados com agentes de tratamento brasileiros ou objeto de transferência internacional de dados com outro país que não o de proveniência, desde que o país de proveniência proporcione grau de proteção de dados pessoais adequado ao previsto nesta Lei.
§ 1º O tratamento de dados pessoais previsto no inciso III será regido por legislação específica, que deverá prever medidas proporcionais e estritamente necessárias ao atendimento do interesse público, observados o devido processo legal, os princípios gerais de proteção e os direitos do titular previstos nesta Lei.
§ 2º É vedado o tratamento dos dados a que se refere o inciso III do caput deste artigo por pessoa de direito privado, exceto em procedimentos sob tutela de pessoa jurídica de direito público, que serão objeto de informe específico à autoridade nacional e que deverão observar a limitação imposta no § 4º deste artigo.
§ 3º A autoridade nacional emitirá opiniões técnicas ou recomendações referentes às exceções previstas no inciso III do caput deste artigo e deverá solicitar aos responsáveis relatórios de impacto à proteção de dados pessoais.
§ 4º Em nenhum caso a totalidade dos dados pessoais de banco de dados de que trata o inciso III do caput deste artigo poderá ser tratada por pessoa de direito privado, salvo por aquela que possua capital integralmente constituído pelo poder público.

De antemão, vale rememorar que a aplicação da norma se dá perante a pessoa jurídica ou também a pessoa natural, mas a lei põe a salvo algumas hipóteses de não aplicação, sendo que a primeira de logo se dá quando, conforme o inciso I do artigo 4º, o tratamento for realizado por pessoa natural, com finalidade meramente particular e sem anseio econômico. Além disso, também não há a aplicação, independentemente se aquele que realiza o tratamento for pessoa natural ou jurídica, se a finalidade for exclusivamente jornalística ou artística. Isso porque a liberdade de expressão e de informação são elementos basilares da atividade jornalística, de tal sorte que, de mesma forma que a LGPD tem em seus princípios o respeito à privacidade e à autodeterminação informativa, também apresenta como premissa a liberdade de expressão e de informação, sendo que a regulamentação prévia poderia significar verdadeiro expediente de censura, tal qual afirmam, em linhas gerais, Joyceane Bezerra de Menezes e Hian Silva Colaço em artigo publicado em Lei Geral de Proteção de Dados Pessoais e suas repercussões no Direito Brasileiro.

Igualmente, conforme *a* letra a do inciso II do artigo 4º, não há incidência da norma quando o tratamento de dados se der a fim de se promover as atividades acadêmicas, não ficando, entretanto, os coletores e processadores de dados sem qualquer parâmetro de fiscalização, sendo que tais tarefas e funções – sobretudo do ponto de vista ético –, recaem aos comitês de ética que fiscalizam cada das entidades. Também interesse dizer que, ainda que, em razão do presente disposto, não se aplique a LGPD a tratamento de dados realizado para fins acadêmicos, nesse caso, aplicam-se os artigos 7º e 11 dessa LGPD.

Ainda a respeito da letra *a* do inciso II do artigo 4º, A norma também excetua a sua incidência quando o tratamento de dados tiver como finalidade a expressão artística do coletor. Isso se dá porque a própria lei tem como premissa a defesa dos direitos da personalidade que, em última análise, expressam-se por meio da capacidade de criativa de seu titular. Com isso, o tratamento de dados que tenha essa perspectiva não fica sujeito a aplicação da Lei Geral de Proteção de Dados.

Em atenção ao inciso III do artigo 4º da LGPD, o legislador também excluiu a aplicação da Lei Geral de Proteção de Dados quando o tratamento de dados tiver como finalidade a segurança pública, a defesa nacional, a segurança do Estado ou as atividades de investigação e repressão de infrações penais. Isso dá bem a medida de como a norma põe a salvo o princípio da supremacia do interesse público sobre o particular. Logo, o tratamento de dados que tiver como intuito a preservação da ordem e a manutenção dos interesses coletivos não terá o respaldo ordenamento da norma regulamentadora da proteção de dados em território nacional. No entanto, é imperioso notar que a mesma lei coloca certas condições para o tratamento de dados que seja feito em prol dos interesses públicos: primeiro, há que ser seguida legislação tão específica quanto o assunto é merecedor, com a adoção de medidas proporcionais e respeitado o devido processo legal e, ainda assim, os princípios gerais instituídos pela própria LGPD; depois, em segundo lugar, o tratamento de dados não pode ser realizado por pessoa de direito privado, exceto em procedimentos sob tutela de pessoa jurídica de direito público, que serão objeto de informe específico à autoridade nacional e que deverão observar, ainda, a limitação de não se poder se ter a totalidade dos dados pessoais de banco de dados de que trata o inciso III do caput sendo tratada por pessoa de direito privado, salvo por aquela que possua capital integralmente constituído pelo poder público. Em terceiro lugar, para que se observe o tratamento de dados feito a fim de se manter a ordem e a preservação da segurança nacional, também há que se ter a autoridade nacional emitindo parecer técnico ou recomendações acerca, justamente, da mesma temática contida no inciso III do presente artigo.

5. Das definições de termos e de expressões trazidas pela LGPD

Art. 5º Para os fins desta Lei, considera-se:
I – dado pessoal: informação relacionada a pessoa natural identificada ou identificável;
II – dado pessoal sensível: dado pessoal sobre origem racial ou étnica, convicção religiosa, opinião política, filiação a sindicato ou a organização de caráter religioso, filosófico ou político, dado referente à saúde ou à vida sexual, dado genético ou biométrico, quando vinculado a uma pessoa natural;
III – dado anonimizado: dado relativo a titular que não possa ser identificado, considerando a utilização de meios técnicos razoáveis e disponíveis na ocasião de seu tratamento;
IV – banco de dados: conjunto estruturado de dados pessoais, estabelecido em um ou em vários locais, em suporte eletrônico ou físico;
V – titular: pessoa natural a quem se referem os dados pessoais que são objeto de tratamento;
VI – controlador: pessoa natural ou jurídica, de direito público ou privado, a quem competem as decisões referentes ao tratamento de dados pessoais;
VII – operador: pessoa natural ou jurídica, de direito público ou privado, que realiza o tratamento de dados pessoais em nome do controlador;
VIII – encarregado: pessoa indicada pelo controlador e operador para atuar como canal de comunicação entre o controlador, os titulares dos dados e a Autoridade Nacional de Proteção de Dados (ANPD);
IX – agentes de tratamento: o controlador e o operador;
X – tratamento: toda operação realizada com dados pessoais, como as que se referem a coleta, produção, recepção, classificação, utilização, acesso, reprodução, transmissão, distribuição, processamento, arquivamento, armazenamento, eliminação, avaliação ou controle da informação, modificação, comunicação, transferência, difusão ou extração;

XI – anonimização: utilização de meios técnicos razoáveis e disponíveis no momento do tratamento, por meio dos quais um dado perde a possibilidade de associação, direta ou indireta, a um indivíduo;
XII – consentimento: manifestação livre, informada e inequívoca pela qual o titular concorda com o tratamento de seus dados pessoais para uma finalidade determinada;
XIII – bloqueio: suspensão temporária de qualquer operação de tratamento, mediante guarda do dado pessoal ou do banco de dados;
XIV – eliminação: exclusão de dado ou de conjunto de dados armazenados em banco de dados, independentemente do procedimento empregado;
XV – transferência internacional de dados: transferência de dados pessoais para país estrangeiro ou organismo internacional do qual o país seja membro;
XVI – uso compartilhado de dados: comunicação, difusão, transferência internacional, interconexão de dados pessoais ou tratamento compartilhado de bancos de dados pessoais por órgãos e entidades públicos no cumprimento de suas competências legais, ou entre esses e entes privados, reciprocamente, com autorização específica, para uma ou mais modalidades de tratamento permitidas por esses entes públicos, ou entre entes privados;
XVII – relatório de impacto à proteção de dados pessoais: documentação do controlador que contém a descrição dos processos de tratamento de dados pessoais que podem gerar riscos às liberdades civis e aos direitos fundamentais, bem como medidas, salvaguardas e mecanismos de mitigação de risco;
XVIII – órgão de pesquisa: órgão ou entidade da administração pública direta ou indireta ou pessoa jurídica de direito privado sem fins lucrativos legalmente constituída sob as leis brasileiras, com sede e foro no País, que inclua em sua missão institucional ou em seu objetivo social ou estatutário a pesquisa básica ou aplicada de caráter histórico, científico, tecnológico ou estatístico; e
XIX – autoridade nacional: órgão da administração pública responsável por zelar, implementar e fiscalizar o cumprimento desta Lei em todo o território nacional.

No artigo 5º a norma se ocupa de oferecer os conceitos centrais que circundam a lei. Como a norma regula o tratamento de dados pessoais, talvez como crítica, o legislador devesse ter feito a primeira conceituação daquilo que vem a ser justamente o *tratamento de dados* para depois seguir adiante. Seja como for, importa dizer que *dados pessoais* são, conforme bem define o sítio oficial da Comissão Europeia, "a informação relativa a uma pessoa viva, identificada ou identificável. Também constituem dados pessoais o conjunto de informações distintas que podem levar à identificação de uma determinada pessoa[8]". Como exemplo se tem o nome, o apelido; o endereço de uma residência; o número de um cartão de identificação; um endereço de IP; os dados detidos por um médico ou um hospital e, até; os testemunhos de conexão pela internet, na forma de *cookies* gravados.

Dando prosseguimento, os *dados pessoais sensíveis* são aqueles que revelam a origem racial ou étnica; as opiniões políticas e as convicções religiosas ou filosóficas; ou uma filiação sindical. Também pode ser os dados genéticos; os dados biométricos tratados simplesmente para identificar um ser humano; os dados relacionados à saúde; tal qual os dados relativos à vida sexual ou à orientação sexual da pessoa.

Já os *dados anonimizados* são aquele que, originariamente, "eram relativo a uma pessoa, mas que passaram por etapas que garantiram a desvinculação deles a aquela pessoa. Se um dado for anonimizado, então a LGPD não se aplicará a ele. Vale frisar que um dado só é considerado efetivamente anonimizado se não permitir que, via meios técnicos e outros, se reconstrua o caminho para "descobrir" quem era a pessoa titular do dado"[9].

Por *banco de dados* de fato se entende o conjunto estruturado de dados pessoais, estabelecido em um ou em vários locais, em suporte eletrônico ou físico.

O *titular* é a pessoa em torno da qual orbita a LGPD. Note que a norma fez questão de pontuar que se trata da pessoa natural, desde logo afastando a possibilidade de a principiologia e as proteções da norma terem alcance em favor do titular que fosse pessoa jurídica[10].

Já o *controlador* pode ser tanto a pessoa natural quanto a pessoa jurídica, de direito público ou privado, a quem competem as decisões acerca dos dados pessoais daquele titular. E aí o controlador já se diferencia da figura do *operador*, quem consiste na pessoa que também pode ser natural ou igualmente jurídica – de direito público ou privado – que efetivamente realiza o tratamento dos dados em si, em nome do controlador, de tal sorte que tanto o controlador quanto o operador podem, inclusive, ser a

[8] Disponível em: https://ec.europa.eu/info/law/law-topic/data-protection/reform/what-personal-data_pt. Acesso em 01/04/2020.

[9] Disponível em: https://www.serpro.gov.br/lgpd/menu/protecao-de-dados/dados-anonimizados-lgpd. Acesso em 01/04/2020.

[10] Lembrando que o CC brasileiro traz em seu artigo 52 que aplica-se às pessoas jurídicas, no que couber, a proteção dos direitos da personalidade disposto nos artigos 11 a 21 do mesmo Code.

mesma pessoa, sendo ambos considerados *agentes de tratamento*, na medida em que dão os seguem os rumos do tratamento dos dados. Ainda como os sujeitos ativos responsáveis pelos encaminhamentos do tratamento, há o *encarregado*, que é a pessoa indicada pelo controlador ou pelo operador para atuar como o canal de comunicação entre o controlador, os titulares dos dados e a Autoridade Nacional de Proteção de Dados (ANPD).

Expoente central da norma, o *tratamento* consiste em atividade das mais amplas e que requer atenção redobrada, uma vez que desagua em diversos *verbos no indicativo* (leia-se, ações). Assim, lançando mão do glossário elaborado pela Serpro para elencar as ações, o tratamento é:

> *"toda operação realizada com dados pessoais; como as que se referem (i) ao acesso: possibilidade de comunicar-se com um dispositivo, meio de armazenamento, unidade de rede, memória, registro, arquivo etc., visando receber, fornecer, ou eliminar dados; (ii) armazenamento: ação ou resultado de manter ou conservar em repositório um dado; (iii): arquivamento – ato ou efeito de manter registrado um dado embora já tenha perdido a validade ou esgotada a sua vigência; (iv) avaliação: ato ou efeito de calcular valor sobre um ou mais dados; (v) classificação: maneira de ordenar os dados conforme algum critério estabelecido; (vi) coleta: recolhimento de dados com finalidade específica; (vii) comunicação: transmitir informações pertinentes a políticas de ação sobre os dados; (viii) controle: ação ou poder de regular, determinar ou monitorar as ações sobre o dado; (ix) difusão: ato ou efeito de divulgação, propagação, multiplicação dos dados; (x) distribuição: ato ou efeito de dispor de dados de acordo com algum critério estabelecido; (xi) eliminação: ato ou efeito de excluir ou destruir dado do repositório; (xii) extração: ato de copiar ou retirar dados do repositório em que se encontrava; (xiii) modificação: ato ou efeito de alteração do dado; (xiv) processamento: ato ou efeito de processar dados; (xv) produção: criação de bens e de serviços a partir do tratamento de dados; (xvi) recepção: ato de receber os dados ao final da transmissão; (xvii) reprodução: cópia de dado preexistente obtido por meio de qualquer processo; (xviii) transferência: mudança de dados de uma área de armazenamento para outra, ou para terceiro; (xix) transmissão: movimentação de dados entre dois pontos por meio de dispositivos elétricos, eletrônicos, telegráficos, telefônicos, radioelétricos, pneumáticos; (xx) utilização: ato ou efeito do aproveitamento dos dados"*[11].

[11] Disponível em: https://www.serpro.gov.br/lgpd/menu/a-lgpd/glossario-lgpd. Acesso em 01/04/2020.

É importante ver, assim, a gama de atos que são considerados como o de tratamento de dados porque a realização do tratamento é exatamente o que significa o gatilho para a aplicação da norma. Tem-se toda a cadeia que permeia ações desde o mero acesso a certo dado, até o seu armazenamento, o arquivamento, a classificação, o controle, a transmissão, a reprodução e o próprio uso do dado.

Se o dado anonimizado é o procedimento segundo o qual se desvincula certo dado a uma pessoa, a *anonimização* é justamente a realização do próprio procedimento, a partir do uso de meios e técnicas para que um dado não seja associado, direta ou indiretamente, a uma pessoa.

Caminhando, o *consentimento* é a manifestação livre, informada e inequívoca pela qual o titular concorda com o tratamento de seus dados pessoais para uma finalidade determinada, assim como determina o XII do presente artigo, sendo fundamental introduzir que para que se consume o consentimento do titular há que se ter os três elementos atuando de forma conjugada, ou seja, a manifestação livre, informada e inequívoca por parte do titular.

Se há a necessidade de que o titular dê o seu consentimento para o tratamento de seus dados, pode ele também se valer do *bloqueio*, que consiste no instrumento segundo o qual pode se dar a suspensão de forma temporário do tratamento de dados sob a condição de que seja guardado o próprio dado ou o banco de dados. Além disso, há também a *eliminação*, que diz respeito à exclusão de dado ou de conjunto de dados armazenados em banco de dados, independentemente do procedimento empregado.

Ponderando a respeito da operação de tratamento de dados, há a possibilidade de que seja executada a *transferência internacional de dados*, que consiste no procedimento de transferência de dados pessoais para país estrangeiro ou organismo internacional do qual o país seja membro.

A norma também cuida de conceituar o vocábulo *uso compartilhado de dados* para determinar se tratar da comunicação, da difusão, da transferência internacional, da interconexão de dados pessoais ou tratamento compartilhado de bancos de dados pessoais por órgãos e entidades públicos no cumprimento de suas competências legais, ou entre esses e entes privados, reciprocamente, com autorização específica, para uma ou mais modalidades de tratamento permitidas por esses entes públicos, ou, também, entre entes privados.

Já por *relatório de impacto à proteção de dados pessoais* se tem a documentação do controlador que contém a descrição dos processos de tratamento de dados pessoais que podem gerar riscos às liberdades civis e aos direitos fundamentais, bem como medidas, salvaguardas e mecanismos de mitigação de risco.

Por *órgão de pesquisa* se tem o órgão ou entidade da administração pública direta ou indireta ou pessoa jurídica de direito privado sem fins lucrativos legalmente constituída sob as leis brasileiras, com sede e foro no País, que inclua em sua missão institucional ou em seu objetivo social ou estatutário a pesquisa básica ou aplicada de caráter histórico, científico, tecnológico ou estatístico.

E por último, a norma define *autoridade nacional* como sendo o órgão da administração pública responsável por zelar, implementar e fiscalizar o cumprimento da LGPD em todo Brasil.

6. Da eticidade e dos demais princípios norteadores da LGPD

Art. 6º As atividades de tratamento de dados pessoais deverão observar a boa-fé e os seguintes princípios:
I – finalidade: realização do tratamento para propósitos legítimos, específicos, explícitos e informados ao titular, sem possibilidade de tratamento posterior de forma incompatível com essas finalidades;
II – adequação: compatibilidade do tratamento com as finalidades informadas ao titular, de acordo com o contexto do tratamento;
III – necessidade: limitação do tratamento ao mínimo necessário para a realização de suas finalidades, com abrangência dos dados pertinentes, proporcionais e não excessivos em relação às finalidades do tratamento de dados;
IV – livre acesso: garantia, aos titulares, de consulta facilitada e gratuita sobre a forma e a duração do tratamento, bem como sobre a integralidade de seus dados pessoais;
V – qualidade dos dados: garantia, aos titulares, de exatidão, clareza, relevância e atualização dos dados, de acordo com a necessidade e para o cumprimento da finalidade de seu tratamento;
VI – transparência: garantia, aos titulares, de informações claras, precisas e facilmente acessíveis sobre a realização do tratamento e os respectivos agentes de tratamento, observados os segredos comercial e industrial;
VII – segurança: utilização de medidas técnicas e administrativas aptas a proteger os dados pessoais de acessos não autorizados e de situações acidentais ou ilícitas de destruição, perda, alteração, comunicação ou difusão;

VIII – prevenção: adoção de medidas para prevenir a ocorrência de danos em virtude do tratamento de dados pessoais;
IX – não discriminação: impossibilidade de realização do tratamento para fins discriminatórios ilícitos ou abusivos;
X – responsabilização e prestação de contas: demonstração, pelo agente, da adoção de medidas eficazes e capazes de comprovar a observância e o cumprimento das normas de proteção de dados pessoais e, inclusive, da eficácia dessas medidas.

A lei nº 13.709/2018 reuniu em seu artigo 6º os preceitos norteadores do tratamento e da proteção de dados pessoais. Além dos a seguir expostos, teve o cuidado o legislador de colocar em separado o princípio da boa-fé (arts. 113, "caput", 113 §1º, III e 422 do CC). E não foi à toa. O princípio da *boa-fé* também é expediente central elencado pelo Código Civil pátrio para embasar as relações privadas de toda espécie. O Código Civil trouxe em seus artigos 113[12], "caput", 113 §1º, III e 422, em linhas gerais, que a interpretação dos negócios jurídicos deve se dar conforme a boa-fé e os costumes do lugar de sua celebração[13], assim como aqueles que realizam o negócio jurídico devem guardar os princípios da probidade e da boa-fé.

[12] O artigo 113 sofreu alterações provocadas pela Lei 13.874/2019 – Lei que institui a Declaração de Direitos da Liberdade Econômica a qual estabelece normas de proteção à livre iniciativa e ao livre exercício de atividade econômica e disposições sobre a atuação do Estado como agente normativo e regulador.

[13] A referência diz respeito ao artigo 113 do Código Civil. A rigor, trata-se de uma regra que está positivada em prol da segurança das relações jurídicas. Com isso, a manifestação volitiva não se dá apenas em relação a si mesma, de maneira que a ela estão ligadas as consequências jurídicas decorrentes, mesmo que as partes queiram rechaçar. Outrossim, devem ser levados em consideração os costumes do lugar como regra de interpretação.
Já o artigo 422 do Código Civil é um dos mais singulares e relevantes do diploma civilista. Em verdade, a codificação que regulamente as relações privadas, desde a sua última e atual formatação, no ano de 2002, moldou-se a partir de três alicerces: o da eticidade, o da sociabilidade e o da probidade. O destaque a respeito da boa-fé, sendo posto no artigo 422, ou seja, praticamente inaugurando o Título V e a parte dos Contratos em Geral, não foi à toa. Isso porque, conforme muito bem sinaliza Nelson Rosenvald no Código Civil Comentado, cuja coordenação se deu pelo Ministro Cezar Peluso, se tem que a "boa-fé servirá como um parâmetro objetivo para orientar o julgador na eleição das condutas que guardem adequação com o acordado pelas partes, com correlação objetiva entre meios e fins. O juiz terá de se portar como um homem de seu meio e tempo para buscar o agir de uma pessoa de bem como forma de valoração das relações sociais". Para ler o comentário original: PELUSO, Cezar (coord). Código Civil Comentado, 9ª ed. Barueri: Editora Manole, 2015, p. 437.

Com isso, destrinchando o preceito, vale dizer que a boa-fé se subdivide em dois entendimentos, quais sejam: o da boa-fé objetiva e o da boa-fé subjetiva. A primeira diz respeito "a um consentimento ético, moldado nas ideias de proceder com correção, com dignidade, pautando sua atitude pelos princípios da honestidade, da boa intenção e no propósito de não prejudicar a ninguém (...) A boa fé subjetiva é uma mera declaração (negócio jurídico unilateral) que a pessoa agirá com lealdade, probidade e confiança"[14]. Dessa feita, embora o legislador não tenha tido o cuidado de esclarecer na LGPD que o primeiro dos princípios da LGPD seria o da boa-fé objetiva[15], lançando mão de uma via hermenêutica, entende-se que essa foi a real intenção ao posicionar justamente o princípio da boa-fé como aquele central, a partir do qual os demais se irradiam.

A boa-fé exige além dos deveres principais de dar, fazer e não fazer, os deveres acessórios. Neste sentido afirma-se que a relação jurídica é complexa, dotada de vários deveres e não simplesmente unitária, composta apenas do dever de prestação.

Ou seja, são considerados deveres principais os que, ao se celebrar o contrato, as partes os fixam em sua mente. Ao contrário, os deveres acessórios ou secundários são os que possuem conexão com os principais, seja substituindo-os, seja possibilitando seu cumprimento.

Os deveres secundários são divididos pela doutrina em deveres secundários com prestação autônoma e deveres secundários, acessórios da prestação principal. Os primeiros, deveres secundários com prestação autônoma, são aqueles culminados no contrato de forma a substituir a obrigação principal, caso a mesma não seja devidamente cumprida.

[14] GUILHERME. Luiz Fernando do Vale de Almeida. Código Civil Comentado e Anotado. 2ª edição. Barueri: Ed. Manole, 2017, p. 271.

[15] A respeito da temática, para melhor compreensão da percepção jurisprudencial, segue o recente olhar do Tribunal de Justiça do Estado de Minas Gerais:
PLANO DE SAÚDE. COBERTURA. BOA FÉ OBJETIVA. ÁREA DE ABRANGÊNCIA. O princípio da boa-fé objetiva estabelece um padrão objetivo de conduta a ser seguido pelos contratantes, inserindo nas relações contratuais um componente ético, caracterizado pela exigência de um comportamento probo, leal e verdadeiro. Não é abusiva a negativa em custear tratamento quando não comprovado nos autos urgência ou emergência no procedimento realizado fora do âmbito de abrangência do contrato. (TJ-MG – AC: 10702130462097001 MG, Relator: Estevão Lucchesi, Data de Julgamento: 03/04/0018, Data de Publicação: 13/04/2018)

Enquanto os deveres secundários, acessórios da prestação principal, são aqueles que se destinam a preparar o cumprimento ou assegurar a sua perfeita realização (assim, na compra e venda, o dever de conservar a coisa vendida até a entrega ou o dever de embalá-la e transportá-la, se previsto contratualmente), por sua vez, os deveres primários e secundários sempre foram reconhecidos como presentes no vínculo obrigacional. Não há inovação nesta colocação – a não ser a inclusão do dever de indenizar, em razão do inadimplemento como componente da própria relação complexa.

Em verdade, a grande questão fica a cargo dos deveres secundários, acessórios da prestação principal. Tais deveres não possuem ligação direta com o adimplemento do contrato, porém, de maneira indireta, agem para resguardar o cumprimento do contrato.

Pode-se dizer que são deveres de conduta que, não interessando diretamente à prestação principal, nem dando origem a qualquer ação autônoma de cumprimento, são, todavia, essenciais ao correto processamento da relação obrigacional em que a prestação se integra.

Os deveres, portanto, caracterizam-se por uma função auxiliar da realização positiva do fim contratual e de proteção à pessoa ou aos bens da outra parte contra os riscos de danos concomitantes.

Tais deveres acessórios dependem da interpretação do magistrado para a aplicação ao caso concreto, mostrando uma abertura do ordenamento jurídico, sendo que é boa-fé que dará, na maioria dos casos, o conteúdo desses deveres.

Os deveres acessórios pré-contratuais são classificados em dever de informação, dever de proteção e cuidado, dever de lealdade e correção e dever de segredo ou sigilo.

O dever de informação leva a existência de uma obrigação pré-contratual de informação. Traz assim uma nova forma de proteção ao consentimento – não uma proteção individualista, baseada na absoluta autonomia da vontade, mas uma proteção que concilia o princípio da autonomia da vontade com a ideia de responsabilidade e de boa-fé.

Para que as partes possam deliberar acerca da realização ou não do negócio é essencial que disponham das informações que envolvam o contrato planificado. Alguns desses dados podem ser obtidos diretamente por cada parte por meio de investigação própria. Outras, no entanto, são obtidas necessariamente ou não da parte contaria.

A informação e o esclarecimento devidos se traduzem, desde logo, ao clausulado contratual pretendido, significando isto, para além de elementar dever de comunicação de todas as regras contratuais que se pretende venham a integrar o contrato, ainda o esclarecimento do exato correspondente jurídico-econômico de cada uma delas. Ou seja, cada uma das partes tem que dar conhecimento a outra, especificadamente, cada uma das cláusulas que tende a ver incluídas no contrato, explicando se necessário o sentido que cada uma comporta, por forma não só a habilitar a contraparte a decidir de maneira esclarecida sobre a aceitação da cláusula, mas também a evitar que venham sucessivamente a se produzir equívocos e dúvidas interpretativas do regulamento contratual.

No tocante ao dever de proteção e cuidado pode-se afirmar que o mesmo surge para preservar a parte dos riscos e danos, patrimoniais ou não, que possam advir da relação contratual. Na Alemanha a responsabilidade passou a ser entendida mesmo fora do âmbito da relação contratual em si, estendendo seu conceito, considerando, por exemplo, que um comprador que adentra ao recinto comercial, com intuito de adquirir mercadorias e escorrega numa casca de banana, terá direito a indenização pelo fato ocorrido, eis que o comerciante já contraiu responsabilidade e dever de proteção, antes mesmo do início formal das negociações.

É necessário dizer que o dever de proteção não possui conexão alguma com o cumprimento do objeto do contrato e seu adimplemento. É possível que o contratante cumpra com todas as cláusulas estabelecidas no contrato, mas cometa certa falha que acarrete o dever de indenizar, pela falta de cumprimento do dever de proteção. Salientando que tal dever existe antes mesmo de firmada a relação contratual pois o comerciante tem o dever de zelar tanto pelo patrimônio, como pela pessoa, de seu potencial pactuante.

Deve-se esclarecer ainda que a boa-fé tem acepções diferentes nas duas mais importantes codificações ocidentais, sejam elas, a alemã e a francesa. Nesta, a boa-fé é apenas um mero reforço ao pactuado no contrato; enquanto naquela é um dever de conduzir com lealdade, retidão e consideração pelos interesses alheios, não apenas durante a relação contratual, mas também, antes e depois dela.

Sucede que a norma, naturalmente, não instituiu apenas a boa-fé como princípio que a instrumentaliza, mas sim reuniu outros tão relevantes quanto. Conforme muito bem explicam Marco Aurélio Bellize Oliveira e

Isabela Maria Pereira Lopes, na obra Lei Geral de Proteção de Dados e as suas repercussões no Direito Brasileiro, "o *princípio da finalidade* exige que seja respeitada a correlação entre o tratamento dos dados e a finalidade informada. Esse princípio guarda estreita ligação com os princípios da adequação e da necessidade. Sua realização pressupõe que haja prévia informação e consentimento daquele que fornece os seus dados".

Já o *princípio da necessidade* e o do *livre acesso*, continuam os autores, são aqueles que, primeiro, "restringem os dados coletados ao estritamente necessário para o cumprimento da finalidade informada, assim como estabelecem a eliminação dos dados mediante requisição do titular ou quando cessado o tratamento, ou seja, quando deixam de ser necessários; e ainda trata da forma de requisição e do acesso do titular às informações que lhe digam respeito, assim como a prerrogativa de solicitar a correção de equívocos ou revisão de decisões"[16].

Mais adiante, o *princípio da qualidade* bem relaciona com os preceitos da transparência e do livre acesso uma vez que exige que em primeiro lugar os dados tratados sejam objetivos, atuais e tratados com exatidão e em segundo lugar porque, assim, assegura-se o conhecimento e os caminhos de correção por parte do titular quando presenciada inexatidão nas informações.

A seguir, o *princípio da segurança* é dos mais relevantes também na medida em que expõe a preocupação do legislador em reunir os artefatos e o conjunto de medidas para proteger os dados do titular de acessos não autorizados e, também, para evitar que acidentes ocorram a ponto de levar ao perecimento das informações do indivíduo. Pelo *princípio da prevenção* se tem, basicamente, a reafirmação da lógica contida no preceito anterior, para que também se adotem as medidas que afastem danos em razão do tratamento de dados. O *princípio da responsabilização e da prestação de contas* tem função para exigir que o agente "baixe as cartas" e apresente e demonstre as medidas e os cuidados tomados para comprovar a observância da proteção quando do tratamento dos dados. O mais interessante é notar, aqui, como a lei já se preocupou em destacar – assim como mais adiante será reafirmado – que a responsabilização e a prestação de contas se dão ao *agente* ao não a apenas ao controlador ou ao operador que realiza

[16] TEPEDINO, Gustavo; FRAZÃO, Ana; OLIVA, Milena Donato (coords). Lei Geral de Proteção de Dados e as suas repercussões no Direito Brasileiro, São Paulo: Revista dos Tribunais, p. 76.

o tratamento dos dados pessoais. A rigor, como se observa, os *princípios da segurança*; da *prevenção* e da *responsabilização e da prestação de contas* guardam íntima relação e estão conectados aos fundamentos transcritos no artigo 2º da LGPD.

Para finalizar, é importante dizer que quando da instituição da *Política de Privacidade e Proteção de Dados Pessoais* pelo Tribunal de Justiça do Estado de São Paulo, também se observou os mesmos princípios contidos na LGPD[17].

7. Das hipóteses autorizadoras do tratamento de dados pessoais

CAPÍTULO II
DO TRATAMENTO DE DADOS PESSOAIS

Seção I
Dos Requisitos para o Tratamento de Dados Pessoais

Art. 7º O tratamento de dados pessoais somente poderá ser realizado nas seguintes hipóteses:
I – mediante o fornecimento de consentimento pelo titular;
II – para o cumprimento de obrigação legal ou regulatória pelo controlador;
III – pela administração pública, para o tratamento e uso compartilhado de dados necessários à execução de políticas públicas previstas em leis e regulamentos ou respaldadas em contratos, convênios ou instrumentos congêneres, observadas as disposições do Capítulo IV desta Lei;
IV – para a realização de estudos por órgão de pesquisa, garantida, sempre que possível, a anonimização dos dados pessoais;
V – quando necessário para a execução de contrato ou de procedimentos preliminares relacionados a contrato do qual seja parte o titular, a pedido do titular dos dados;
VI – para o exercício regular de direitos em processo judicial, administrativo ou arbitral, esse último nos termos da Lei nº 9.307, de 23 de setembro de 1996 (Lei de Arbitragem);
VII – para a proteção da vida ou da incolumidade física do titular ou de terceiro;
VIII – para a tutela da saúde, exclusivamente, em procedimento realizado por profissionais de saúde, serviços de saúde ou autoridade sanitária;

[17] Art. 6º. A aplicação desta Política será pautada pelo dever de boa-fé e pela observância dos princípios previstos no art. 6º da LGPD, a saber: finalidade, adequação, necessidade, livre acesso, qualidade dos dados, transparência, segurança, prevenção, não discriminação e responsabilização e prestação de contas.

IX – quando necessário para atender aos interesses legítimos do controlador ou de terceiro, exceto no caso de prevalecerem direitos e liberdades fundamentais do titular que exijam a proteção dos dados pessoais; ou
X – para a proteção do crédito, inclusive quanto ao disposto na legislação pertinente.
§ 1º (Revogado).
§ 2º (Revogado).
3º O tratamento de dados pessoais cujo acesso é público deve considerar a finalidade, a boa-fé e o interesse público que justificaram sua disponibilização.
§ 4º É dispensada a exigência do consentimento previsto no caput deste artigo para os dados tornados manifestamente públicos pelo titular, resguardados os direitos do titular e os princípios previstos nesta Lei.
§ 5º O controlador que obteve o consentimento referido no inciso I do caput deste artigo que necessitar comunicar ou compartilhar dados pessoais com outros controladores deverá obter consentimento específico do titular para esse fim, ressalvadas as hipóteses de dispensa do consentimento previstas nesta Lei.
§ 6º A eventual dispensa da exigência do consentimento não desobriga os agentes de tratamento das demais obrigações previstas nesta Lei, especialmente da observância dos princípios gerais e da garantia dos direitos do titular.
§ 7º O tratamento posterior dos dados pessoais a que se referem os §§ 3º e 4º deste artigo poderá ser realizado para novas finalidades, desde que observados os propósitos legítimos e específicos para o novo tratamento e a preservação dos direitos do titular, assim como os fundamentos e os princípios previstos nesta Lei.

O artigo 7º da norma inaugura um novo capítulo que diz respeito efetivamente ao tratamento dados pessoais. A rigor, na primeira seção o que se tem são os requisitos para que haja o tratamento dos dados. Antes de mais nada, porém, é indispensável que se dialogue com mais detalhamento o que vem a ser de fato o tratamento de dados, eis que, na prática, a LGPD precipuamente disso trata.

Conforme adiantado no inciso X do artigo 5º da norma, é fundamental destacar que a Lei Geral de Proteção de Dados considera como tratamento todas as operações realizadas com dados pessoais. Logo, a norma não adota qualquer tipo de segregação, entendendo por *tratamento*, por exemplo, tanto a coleta quanto o armazenamento de dados pessoais, mesmo essas operações tendo propósitos distintos. Com efeito, divide-se o ciclo de vida do tratamento dos dados pessoais em cinco fases, sendo elas (i) a coleta; (ii) a retenção; (iii) o processamento; (iv) o compartilhamento e (v) a eliminação. O Governo Federal, por meio do seu Comitê Central de Governança de Dados, desenvolveu o Guia de Boas Práticas da LGPD destacando que *o ciclo de vida do tratamento tem início com a coleta do dado e se encerra com a eliminação ou descarte. Cada fase do ciclo de vida tem correspondência com operações de tratamento definidas na LGPD. A fase coleta refere-se à coleta, produção, recepção de dados pessoais independente do meio utilizado (documento em papel, documento eletrônico, sistema de informação etc). A retenção corresponde ao arquivamento ou armazenamento de dados pessoais independente do meio utilizado (documento em papel, documento eletrônico, banco de dados, arquivo de aço etc). O processamento é qualquer operação que envolva classificação, utilização, reprodução, processamento, avaliação ou controle da informação e extração e modificação de dados pessoais retidos pelo controlador. O compartilhamento, por sua vez, envolve qualquer operação de transmissão, distribuição, comunicação, transferência, difusão e uso compartilhamento de dados pessoais. Por fim, a eliminação é qualquer operação que visa excluir um dado ou conjunto de dados pessoais armazenados em banco de dados, bem como eliminação de documentos eletrônicos ou em papel em que constam dados pessoais. Esta fase também contempla o descarte dos ativos organizacionais (documentos, equipamentos, etc) nos casos necessários ao negócio da instituição*[18].

A tabela 1, a seguir, auxilia a compreensão ilustrando a relação entre as fases do ciclo de vida descrito nesta seção e as operações consideradas como tratamento pela LGPD.

DADOS PESSOAIS	
CICLO DE TRATAMENTO	**OPERAÇÕES DE TRATAMENTO – LGPD**
Coleta	Coleta, produção e recepção
Retenção	Arquivamento e armazenamento
Processamento	Classificação, utilização, reprodução, processamento, avaliação ou controle da informação, extração ou modificação
Compartilhamento	Transmissão, distribuição, comunicação, transferência e difusão
Eliminação	Eliminação

Tabela 1 – *Relacionamento fases ciclo de vida X operações sobre dados pessoais*

[18] Disponível em: https://www.gov.br/governodigital/pt-br/governanca-de-dados/guia-lgpd.pdf. Acesso em 14/05/2020.

Feitas as considerações a respeito do processo de tratamento de dados em si, rememorando, a LGPD apresenta condições para o tratamento. O primeiro deles vem a ser a necessidade de consentimento por parte do titular dos dados para que aquela que os assuma possa de fato operar. Embora não seja a única forma regular de se justificar o tratamento de dados pessoais, essa consiste na primeira e provavelmente a mais natural das justificativas para tanto.

Nesse particular, como é cediço, os dados individuais fazem parte do dia-a-dia tanto das pessoas de uma infinidade de entidades que por vezes as detêm. Também bem se sabe que os dados coletados recebem o tratamento por parte de grupos especialmente treinados para tanto a fim de que eles (dados) sejam transformados em instrumentos de uso e de extração de vantagem mais adiante. Não à toa a sociedade atual, ao redor do mundo, viva bombardeada por algoritmos que realizam previsões acerca dos interesses, da personalidade e até das decisões das pessoas. Daí a relevância da proteção dos dados de cada um e a necessidade de a pessoa cujo dado será tratado ter que dar a sua anuência para que o dado seja efetivamente tratado pelo agente. Nesse sentido, "defende-se que a interpretação do consentimento deverá ocorrer de forma restritiva, não podendo o agente estender a autorização concedida para o tratamento dos dados para outros meios além daqueles pactuados, para momento posterior, para fim diverso ou, ainda, para pessoa distinta daquela que recebeu a autorização".

Ademais, importa lembrar que a LGPD determinou que o consentimento – conforme sua definição contida na própria norma – é uma "manifestação livre, informada e inequívoca pela qual o titular concorda com o tratamento de seus dados pessoais para uma finalidade determinada". Logo, por *livre* há que se entender a possibilidade de o titular dos dados que se pretende tratar tem a livre disposição de se declarar contrário à operação, sendo certo que, ainda, que por óbvio não há que se aceitar a expressão volitiva da pessoa sob quaisquer dos vícios de consentimento.

Nessa mesma toada, entende-se como relevante exemplificar o enquadramento, trazendo como ilustração os valiosos apontamentos, sob coordenação de Fernanda Maia, do guia LGPD: Aplicação Prática das Bases Legais, que acertadamente traz como exemplo a

> "utilização de geolocalização (facultativa) em aplicativos: a coleta de dados de geolocalização facultativa em aplicativos, na qual o titular pode optar por

esse tipo de comodidade para receber, por exemplo, anúncios específicos para a região em que se encontra"[19].

Ainda, lembra o guia da hipótese do:

> "uso de dados de empregados para fins diversos e não previsto em contrato (desde que livre): a depender do caso, o empregador poderá solicitar o consentimento (desde que verdadeiramente "livre" – ou seja, comprovadamente opcional e de forma que o empregado não se sinta compelido a aceitar ou eventualmente sinta que poderá sofrer qualquer tipo de represália com a recusa), como no caso de um treinamento opcional (não necessário para o exercício das funções do empregado) ou para utilização de imagem do colaborador (em uma situação que não seja necessária para o exercício das funções deste). É importante destacar que, no contexto de uma relação de trabalho, o consentimento obtido do empregado raramente se mostra livre (e, portanto, válido), devido ao desequilíbrio de poder e subordinação entre as partes, razão pela qual uma análise detalhada deverá ser realizada antes de sua eventual aplicação"[20].

Dando seguimento ao artigo 7º, respaldada no inciso II do artigo 7º, a segunda hipótese para que possa se dar o tratamento dos dados pessoais se dá em razão do cumprimento de obrigação legal ou regulatória por parte do controlador. Como bem explica Guilherme Gualtieri,

> "este é um autorizador da LGPD que possibilita que a lei não entre em conflito com outras legislações vigentes em nosso país, o que acabaria por gerar uma discussão sobre a possibilidade ou não do titular de dados registrar reclamação contra um tipo de tratamento de dados que estivesse em discordância com outra determinação legal. No caso de uma obrigação decorrente de lei acarretar em um tratamento de dados pessoais por parte de uma empresa, essa estará autorizada a tratá-los de modo a cumprir a dita exigência legal ou regulatória. Exemplificando, seria o caso de uma empresa transmitir os dados de seus empregados constantes de seus registros internos de RH à Secretaria Especial do Ministério da Economia (antigo Ministério do Trabalho), a fim de cumprir com a entrega da Relação Anual de Informações Sociais (Rais).

[19] Disponível em: https://www.bibliotecadeseguranca.com.br/wp-content/uploads/2020/09/lgpd-aplicacao-pratica-das-bases-legais.pdf.

[20] Disponível em: https://www.bibliotecadeseguranca.com.br/wp-content/uploads/2020/09/lgpd-aplicacao-pratica-das-bases-legais.pdf.

Nesse caso, os empregados não podem opor resistência ao compartilhamento de dados, uma vez que é necessária para o cumprimento de uma obrigação legal/regulatória por parte do controlador"[21].

Como terceiro cenário, conforme o inciso III do artigo 7º, tem-se a administração pública, quando para o tratamento e uso compartilhado de dados necessários à execução de políticas públicas previstas em leis e regulamentos ou respaldadas em contratos, convênios ou instrumentos congêneres, observadas as disposições do Capítulo IV da LGPD. Isso significa que a administração pública deve fornecer à pessoa cujos dados serão tratados as informações inequívocas e claras acerca do embasamento legal para tanto, bem como a finalidade, e os procedimentos usados enquanto perdurar todo o processo de tratamento.

Também pode ser realizado o tratamento de dados quando a motivação for a utilização por órgãos de pesquisa, sendo certo, porém, que deverá ser buscado pelo agente a anonimização dos dados pessoais, porquanto o procedimento de anonimização, em última análise, implica a perda da associação de um dado a um indivíduo.

A quinta hipótese para que ocorra o tratamento, embora soe ligeiramente sem nexo, tem de fato sentido. Ela se dá quando necessária para a execução de contrato ou de procedimentos preliminares relacionados a contrato do qual seja parte o titular, a pedido do titular dos dados. Ou seja, *a priori* ela muito se assemelha à primeira das situações em que é possível o tratamento de dados, isso é, com o consentimento do titular. A diferença é que aqui, como há o contrato que se vale de instrumento acessório para a sua realização (tratamento de dado), a revogação do consentimento não se dá da mesma forma uma vez que o agente tem o próprio contrato instituidor de um negócio jurídico maior que lhe garante a percepção dos dados.

A LGPD também autoriza o tratamento de dados quando para o exercício regular de direitos em processo judicial, administrativo ou arbitral. A justificativa está no fato de se preservar o devido processo legal e a ampla possibilidade de produção de provas, sendo certo que, não fosse assim.

A proteção da vida ou da incolumidade ou do titular do terceiro são elementos autorizadores do tratamento dos dados pessoais, tal qual se observa quando uma pessoa, por exemplo, ao dar entrada inconsciente

[21] Disponível em: https://triplait.com/bases-legais-para-tratamento-de-dados-da-lgpd/. Acesso em 02/04/2020.

em hospital necessita de dados que, eventualmente, outro departamento de saúde detenha, a fim de preservar a vida do titular que, nessa hipótese, não teria como ofertar o seu consentimento.

Seguindo a mesma linha, o inciso VIII do artigo 7º também tem em mente a preservação de um interesse maior que a psique ou os interesses, por exemplo, econômicos do titular dos dados. Trata-se da tutela da saúde em forma mais ampla, mas com a ressalva de que o procedimento que esteja inerente ao tratamento dos dados se dê por profissionais de saúde, serviços de saúde ou autoridade sanitária.

Base legal autorizadora do tratamento de dados das mais polêmicas certamente se tem no inciso IX do artigo 7º, qual seja: quando necessário para atender aos interesses legítimos do controlador ou de terceiro, exceto no caso de prevalecerem direitos e liberdades fundamentais do titular que exijam a proteção dos dados pessoais. Isso porque, assim como bem aponta Guilherme Gualtieri,

> "além de ser um tanto quanto difícil apontar, neste momento, o que seria o 'legítimo interesse' do controlador ou de terceiro, uma vez que não há uma previsão legal no ordenamento jurídico brasileiro a respeito da definição deste termo, é sempre muito importante sopesar até que ponto o legítimo interesse do controlador ou de terceiro sobrepõe o do titular dos dados, ou fere alguma outra disposição expressa da LGPD"[22].

Assim, a previsão legal para o tratamento dos dados pessoais tendo como premissa o inciso IX do artigo 7º tem uma aparência ligeiramente nebulosa uma vez que "põe em xeque" o legítimo interesse do controlador, apoiado na promoção de suas atividades, por exemplo, quando comparado ao próprio direito de privacidade e de autodeterminação informativa do titular de dados. A rigor, certo é que se valer desse inciso demandará identificar interesse inequivocamente legítimo e com todo o zelo para que nenhum direito do titular seja violado.

Também se faz justo o tratamento de dados tendo como justificativa a proteção do crédito. Ora, não parece nada razoável o titular requerer a exclusão de seus dados de órgãos de proteção ao crédito sob a espúria alegação de que aquela operação de tratamento não teria autorizada por ele ou dando conta de suposta violação à sua privacidade.

[22] Disponível em: https://triplait.com/bases-legais-para-tratamento-de-dados-da-lgpd/. Acesso em 02/04/2020.

Mais adiante, o parágrafo 3º do artigo determina que o tratamento de dados pessoais cujo acesso seja público deva considerar a finalidade, a boa-fé e o interesse público que justificaram a sua disponibilização. E não poderia ser diferente. Se a lei tem a preocupação central de proteger os direitos de personalidade do indivíduo, ainda que se atenda aos anseios de desenvolvimento econômico, não faria qualquer sentido que, mesmo que em prol do interesse público, não houvesse a atenção à finalidade a qual se destina a disponibilização dos dados, assim como a boa-fé e a própria materialização do citado interesse público. Dessa feita, ainda que o interesse público justifique a disponibilização dos dados pessoais em função da supremacia do interesse público sobre o individual, referido interesse público deve ser evidentemente legítimo e sólido.

Por fim, os parágrafos 4º, 5º 6º e 7ºs do artigo 7º tratam em mais minúcias do consentimento do titular de dados. E não à toa. Conforme se observa, em que pese a complexidade de materialização da justificativa do inciso IX do artigo – que poderá fazer com que o agente justifique a torto e à direita o tratamento de dados – referido tratamento realizado sob a chancela do consentimento do titular parece ser aquele que de fato mais embasará o procedimento em si. Por isso ter sido natural que o legislador tenha se debruçado sobre o tema e apontado os principais regramentos. Logo, o parágrafo 4º afasta e necessidade de consentimento do titular para o tratamento de seus dados quando ele mesmo, titular, já tenha os tornado público deliberadamente. É evidente, porém, que isso não rompe com a necessidade de observação dos princípios da norma por parte do agente.

Já o parágrafo 5º determina que ainda que o controlador tenha obtido o consentimento regular do titular para o tratamento de seus dados, caso ele, agente, tenha o interesse de, por qualquer razão, compartilhar tais dados com outro controlador, deverá obter novo consentimento específico para o ato de compartilhamento, com os seus devidos fins, ficando ressalvadas as hipóteses de dispensa de consentimento que a lei define. Mesmo assim, independentemente de ter se tratado da primeira obtenção do consentimento ou da segunda (quando do ato do controlador de compartilhar os dados do titular de dados com novo controlador), sempre haverá a necessidade de observação por parte do controlador de todas as obrigações legais instituídas na LGPD, sobretudo em relação a aquelas que se focam nos princípios gerais e na garantia dos direitos do titular.

Já o tratamento posterior dos dados pessoais a que se referem os parágrafos 3º e 4º poderá ser realizado para novas finalidades, desde que observados os propósitos legítimos e específicos para o novo tratamento e a preservação dos direitos do titular, assim como os fundamentos e os princípios previstos contidos na LGPD.

O quadro resumo abaixo lista e combina as hipóteses de tratamento de dados com o seu respectivo dispositivo legal e, também, a necessidade ou não de consentimento do titular.

HIPÓTESE DE TRATAMENTO	DISPOSITIVO LEGAL	REQUER CONSENTIMENTO DO TITULAR?
Hipótese 1: Mediante consentimento do titular	LGPD, artigo 7º, inciso I	Sim
Hipótese 2: Para o cumprimento de obrigação legal ou regulatória	LGPD, artigo 7º, inciso II	Não
Hipótese 3: Para a execução de políticas públicas	LGPD, artigo 7º, inciso III	Não
Hipótese 4: Para a realização de estudos e pesquisas	LGPD, artigo 7º, inciso IV	Não
Hipótese 5: Para a execução ou preparação de contrato	LGPD, artigo 7º, inciso V	Consentimento definido no contrato ou decorrente da autonomia da vontade
Hipótese 6: Para o exercício de direitos em processo judicial, administrativo ou arbitral	LGPD, artigo 7º, inciso VI	Não
Hipótese 7: Para a proteção da vida ou da incolumidade física do titular ou de terceiro	LGPD, artigo 7º, inciso VII	Não
Hipótese 8: Para a tutela da saúde do titular	LGPD, artigo 7º, inciso VIII	Não
Hipótese 9: Para atender interesses legítimos do controlador ou de terceiro	LGPD, artigo 7º, inciso IX	Não
Hipótese 10: Para proteção do crédito	LGPD, artigo 7º, inciso X	Não

Tabela 2 – *Hipóteses de tratamento de dados pessoais (tabela, com seu respectivo conteúdo, extraída do Guia de Boas Práticas – Lei Geral de Proteção de Dados, de autoria do Comitê Central de Governança de Dados do Governo Federal)*[23]

[23] Disponível em: https://www.gov.br/governodigital/pt-br/governanca-de-dados/guia-lgpd.pdf. Acesso em 18/05/2020.

8. Da forma de manifestação do consentimento pelo titular de dados

Art. 8º O consentimento previsto no inciso I do art. 7º desta Lei deverá ser fornecido por escrito ou por outro meio que demonstre a manifestação de vontade do titular.
§ 1º Caso o consentimento seja fornecido por escrito, esse deverá constar de cláusula destacada das demais cláusulas contratuais.
§ 2º Cabe ao controlador o ônus da prova de que o consentimento foi obtido em conformidade com o disposto nesta Lei.
§ 3º É vedado o tratamento de dados pessoais mediante vício de consentimento.
§ 4º O consentimento deverá referir-se a finalidades determinadas, e as autorizações genéricas para o tratamento de dados pessoais serão nulas.
§ 5º O consentimento pode ser revogado a qualquer momento mediante manifestação expressa do titular, por procedimento gratuito e facilitado, ratificados os tratamentos realizados sob amparo do consentimento anteriormente manifestado enquanto não houver requerimento de eliminação, nos termos do inciso VI do caput do art. 18 desta Lei.
§ 6º Em caso de alteração de informação referida nos incisos I, II, III ou V do art. 9º desta Lei, o controlador deverá informar ao titular, com destaque de forma específica do teor das alterações, podendo o titular, nos casos em que o seu consentimento é exigido, revogá-lo caso discorde da alteração.

Seguindo quanto a relevância do consentimento, o artigo 8º determina que o consentimento se dê de forma escrita ou por meio de outra que demonstre a manifestação do titular. Aqui, naturalmente, quando autoriza outra forma qualquer de manifestação de vontade que não por escrito, pode-se abrir um extenso tapete de argumentações que podem inebriar o interprete para saber se de fato o consentimento se deu ou não. A discussão é relevante porque titular de dados pode estar em posição de vulnerabilidade ante o controlador da operação de tratamento de dados na medida em que há elevada distância de poderio econômico e de informação entre as duas figuras. Por isso o consentimento por parte do titular de dados que não se dê por escrito pode gerar debates e infortúnios para ambos os lados.

A importância do consentimento é tão latente que a própria LGPD, em seu artigo 5º, inciso XII, cuidou de definir o que para ela consiste em *consentimento*, destacando se tratar da *manifestação livre, informada e inequívoca pela qual o titular concorda com o tratamento de seus dados pessoais para uma finalidade determinada*. Nessa mesma linha, Danilo Doneda, citado por Gustavo Tepedino e por Chiara Spadaccini de Teffé, diz que

> "o consentimento representa instrumento de manifestação individual no campo dos direitos da personalidade e tem o papel de legitimar que terceiros utilizem, em alguma medida, os dados de seu titular. Ele compreende a liberdade de escolha, sendo meio para a construção e a delimitação da esfera privada. Associa-se, portanto, à autodeterminação existencial e informacional o ser humano, mostrando-se imprescindível para a proteção do indivíduo e a circulação de informações".[24]

A lei caminhou de forma mais racional no parágrafo 1º do artigo 8º ao determinar que caso o consentimento se dê por escrito deverá constar de cláusula destacada das demais cláusulas contratuais. Vale lembrar que, por exemplo, a Lei nº 9.307/1996 (Lei de Arbitragem), em seu artigo 4º, parágrafo 2º, determina que "nos *contratos de adesão*, a cláusula compromissória só terá eficácia se o aderente tomar a iniciativa de instituir a arbitragem ou concordar, expressamente, com a sua instituição, desde que por escrito em documento anexo ou em negrito, com a assinatura ou visto especialmente para essa cláusula". Isso quer dizer que aquele que adere ao contrato – e que, portanto, não o desenvolveu – tem que enxergar a cláusula que instituirá a arbitragem para dirimir os litígios advindos daquele contrato colocada em apartado e demasiadamente destacada das demais, justamente para que ele, aderente e parte mais vulnerável na relação, concorde ou não com a instituição da arbitragem na medida em que o seu aceite, ali, implicará a sujeição à arbitragem e a renúncia ao Poder Judiciário para dirimir o litígio. Ou seja, a cláusula se torna por adesão no contrato de adesão onde se dá uma maior liberdade as partes em renuncia-la caso queiram sem a renúncia das cláusulas gerais do contrato de adesão que permanecem sendo interpretadas pelos artigos 423 e 424 do CC.

O entrave no embate entre o *caput* e o parágrafo 1º do artigo 8º reside objetivamente na dificuldade que o controlador poderá ter em provar que

[24] DONEDA, Danilo. Da privacidade à proteção de dados pessoais. Rio de Janeiro: Renovar, 2006, p. 377. In: TEPEDINO, Gustavo; FRAZÃO, Ana; OLIVA, Milena Donato (coords). Lei Geral de Proteção de Dados e as suas repercussões no Direito Brasileiro, São Paulo: Revista dos Tribunais, p. 299.

o consentimento obtido junto ao titular, ao não se dar por meio escrito, de fato ocorreu. Assim, incumbirá a ele tal tarefa. Seja como for, o ponto de discussão central não está no fato de a ele, controlador, incumbir tal função, mas sim no fato de que já há todo o esforço por parte de entidades, organizações e companhias ao se inclinarem a tornar cada vez mais objetiva a relação entre eles e o consumidor, por exemplo, com contratos digitais mais informais e claros; com instrumentos de *opt in* e de *opt out* mais destacados, justamente para afastar ao máximo a falta de informação por parte do consumidor vulnerável que não soa muito inteligente se abrir margem a discussões com a previsão legal de uma manifestação de consentimento para o tratamento de dados tão etérea como aquela que não seja por meio escrito. Ainda assim, esses mecanismos mesmos, no âmbito da LGPD, já ressoam dentro da comunidade jurídica e geram reflexões para se saber se seriam ou não suficientes como forma de dar real ciência ao titular que a eles anui.

O parágrafo 3º explicita que será vedado o tratamento de dados quando o consentimento se der mediante vício de consentimento. Apesar de parecer ligeiramente óbvio, a ressalva do legislador soa prudente porque os vícios de consentimento contidos no Código Civil como o erro (arts. 138 a 144), o dolo (arts 145 a 150), a coação (arts. 151 a 155) e a lesão (art. 157) atingem o plano da validade do negócio jurídico e ofendem a emissão de vontade do agente. Com isso, o consentimento do titular para que os seus dados pessoais possam ser tratados pelo operador deve se dar sem qualquer dos vícios de consentimento, ou seja, defeitos dos negócios jurídicos.

Em tempo, a fim de otimizar o entendimento, sob o respaldo legal do Código Civil pátrio, segue breve ilustração que fundamenta o caminho que um negócio jurídico deve percorrer para que se torne perfeito e, portanto, exigível.

Do negócio jurídico

Art. 104: *"A validade do negócio jurídico requer: I – agente capaz; II – objeto lícito, possível, determinado ou determinável; III – forma prescrita ou não defesa em lei".*

Doutrina: Capacidade do agente. *Como todo ato negocial pressupõe uma declaração de vontade, a capacidade do agente é indispensável á sua participação válida na seara jurídica (arts. 3º a 5º do CC). Se o agente for absolutamente incapaz (art. 3º), os negócios jurídicos serão nulos (art. 166, I); se o agente for* *relativamente incapaz (art. 4º), os negócios jurídicos serão anuláveis ou relativamente nulos (art. 171, I).* ***Objeto lícito, possível, determinado ou determinável.*** *Deve ser lícito, ou seja, conforme à lei, não sendo contrário aos bons costumes, à ordem pública e à moral. Deverá ter ainda objeto possível, física ou juridicamente. Deverá ter objeto determinado ou, pelo menos, determinável suscetível de determinação pelo gênero e quantidade. Consentimento dos interessados. As partes deverão anuir, expressa ou tacitamente, para a formação de uma relação jurídica sobre determinado objeto, ou seja, expressar a sua vontade (vide art. 421).* ***Forma prescrita ou não defesa em lei.*** *Às vezes será imprescindível seguir determinada forma de manifestação de vontade ao se praticar ato negocial dirigido à aquisição, ao resguardo, à modificação ou extinção de relações jurídicas. A sua não verificação gera nulidade ou ineficácia.*

Art. 115: *"Os poderes de representação conferem-se por lei ou pelo interessado".*
Doutrina: Representação. *A representação ou o mandato pode ser conferida em decorrência de lei ou da vontade das partes. Na primeira hipótese, a lei vem abrigar situações em que é necessária a representação, como é o caso dos incapazes e da massa falida; já na segunda hipótese, a vontade das partes é contratual, devendo ser realizada por meio de instrumento de mandato, como é de praxe nas relações entre cliente e advogado.*

Art. 121: *"Considera-se condição a cláusula que, derivando exclusivamente da vontade das partes, subordina o efeito do negócio jurídico a evento futuro e incerto".*
Doutrina: Condição é a cláusula que subordina o efeito do negócio jurídico, oneroso ou gratuito, a evento futuro e incerto. A condição resolutiva tácita está subentendida em todos os contratos bilaterais onerosos, para o caso em que um dos contraentes não cumpra sua obrigação, autorizando, então, o lesado pela inexecução a pedir rescisão contratual e indenização das perdas e danos. Quanto à condição resolutiva expressa, uma vez convencionada, o contrato rescindir-se-á automaticamente, fundando-se no princípio da obrigatoriedade dos contratos, justificando-se quando o devedor estiver em mora.

Art. 131: *"O termo inicial suspende o exercício, mas não a aquisição do direito".*
Doutrina: No caso de pender termo inicial, o direito do adquirente permanece intacto, e só estará suspenso até o início do termo inicial.

Art. 132: *"Salvo disposição legal ou convencional em contrário, computam-se os prazos, excluído o dia do começo, e incluído o do vencimento. § 1º Se o dia do vencimento cair em feriado, considerar-se-á prorrogado o prazo até o seguinte dia útil. § 2º Meado considera-se, em qualquer mês, o seu décimo quinto dia. § 3º Os prazos de meses e anos expiram no dia de igual número do de início, ou no imediato, se faltar exata correspondência. § 4º Os prazos fixados por hora contar-se-ão de minuto a minuto".*
Doutrina: *Os prazos deverão ser contados excluindo-se o dia de seu início e incluindo-se o dia de seu término, e se o dia do vencimento cair em feriado, considerar-se-á prorrogado o prazo até o seguinte dia útil; é considerado metade do mês o seu décimo quinto dia independentemente se de 30 ou 31 dias; prazos de meses e anos expiram no dia de igual número do de início, ou no imediato, se faltar exata correspondência e, por final, os prazos fixados por hora contar-se-ão de minuto a minuto.*

Art. 136: *"O encargo não suspende a aquisição nem o exercício do direito, salvo quando expressamente imposto no negócio jurídico, pelo disponente, como condição suspensiva".*

Doutrina: A aquisição e o exercício do direito independem do encargo a que o negócio se submete, porém se o negócio jurídico dispuser em contrário, será considerado condição suspensiva.

Art. 137: *"Considera-se não escrito o encargo ilícito ou impossível, salvo se constituir o motivo determinante da liberalidade, caso em que se invalida o negócio jurídico".*
Doutrina: *Tratando-se de encargo ilícito e impossível, será considerado inexistente ao negócio jurídico a fim de conservá-lo. No caso de ilicitude ou de impossibilidade, a nulidade absoluta deve ocorrer conforme dispõe o art. 166, II, no caso em que o encargo for o motivo determinante do negócio jurídico.*

Dos defeitos do negócio jurídico

Art. 145: *"São os negócios jurídicos anuláveis por dolo, quando este for a sua causa".*
Doutrina: Dolo *(arts. 145 a 150 do CC). É o artifício usado para enganar alguém, induzindo-o à prática de um ato que o prejudica e beneficia o autor do dolo ou terceiro. É, portanto, alteração intencional e proposital da verdade para obtenção de vantagem indevida. São espécies de dolo: dolus bonus ou dolus malus. O "dolo bom" é apenas um exagero das qualidades do bem ou da pessoa ou amenização dos defeitos, de modo que não induz anulabilidade do ato. O "dolo mau" ou principal, por outro lado, pressupõe a intenção de prejudicar do agente que age com astúcia, ludibriando pessoas sensatas e atentas e por isso gera a anulação do ato (art. 171, II, do CC).*

Art. 151: *"A coação, para viciar a declaração da vontade, há de ser tal que incuta ao paciente fundado temor de dano iminente e considerável à sua pessoa, à sua família ou aos seus bens. Parágrafo único. Se disser respeito a pessoa não pertencente à família do paciente, o juiz, com base nas circunstâncias, decidirá se houve coação".*
Doutrina: Coação *(arts. 151 a 155 do CC). Violência ou pressão física ou moral (sobre a pessoa, bens ou honra) que impede a pessoa de agir livremente. A doutrina entende que a coação física sequer permite manifestação de vontade e, portanto, o ato assim praticado é nulo e não anulável. Já a coação moral é passível de anulabilidade desde que: a ameaça seja a causa do ato praticado pela vítima, que ela seja grave (que cause temor justificado), que ela seja injusta (a ameaça do exercício de um direito não configura coação; por exemplo, o credor ameaçar ingressar com processo de execução não torna o ato do pagamento anulável), que a ameaça do dano seja atual e iminente, o dano da vítima da coação seja ao menos igual ao prejuízo a que está sendo obrigado e recaia sobre a própria vítima, sua família ou seus bens. Ressalte-se que o simples temor reverencial (respeito e obediência aos pais) e a ameaça do exercício de um direito não configuram coação. O efeito da coação, por ser defeito leve do negócio jurídico, é anulação (leia-se: nulidade relativa), conforme o art. 171, II, do CC.*

Art. 156: *"Configura-se o estado de perigo quando alguém, premido da necessidade de salvar-se, ou a pessoa de sua família, de grave dano conhecido pela outra parte, assume obrigação excessivamente onerosa. Parágrafo único. Tratando-se de pessoa não pertencente à família do declarante, o juiz decidirá segundo as circunstâncias".*
Doutrina: Estado de perigo. *Esta modalidade de vício de consentimento não estava prevista no CC/1916 e ocorre quando uma parte assume obrigações excessivamente onerosas para salvar-se ou a alguém de sua*

família, de grave dano moral ou material que a outra parte conhece. Em não sendo o dano à pessoa ou à sua família, caberá ao juiz decidir sobre a validade do ato (ex.: pai que tem o filho sequestrado, vende seus bens a preço vil, e a outra parte sabe do fato que está levando o pai a isso). Nesses casos, os negócios poderão ser anulados.

Art. 157: *"Ocorre a lesão quando uma pessoa, sob premente necessidade, ou por inexperiência, se obriga a prestação manifestamente desproporcional ao valor da prestação oposta. § 1º Aprecia-se a desproporção das prestações segundo os valores vigentes ao tempo em que foi celebrado o negócio jurídico. § 2º Não se decretará a anulação do negócio, se for oferecido suplemento suficiente, ou se a parte favorecida concordar com a redução do proveito".*
Doutrina: Lesão. *Também é novidade do CC/2002. Na lesão, o contratante realizará negócio que só lhe trará desvantagens, em razão de uma necessidade econômica ou por inexperiência, obrigando-se ao pagamento de prestações muito maiores do que os valores de mercado.*

Art. 158: *"Os negócios de transmissão gratuita de bens ou remissão de dívida, se os praticar o devedor já insolvente, ou por eles reduzido à insolvência, ainda quando o ignore, poderão ser anulados pelos credores quirografários, como lesivos dos seus direitos. § 1º Igual direito assiste aos credores cuja garantia se tornar insuficiente. § 2º Só os credores que já o eram ao tempo daqueles atos podem pleitear a anulação deles".*
Doutrina: Fraude contra credores. *Ocorre quando o devedor, maliciosamente, desfaz-se de seu patrimônio, prejudicando seus credores em um processo de execução. São dois os elementos característicos da fraude contra credores: a insolvência do devedor (elemento objetivo) e a má-fé do devedor (elemento subjetivo). O ato fraudulento somente pode ser anulado por meio de uma ação própria, denominada ação pauliana ou revocatória, em que o credor pode obter a revogação dos negócios lesivos, voltando os bens para o patrimônio do devedor fraudulento que, assim, efetua o concurso de credores na insolvência do devedor (a ação pauliana aproveita a todos os credores, ainda que proposta por apenas um deles).*

Da invalidade do negócio jurídico

Art. 166: *"É nulo o negócio jurídico quando: I – celebrado por pessoa absolutamente incapaz; II – for ilícito, impossível ou indeterminável o seu objeto; III – o motivo determinante, comum a ambas as partes, for ilícito; IV – não revestir a forma prescrita em lei; V – for preterida alguma solenidade que a lei considere essencial para a sua validade; VI – tiver por objetivo fraudar lei imperativa; VII – a lei taxativamente o declarar nulo, ou proibir-lhe a prática, sem cominar sanção".*
Doutrina: Nulidade (nulidade absoluta). *É uma sanção, por meio da qual a lei priva de efeitos jurídicos o negócio jurídico celebrado contra os preceitos disciplinadores dos seus pressupostos de validade; pode ser absoluta ou relativa. No artigo em tela há um rol taxativo de sete incisos que privilegiam a nulidade absoluta*

Retornando, já o parágrafo 4º dialoga com o princípio da finalidade trazido no inciso I do artigo 6 da LGPD. Conforme explicam Gustavo Tepedino e Chiara Spadaccini de Teffe,

> "a manifestação de vontade deve ser inequívoca, ou seja, não ambígua, evidente e ocorrer de forma muito clara. A validade do consentimento relaciona-se com o princípio da finalidade (...), de modo que as autorizações genéricas para o tratamento de dados pessoais são nulas. Observa-se que a informação é fator determinante para a expressão do consentimento livre e consciente, de forma que deve destacar a importância do princípio da finalidade para restringir a generalidade na utilização do bem"[25].

A LGPD também permite a revogação do consentimento dada pelo titular mediante sua manifestação expressa, por procedimento gratuito e facilitado, ratificados os tratamentos realizados sob amparo do consentimento anteriormente manifestado enquanto não houver requerimento de eliminação, nos termos do inciso VI do *caput* do art. 18 da LGPD, que são aqueles que propriamente tratam dos direitos do titular.

Assim, os mesmos autores Gustavo Tepedino e Chiara Spadaccini de Teffe têm opinião que vai na contramão da norma. Entendem que

> "o consentimento será temporário. Defende-se a possibilidade de revogação incondicional desse tipo de consentimento com base na autodeterminação em relação à construção da esfera privada e na proteção da personalidade, entre cujos atributos se encontra a indisponibilidade. Entretanto, não parece razoável que quem recebeu a autorização para o tratamento dos ados tenha que sofrer risco ilimitado nem que a revogação se dê em flagrante prejuízo ao interesse público. Em caso de abuso do direito do titular do bem, caberá reparação, que será analisada no caso concreto, podendo o intérprete guiar-se pelo por mecanismos como o *venire contra factum proprium*"[26].

[25] TEPEDINO, Gustavo; FRAZÃO, Ana; OLIVA, Milena Donato (coords). Lei Geral de Proteção de Dados e as suas repercussões no Direito Brasileiro, São Paulo: Revista dos Tribunais, p. 302.

[26] TEPEDINO, Gustavo; FRAZÃO, Ana; OLIVA, Milena Donato (coords). Lei Geral de Proteção de Dados e as suas repercussões no Direito Brasileiro, São Paulo: Revista dos Tribunais, p. 303.

Com efeito, cabe certa razão aos autores, mas a norma, *ipsis litteris*, garante o direito ao titular, sem prejuízo, de revogar o consentimento outrora dado ao controlador.

O parágrafo 6º do artigo destaca que em caso de alteração de informação referida nos incisos I, II, III ou V do art. 9º da LGPD o controlador deverá informar ao titular, com destaque de forma específica do teor das alterações, podendo o titular, nos casos em que o seu consentimento é exigido, revogá-lo caso discorde da alteração.

Os incisos I, II, III e V do artigo 9º, a saber, tratam respectivamente: (i) da finalidade específica do tratamento; (ii) da forma e duração do tratamento, observados os segredos comercial e industrial; (iii) identificação do controlador; e (v) informações acerca do uso compartilhado de dados pelo controlador e a finalidade. Com isso, respeitando os princípios da LGPD, o controlador deve inicialmente informar ao titular de dados os porquês do tratamento de seus dados; a forma e o período de duração do procedimento; a sua própria identificação (como controlador) e as informações acerca de eventual uso compartilhado dos dados. Logo, se porventura houver alguma alteração nessa programação por parte do controlador, compete a ele detalhar as alterações que se seguirão, cabendo ao titular o direito de revogar o seu consentimento anterior quando o seu aceite for necessário.

Em suma, o consentimento (princípio da liberdade) é, via de regra, o pontapé inicial para que se dê o tratamento de dados pessoais do titular pelo terceiro. Conforme se destacou, há outras razões que autorizam o tratamento de dados mas, mesmo assim, o consentimento do titular é a condição prévia e a justificativa essencial.

Concorda-se com a interpretação dos autores Gustavo Tepedino e Chiara Spadaccini de Teffe quando asseguram que o aceite por parte do titular de dados deve ser inequívoco e claro. Mesmo expedientes tidos e havidos como corretos em relação à transparência a anuência por meio de "clique" em mecanismos de *opt in* já passam a ser questionados e ponderados tendo em vista a real ciência do titular ao "clicar" e *ticar* a caixa. Já se pensa se o mais correto não seriam instrumentos mais simples, resumidos e que não contemplem páginas e páginas com um caixa de *opt in* ou de *opt out* ao fim.

8.1. Da análise da autonomia da vontade na LGPD

A vontade e a sua expressão são os agentes catalisadores do negócio jurídico. Isso deve ficar claro ao operador do direito. E, é curioso notar como, inclusive, o legislador civilista pátrio, deixou de colocar como um dos elementos motrizes do negócio jurídico a justamente essa *vontade (animus)*, relegando a sua representação à mera declaração.

Seja como for, a *vontade* é um dos expoentes principais do negócio jurídico, inclusive marcando a diferença para o intitulado *ato jurídico*. Nesse assunto, vale dizer que ambos, *negócio jurídico* e *ato jurídico* são espécies do gênero *fato jurídico*. Isso mesmo. O fato jurídico se divide justamente em dois: de um lado, negócio jurídico; e, de outro, *ato jurídico*, sendo que o *ato jurídico* é aquele ato praticado em conformidade com a lei, que independe da vontade do agente, como, por exemplo, ter de se alistar nas Forças Armadas ou confeccionar o seu título de eleitor, CPF e demais documentos demandados. Já o *negócio jurídico*, por seu turno, é aquele que também é praticado em conformidade com a lei, mas que é realizado em razão da vontade da pessoa, como quando ela decide fazer um contrato de compra e venda, locação etc. Mesmo assim, esse negócio deve atender aos parâmetros de existência, de validade e de eficácia para que ele seja considerado perfeito, isso é, juridicamente exigível.

Bem, dessa forma, fica clara a relevância a autonomia da vontade. É imprescindível que o agente queira que determinado negócio seja praticado; que ele aceite que determinado negócio seja praticado.

Por isso a LGPD coloca o consentimento do titular – ou seja, a manifestação de sua vontade favorável ao tratamento –, como sendo o primeiro e o principal elemento para que o tratamento dos dados de fato se dê. É evidente que a lei traz exceções e elas são várias, mas que fique claro que o tratamento de dados – seja do dado pessoal, seja do dado pessoal sensível – tem que se dar a partir do consentimento da pessoa. Por isso há que se tomar tanto cuidado com relação à manifestação dessa vontade do titular. Por isso essa manifestação deve se dar de forma tão clara e ostensiva, sob pena de se viciar o primordial componente do tratamento de dados, leia-se, o consentimento, a expressão de sua vontade favorável ao tratamento.

9. Do direito do titular ao acesso às suas informações

Art. 9º O titular tem direito ao acesso facilitado às informações sobre o tratamento de seus dados, que deverão ser disponibilizadas de forma clara, adequada e ostensiva acerca de, entre outras características previstas em regulamentação para o atendimento do princípio do livre acesso:
I – finalidade específica do tratamento;
II – forma e duração do tratamento, observados os segredos comercial e industrial;
III – identificação do controlador;
IV – informações de contato do controlador;
V – informações acerca do uso compartilhado de dados pelo controlador e a finalidade;
VI – responsabilidades dos agentes que realizarão o tratamento; e
VII – direitos do titular, com menção explícita aos direitos contidos no art. 18 desta Lei.
§ 1º Na hipótese em que o consentimento é requerido, esse será considerado nulo caso as informações fornecidas ao titular tenham conteúdo enganoso ou abusivo ou não tenham sido apresentadas previamente com transparência, de forma clara e inequívoca.
§ 2º Na hipótese em que o consentimento é requerido, se houver mudanças da finalidade para o tratamento de dados pessoais não compatíveis com o consentimento original, o controlador deverá informar previamente o titular sobre as mudanças de finalidade, podendo o titular revogar o consentimento, caso discorde das alterações.
§ 3º Quando o tratamento de dados pessoais for condição para o fornecimento de produto ou de serviço ou para o exercício de direito, o titular será informado com destaque sobre esse fato e sobre os meios pelos quais poderá exercer os direitos do titular elencados no art. 18 desta Lei.

Como bem-dito, a LGPD nasceu de um anseio não apenas nacional de preservação da pessoa humana, com proteção especial aos direitos da personalidade, na esteira do que a GDPR também o fez em solo europeu. A rigor, o artigo 9º da lei nacional tem o intuito de reavivar alguns dos fundamentos instruídos no artigo 2º da mesma Lei Geral de Proteção dos Dados Pessoais. Fica determinado que o titular deva ter o direito ao acesso facilitado às informações sobre o tratamento de seus dados, que devem ser disponibilizadas de forma clara, adequada e ostensiva para o atendimento do princípio do livre acesso. Desse modo, reforçando os indicativos anteriores, há que se apresentada a finalidade específica do tratamento, a teor do artigo 6º, inciso I da norma e em atenção ao *princípio da autodeterminação informativa* (art. 2, II da LGPD).

Em atenção ao *princípio da necessidade* (art. 6º, III da LGPD), também é de direito do titular ter a informação a respeito forma e duração do tratamento, observados os segredos comercial e industrial[27].

Outrossim, assim como se observa do *princípio da transparência* (art. 6º, VI) da LGPD), incumbe ao controlador se identificar como tal, a fim de possibilitar ao titular a melhor posição que ela, titular, entenda por bem prover os seus dados ou não, não devendo ser esquecido que o controlador pode, também, decidir compartilhar os dados do titular com terceiro, cenário que exigiria novo consentimento específico para tanto por parte do titular de dados. Esse último, por óbvio, só poderia ou poderá aceitar o compartilhamento de dados com controlador terceiro se ele também tiver em mente de quem se trata o controlador terceiro.

Ainda no ambiente do *princípio da transparência* e, também, reforçando o fundamento da liberdade de comunicação, é de se observar que devem ser transmitidas as informações de contato do controlador, a fim de que ele melhor alcance o controlador para tratar dos assuntos de seu interesse (seus dados pessoais) quando julgar necessário.

Caso se dê o uso compartilhado dos dados do titular por parte do controlador, também é de direito do titular ter a informação acerca dessa forma de uso e a finalidade dessa operação, em respeito aos fundamentos da privacidade (art. 2º, I), da autodeterminação informativa (art. 2º, II), da inviolabilidade da honra e da imagem (art. 2º, IV) e do livre desenvolvimento da personalidade e da dignidade (art. 2º VII), todos apregoados na LGPD.

O titular de dados ainda deve ser informado acerca da responsabilidade que recai a toda a cadeia de agentes que realizam a operação de tratamento de dados e a respeito de seus direitos, com atenção especial para a confirmação da existência de tratamento; o acesso aos dados; a possibilidade correção de dados incompletos, inexatos ou desatualizados; a anonimização, o bloqueio ou a eliminação de dados desnecessários, excessivos ou

[27] Nesse particular, embora haja a necessidade por parte do controlador de informar tanto a forma quanto duração do tratamento de dados ao titular, realmente não há qualquer necessidade por parte do primeiro em dividir com o titular segredos de natureza comercial ou industrial de seu negócio.

tratados em desconformidade com o disposto na LGPD; a portabilidade dos dados a outro fornecedor de serviço ou produto, mediante requisição expressa, de acordo com a regulamentação da autoridade nacional, observados os segredos comercial e industrial; a eliminação dos dados pessoais tratados com o consentimento do titular, exceto nas hipóteses previstas no art. 16 da LGPD; a informação das entidades públicas e privadas com as quais o controlador realizou uso compartilhado de dados; a informação sobre a possibilidade de não fornecer consentimento e sobre as consequências da negativa; e a revogação do consentimento, nos termos do § 5º do art. 8º da LGPD.

Retornando à relevância do consentimento (princípio da liberdade), e a teor dos dizeres do artigo 8º (especialmente ao que concerne ao seu parágrafo 3º) da LGPD, o parágrafo 1º do artigo 9º determina que quando for necessário o consentimento por parte do titular de dados para que se proceda a operação, esse será considerado nulo caso as informações que embasarão o aceite do titular contenham conteúdo abusivo ou enganoso, ou caso não tenham sido apresentadas de com transparência e forma clara, inequívoca. Também, quando a anuência do titular for necessária, a mudança na finalidade de uso dos dados do titular implica a obrigatoriedade ao controlador para informar a mudança ao titular a fim de que esse oferte nova autorização ou revogue aquela anteriormente dada.

Por último, conforme o parágrafo 3º do artigo, quando o tratamento de dados pessoais for condição para o fornecimento de produto ou de serviço ou para o exercício de direito, o titular será informado com destaque sobre esse fato e sobre os meios pelos quais poderá exercer os direitos do titular elencados no art. 18 da LGPD. Esse certamente se apresenta como o disposto mais cristalino elaborado pelo legislador e como aquele mais palpável ao titular. Isso se dá porque, apesar de os expedientes anteriores serem de igual relevância, a mera aproximação por parte do controlador ao titular, requerendo os seus dados para fins de tratamento, ainda que em atenção à finalidade a ser dada a aquele dado, pode não significar expediente tão claro e tangível ao titular. Quando, por outro lado, atende-se ao princípio da finalidade com o controlador apresentando as razões para o tratamento daqueles dados e apresentando como justificativa última a comercialização de um bem ou de um serviço ele automaticamente empresta certo grau de tangibilidade ao procedimento, facilitando a percepção e o *feedback* do titular.

10. Do legítimo interesse do controlador

Art. 10. O legítimo interesse do controlador somente poderá fundamentar tratamento de dados pessoais para finalidades legítimas, consideradas a partir de situações concretas, que incluem, mas não se limitam a:
I – apoio e promoção de atividades do controlador; e
II – proteção, em relação ao titular, do exercício regular de seus direitos ou prestação de serviços que o beneficiem, respeitadas as legítimas expectativas dele e os direitos e liberdades fundamentais, nos termos desta Lei.
§ 1º Quando o tratamento for baseado no legítimo interesse do controlador, somente os dados pessoais estritamente necessários para a finalidade pretendida poderão ser tratados.
§ 2º O controlador deverá adotar medidas para garantir a transparência do tratamento de dados baseado em seu legítimo interesse.
§ 3º A autoridade nacional poderá solicitar ao controlador relatório de impacto à proteção de dados pessoais, quando o tratamento tiver como fundamento seu interesse legítimo, observados os segredos comercial e industrial.

O artigo 10º da norma traz pequeno rol exemplificativo de situações que fundamentam o legítimo interesse por parte do controlador para que ele promova o tratamento de dados pessoais do titular. O tema já fora previamente debatido nos idos do inciso IX do artigo dessa lei.

O grande problema é que não apenas não há uma definição legal daquilo que o legislador entende como legítimo interesse do controlador para fundamentar a operação do tratamento de dados como ele, legislador, ofereceu apenas duas hipóteses exemplificativas para tanto. Ainda que tenha havido o cuidado do legislador em determinar quando o tratamento for baseado no legítimo interesse do controlador, somente os dados pessoais estritamente necessários para a finalidade pretendida poderão ser tratados, ou que controlador deverá adotar medidas para garantir a transparência do tratamento de dados baseado em seu legítimo interesse, parece ter faltado um pouco mais de zelo ao determinar em melhor compasso o legítimo interesse do controlador baseado no apoio e promoção de suas atividades e na proteção, em relação ao titular, do exercício regular de seus direitos ou prestação de serviços que o beneficiem, respeitadas as legítimas expectativas dele e os direitos e liberdades fundamentais.

11. Do tratamento dos dados pessoais sensíveis

Seção II
Do Tratamento de Dados Pessoais Sensíveis

Art. 11. O tratamento de dados pessoais sensíveis somente poderá ocorrer nas seguintes hipóteses:
I – quando o titular ou seu responsável legal consentir, de forma específica e destacada, para finalidades específicas;
II – sem fornecimento de consentimento do titular, nas hipóteses em que for indispensável para:
a) cumprimento de obrigação legal ou regulatória pelo controlador;
b) tratamento compartilhado de dados necessários à execução, pela administração pública, de políticas públicas previstas em leis ou regulamentos;
c) realização de estudos por órgão de pesquisa, garantida, sempre que possível, a anonimização dos dados pessoais sensíveis;
d) exercício regular de direitos, inclusive em contrato e em processo judicial, administrativo e arbitral, este último nos termos da Lei nº 9.307, de 23 de setembro de 1996 (Lei de Arbitragem);
e) proteção da vida ou da incolumidade física do titular ou de terceiro;
f) tutela da saúde, exclusivamente, em procedimento realizado por profissionais de saúde, serviços de saúde ou autoridade sanitária; ou
g) garantia da prevenção à fraude e à segurança do titular, nos processos de identificação e autenticação de cadastro em sistemas eletrônicos, resguardados os direitos mencionados no art. 9º desta Lei e exceto no caso de prevalecerem direitos e liberdades fundamentais do titular que exijam a proteção dos dados pessoais.
§ 1º Aplica-se o disposto neste artigo a qualquer tratamento de dados pessoais que revele dados pessoais sensíveis e que possa causar dano ao titular, ressalvado o disposto em legislação específica.
§ 2º Nos casos de aplicação do disposto nas alíneas "a" e "b" do inciso II do caput deste artigo pelos órgãos e pelas entidades públicas, será dada publicidade à referida dispensa de consentimento, nos termos do inciso I do caput do art. 23 desta Lei.
§ 3º A comunicação ou o uso compartilhado de dados pessoais sensíveis entre controladores com objetivo de obter vantagem econômica poderá ser objeto de vedação ou de regulamentação por parte da autoridade nacional, ouvidos os órgãos setoriais do Poder Público, no âmbito de suas competências.
§ 4º É vedada a comunicação ou o uso compartilhado entre controladores de dados pessoais sensíveis referentes à saúde com objetivo de obter vantagem econômica, exceto nas hipóteses relativas a prestação de serviços de saúde, de assistência

farmacêutica e de assistência à saúde, desde que observado o § 5º deste artigo, incluídos os serviços auxiliares de diagnose e terapia, em benefício dos interesses dos titulares de dados, e para permitir:
I – a portabilidade de dados quando solicitada pelo titular;
II – as transações financeiras e administrativas resultantes do uso e da prestação dos serviços de que trata este parágrafo.
§ 5º É vedado às operadoras de planos privados de assistência à saúde o tratamento de dados de saúde para a prática de seleção de riscos na contratação de qualquer modalidade, assim como na contratação e exclusão de beneficiários.

Conforme o inciso II do artigo 5º desta norma, dado pessoal sensível é aquele sobre origem racial ou étnica, convicção religiosa, opinião política, filiação a sindicato ou a organização de caráter religioso, filosófico ou político, dado referente à saúde ou à vida sexual, dado genético ou biométrico, quando vinculado a uma pessoa natural. Na prática, o dado pessoal sensível se distingue do dado pessoal porque o último é o perfeito indicador da pessoa, a partir de uma informação específica que a individualize a distinga dos demais, tal qual o nome, o número do RG ou do CPF, ou ainda carteira profissional ou CNH, diferenciando-se do dado pessoal sensível que, a rigor, não o transforma em um ser *uno*, plenamente identificável, mas sim revela as posições políticas daquela pessoa; a sua etnia e afins, mas sem ser feita a conexão direta daquele dado a uma pessoa específica. Dessa feita, o dado pessoal sensível, para fins de tratamento, também precisa do aceite de seu titular ou de seu representante legal para ser praticado, sendo tal anuência de forma específica e destacada, com as suas finalidades igualmente estipuladas para tanto.

Porém, assim como se observa em relação aos dados pessoais (*não sensíveis*), também há hipóteses de exceção para o tratamento dos dados pessoais sensíveis por parte do controlador sem que seja necessário o consentimento do titular e cumulativamente em cenários que seja indispensável referido tratamento. A rigor, a Seção II do Capítulo II da LGPD cuida de regular justamente isso: o tratamento de dados pessoas sensíveis.

Em verdade, os casos que justificam o tratamento de dados pessoais sensíveis sem o aval do titular muito se assemelham com as hipóteses de tratamento de dados pessoais (*não sensíveis*) conforme verificado no artigo 7º. Ocorre que, diferentemente do que ocorre quando há o tratamento de dados pessoais em geral, "a LGPD não permite o tratamento de dados pessoais sensíveis para atender ao interesse legítimo do Controlador ou de terceiros ou mesmo para proteção do crédito, tal como ocorre com os dados pessoais em geral, não qualificados como sensíveis"[28].

Excetuando essas premissas, a primeira situação em que não se vê como necessário o consentimento do titular para o tratamento de dado pessoal sensível indispensável ao controlador quando este precisa efetuar o cumprimento de uma obrigação legal ou regulatória. Novamente, trata-se de quadro em que o controlador, a fim de cumprir obrigação legal ou de órgão regulador, necessita realizar o tratamento dos dados pessoais sensíveis de determinado titular ou de grupo deles. Ademais, vale dizer que, quando se tratar de órgão ou de entidade pública que se veja na necessidade de fazer o tratamento, terá que ser dada publicidade à referida dispensa de consentimento, nos termos do inciso I do caput do art. 23 desta Lei.

Igualmente, os dados pessoais sensíveis serão tratados sem a necessidade de consentimento por parte de seu titular e sob a premissa de serem indispensáveis ao controlador para tratamento compartilhado de dados necessários à execução, pela administração pública, de políticas públicas previstas em leis ou regulamentos. Com isso, reforça-se a supremacia do interesse público sobre aquele de natureza particular. Tem-se que a administração pública, motivada a atender ao bem comum, pode se valer de informações do indivíduo a fim de promover políticas de macro interesse, sendo certo, porém, que assim como se depura do inciso anterior também haverá que ser dada publicidade à dispensa de aceite nos exatos termos do inciso I do caput do art. 23 da LGPD.

Exatamente como quanto à dispensa do consentimento pelo particular para o tratamento de seus dados pessoais, também se abre mão de seu aceite para o tratamento de seus dados pessoais sensíveis quando, conforme a letra a do inciso II do artigo referido, existe a necessidade do cumprimento de obrigação legal ou regulatória pelo controlador, repetindo-se o mesmo olhar dando ao caso como no caso do artigo 7º, inciso II.

Outrossim, o legislador previu a possibilidade de tratamento de dados – agora na modalidade de dados pessoais sensíveis – sem a necessidade do aceite do titular quando o tratamento de dados compartilhado for

[28] HERZOG. Eliana; BATISTELA, Leticia (coords). Comissão Geral da Lei de Proteção de Dados. 2019, p. 5. Disponível em: https://www.federasul.com.br/wp-content/uploads/2019/09/Cartilha-LGPD.pdf. Acesso em: 06/04/2020.

necessário à execução, pela administração pública, de políticas públicas previstas em leis ou regulamentos (vide letra b, do inciso II do artigo 11 da LGPD).

Pela letra c do inciso II do artigo 11, também se dispensa o consentimento do titular quando para realização de estudos por órgão de pesquisa, garantida, sempre que possível, a anonimização dos dados pessoais sensíveis. Mantém-se a lógica de que aquela informação usada pelo órgão de pesquisa tem uma finalidade científica, de estudo e de análise, que atenda a uma finalidade última que seja prover informações relevantes para a população, órgãos públicos, que eventualmente podem ser utilizadas, também, como fomentadoras e instrumentos de políticas públicas. Ainda assim, é de responsabilidade desse controlador dispender esforços para anonimizar tais informações obtidas para que delas não se alcance o seu titular.

Dando seguimento, é importante trazer a percepção do Guia de Boas Práticas do Mercado Segurador Brasileiro sobre a Proteção de Dados Pessoais no que concerne à letra d do inciso II do artigo 11:

> "ao contrário do que acontece com os dados pessoais em geral, não há previsão específica na LGPD para que seja realizado o tratamento de dados pessoais sensíveis com a finalidade de viabilizar a execução de contrato ou de procedimentos preliminares relacionados a contrato do qual seja parte o titular. A LGPD, no entanto, prevê a possibilidade de tratamento de dados pessoais sensíveis sem o consentimento do titular quando destinado ao exercício regular de direitos, inclusive em contrato e em processo judicial, administrativo e arbitral (art. 11, II, "d"). Ou seja, haverá hipótese em que o tratamento de dados sensíveis será legítimo, independentemente de ter havido o consentimento do titular, quando se destinar ao exercício regular de um direito relacionado a um contrato, por exemplo. Trata-se de situação ligeiramente diversa daquela prevista no art. 7º, V, da LGPD, aplicável ao tratamento de dados pessoais em geral, pois no caso dos dados pessoais sensíveis, não será a mera execução do contrato que legitimará o tratamento, mas o exercício de um direito a ele vinculado"[29].

[29] VIOLA, Mario (coord). Guia de Boas Práticas do Mercado Segurador Brasileiro sobre a Proteção de Dados Pessoais – Cnseg, p. 31. Disponível em: http://cnseg.org.br/data/files/AF/63/3B/7E/B8B6F610373532F63A8AA8A8/GBPMS_ONLINE_ok.pdf. Acesso em 06/04/2020.

Também fica prevista a desnecessidade de aceite pelo titular quando, pela letra e do inciso II do artigo 11, a justificativa para a o tratamento de dados pessoais sensíveis estiver fundada na proteção da vida ou da incolumidade física do titular ou de terceiro e, ainda, quando fundada na tutela da saúde, exclusivamente, em procedimento realizado por profissionais de saúde, serviços de saúde ou autoridade sanitária (letra f do inciso II do artigo 11).

Como complemento, dá-se a possibilidade de tratamento de dados pessoais sensíveis sem o consentimento do titular para a garantia da prevenção à fraude e à segurança do próprio titular. De se destacar, contudo, conforme novamente muito bem explicitado no Guia de Boas Práticas do Mercado Segurador Brasileiro sobre a Proteção de Dados Pessoais,

> "que essa possibilidade de tratamento de dados sensíveis para garantia de prevenção à fraude se aplica apenas a processos de identificação e autenticação de cadastro. Isso incluiria, por exemplo, os tratamentos de dados necessários à gravação de voz para confirmação de identidade do titular do dado em solicitação de modificação da cobertura securitária contratada ou a exigência para atendimento médico-hospitalar com a utilização de plano de assistência à saúde em que o segurado/beneficiário colocasse o seu polegar em um leitor biométrico para confirmar sua identidade, a fim de evitar que outra pessoa utilize a cobertura securitária em seu lugar"[30].

Na mesma vertente, conforme bem destaca o guia LGPD: Aplicação Prática das Bases Legais, de Corrdenação de Fernanda Maia, pode se tratar da

> "criação de conta digital utilizando aplicativos de celular. Essa base legal pode ser bastante aproveitada em contextos em que se necessite prevenir fraudes em processos de identificação ou confirmação de identidade por meio de aplicativos utilizados nos smartphones, como, por exemplo, para criação de uma conta digital"[31].

[30] VIOLA, Mario (coord). Guia de Boas Práticas do Mercado Segurador Brasileiro sobre a Proteção de Dados Pessoais – Cnseg, p. 32. Disponível em: http://cnseg.org.br/data/files/AF/63/3B/7E/B8B6F610373532F63A8AA8A8/GBPMS_ONLINE_ok.pdf. Acesso em 06/04/2020.

[31] Disponível em: file:///C:/Users/ap/AppData/Local/Microsoft/Windows/INetCache/Content.Outlook/7LITUEDU/ebook_FINAL_alterado.pdf. Acesso em 25/08/2020.

O parágrafo 1º do artigo 11 destaca que deve ser aplicado a qualquer tratamento de dado pessoal a partir do qual se revele um dado pessoal sensível e que possa causar dano a seu titular.

A Lei também veda expressamente a comunicação ou o uso compartilhado entre controladores de dados pessoais sensíveis referentes à saúde com objetivo de obter vantagem econômica, exceto nas hipóteses relativas a prestação de serviços de saúde, de assistência farmacêutica e de assistência à saúde, incluídos os serviços auxiliares de diagnose e terapia, em benefício dos interesses dos titulares de dados, e para permitir: (i) a portabilidade de dados quando solicitada pelo titular; ou (ii) as transações financeiras e administrativas resultantes do uso e da prestação dos serviços de que trata este parágrafo.

Finalizando, importando principalmente às operadoras de plano privado de saúde, tem-se outra disposição restritiva na medida em que fica vedado a elas o tratamento de dados de saúde para a prática de seleção de riscos na contratação de qualquer modalidade, assim como na contratação e exclusão de beneficiários pelo parágrafo 5º do artigo 11 da LGPD. O que se pode dizer é que essa restrição está acordo com a Súmula Normativa nº 27/2015 da ANS que determina vedação à "prática de seleção de riscos pelas operadoras de plano de saúde na contratação de qualquer modalidade de plano privado de assistência à saúde."

12. Dos dados anonimizados

Art. 12. Os dados anonimizados não serão considerados dados pessoais para os fins desta Lei, salvo quando o processo de anonimização ao qual foram submetidos for revertido, utilizando exclusivamente meios próprios, ou quando, com esforços razoáveis, puder ser revertido.
§ 1º A determinação do que seja razoável deve levar em consideração fatores objetivos, tais como custo e tempo necessários para reverter o processo de anonimização, de acordo com as tecnologias disponíveis, e a utilização exclusiva de meios próprios.
§ 2º Poderão ser igualmente considerados como dados pessoais, para os fins desta Lei, aqueles utilizados para formação do perfil comportamental de determinada pessoa natural, se identificada.
§ 3º A autoridade nacional poderá dispor sobre padrões e técnicas utilizados em processos de anonimização e realizar verificações acerca de sua segurança, ouvido o Conselho Nacional de Proteção de Dados Pessoais.

Uma vez que não permitem a identificação do seu respectivo titular, os dados anonimizados não ficam sujeitos à aplicação da Lei Geral de Proteção de Dados. A exceção se dá quando houver a reversão do processo de anonimização ao qual tais dados foram submetidos, fazendo, dessa forma, com que aquela informação que não pudesse ser atrelada a um indivíduo, agora, com a reversão, passasse a poder ser feita. Vale dizer que o legislador se preocupou em destacar que a reversão da anonimização se der a partir do uso de meios próprios ou com esforços razoáveis para tanto.

Como o *caput* do artigo 12 se mostra demasiadamente subjetivo a lei procurou, no parágrafo 1º do artigo, tornar mais objetiva a percepção ao dizer que a determinação do que seja razoável deve levar em consideração fatores objetivos, tais como custo e tempo necessários para reverter o processo de anonimização, de acordo com as tecnologias disponíveis, e a utilização exclusiva de meios próprios. Quer dizer que a possibilidade de identificação do titular dos dados que demande elevado viés tecnológico, com alto custo operacional e igualmente com período de tempo considerável, não seria razão suficiente para extirpar a natureza anônima do dado.

Como a lei trata do dado anonimizado e, também, daquele que outrora assim o foi e que passou por processo de reversão para se tornar dado pessoal, a lei também determina que poderão ser igualmente considerados como dados pessoais aqueles utilizados para formação do perfil comportamental de determinada pessoa natural, se ela for identificada.

Para fechar, diz o parágrafo 3º do artigo 12 que a autoridade nacional poderá dispor sobre padrões e técnicas utilizados em processos de anonimização e realizar verificações acerca de sua segurança, após parecer do Conselho Nacional de Proteção de Dados Pessoais.

13. Do tratamento de dados na realização de estudos em saúde pública

***Art. 13.** Na realização de estudos em saúde pública, os órgãos de pesquisa poderão ter acesso a bases de dados pessoais, que serão tratados exclusivamente dentro do órgão e estritamente para a finalidade de realização de estudos e pesquisas e mantidos em ambiente controlado e seguro, conforme práticas de segurança previstas em regulamento específico e que incluam, sempre que possível, a anonimização*

ou pseudonimização dos dados, bem como considerem os devidos padrões éticos relacionados a estudos e pesquisas.
§ 1º A divulgação dos resultados ou de qualquer excerto do estudo ou da pesquisa de que trata o caput deste artigo em nenhuma hipótese poderá revelar dados pessoais.
§ 2º O órgão de pesquisa será o responsável pela segurança da informação prevista no caput deste artigo, não permitida, em circunstância alguma, a transferência dos dados a terceiro.
§ 3º O acesso aos dados de que trata este artigo será objeto de regulamentação por parte da autoridade nacional e das autoridades da área de saúde e sanitárias, no âmbito de suas competências.
§ 4º Para os efeitos deste artigo, a pseudonimização é o tratamento por meio do qual um dado perde a possibilidade de associação, direta ou indireta, a um indivíduo, senão pelo uso de informação adicional mantida separadamente pelo controlador em ambiente controlado e seguro.

O *caput* do artigo 13 possibilita órgãos de pesquisa a, quando da realização de estudos em saúde pública, ter acesso a base de dados pessoais que deverão ter tratamento exclusivamente dentro do próprio órgão para fins de realização de estudo e pesquisas, devendo ser mantidas tais informações em ambiente seguro e controlado. Além disso, deve haver a adoção de regulamento específico que necessitará incluir o procedimento de anonimização e de pseudonimização quando possível, sem prejuízo da adoção de padrões éticos relativos a estudos e pesquisas. Como se observa, o caput do artigo sofre forte influência dos fundamentos do respeito à privacidade; a inviolabilidade da intimidade, da honra e da imagem – cada qual presente no artigo 2º da LGPD – além dos princípios da prevenção e da segurança, expostos no artigo 6º da lei.

Seguindo rigorosamente a mesma atenção e cuidado, o parágrafo 1º do artigo 13 destaca que jamais poderá qualquer divulgação dos resultados do estudo ou pesquisa vir acompanhado de revelação dos dados pessoais do titular envolvido.

Se a LGPD possibilita ao controlador, eventualmente, geralmente sob o consentimento do titular, o compartilhamento dos dados, o parágrafo 2º do artigo 13 afasta qualquer hipótese de o órgão de pesquisa em comento no *caput* do artigo transferir o dado a terceiro, sendo certo, ainda, que o órgão de pesquisa é o responsável pela segurança da informação igualmente trazida no *caput*.

O parágrafo 3º determina que o acesso aos dados de que trata este artigo será objeto de regulamentação por parte da autoridade nacional e das autoridades da área de saúde e sanitárias, no âmbito de suas competências.

Já o parágrafo 4º do artigo 13 traz a definição do que de fato vem a ser para o legislador da LGPD o dado tido como pseudonimizado. Assim, a pseudonimização é o tratamento por meio do qual um dado perde a possibilidade de associação, direta ou indireta, a um indivíduo, senão pelo uso de informação adicional mantida separadamente pelo controlador em ambiente controlado e seguro. Assim, como afirma Odélio Porto Junior,

> "ao contrário da utilização de dados anonimizados, a qual afasta a aplicação direta das leis de proteção de dados, para os dados pseudonimizados não há previsão legal específica sobre quais vantagens ou isenções o controlador pode obter caso os utilize. Ainda assim, é possível cogitar de determinadas vantagens na sua utilização pelas empresas. De um ponto de vista da segurança da informação, a pseudonimização contribui para garantir uma maior segurança dos dados, podendo diminuir os danos causados por eventuais vazamentos, se os dados afetados forem somente aqueles não identificáveis, sem o acesso aos dados complementares mantidos em separado. Este cenário pode fazer com que eventuais indenizações sejam reduzidas ou mesmo não aplicáveis, considerando que os dados vazados não sejam capazes de gerar danos ao titular por serem incompreensíveis"[32].

14. Do tratamento de dados de crianças e de adolescentes

Seção III
Do Tratamento de Dados Pessoais de Crianças e de Adolescentes

Art. 14. O tratamento de dados pessoais de crianças e de adolescentes deverá ser realizado em seu melhor interesse, nos termos deste artigo e da legislação pertinente.
§ 1º O tratamento de dados pessoais de crianças deverá ser realizado com o consentimento específico e em destaque dado por pelo menos um dos pais ou pelo responsável legal.

[32] Disponível em: https://baptistaluz.com.br/espacostartup/anonimizacao-e-pseudonimizacao-conceitos-e-diferencas-na-lgpd/. Acesso em: 06/04/2020.

§ 2º No tratamento de dados de que trata o § 1º deste artigo, os controladores deverão manter pública a informação sobre os tipos de dados coletados, a forma de sua utilização e os procedimentos para o exercício dos direitos a que se refere o art. 18 desta Lei.
§ 3º Poderão ser coletados dados pessoais de crianças sem o consentimento a que se refere o § 1º deste artigo quando a coleta for necessária para contatar os pais ou o responsável legal, utilizados uma única vez e sem armazenamento, ou para sua proteção, e em nenhum caso poderão ser repassados a terceiro sem o consentimento de que trata o § 1º deste artigo.
§ 4º Os controladores não deverão condicionar a participação dos titulares de que trata o § 1º deste artigo em jogos, aplicações de internet ou outras atividades ao fornecimento de informações pessoais além das estritamente necessárias à atividade.
§ 5º O controlador deve realizar todos os esforços razoáveis para verificar que o consentimento a que se refere o § 1º deste artigo foi dado pelo responsável pela criança, consideradas as tecnologias disponíveis.
§ 6º As informações sobre o tratamento de dados referidas neste artigo deverão ser fornecidas de maneira simples, clara e acessível, consideradas as características físico-motoras, perceptivas, sensoriais, intelectuais e mentais do usuário, com uso de recursos audiovisuais quando adequado, de forma a proporcionar a informação necessária aos pais ou ao responsável legal e adequada ao entendimento da criança.

O Capítulo II da LGPD resguarda seção específica para amparar direitos de público elementar e que de fato precisa de atenção em relação ao tratamento de seus dados. Com isso, o artigo 14 da Lei Geral de Proteção de Dados traz tratamento particular à criança e ao adolescente. Antes de mais nada não custa relembrar que a criança representa hoje universo de pessoas com significativo acesso a conteúdo disponibilizado na internet, seja por meio de jogos, canais no *Youtube* ou por se tratarem de público assíduo em serviços de streaming como o *Netflix* e a *Amazon* e, naturalmente, por se utilizaram de aplicativos como demais redes sociais e *Whatsapp*.

Ocorre que esse público formado por crianças e adolescentes é obviamente considerado vulnerável[33] em razão ausência de formação completa de sua personalidade e de atributos cognitivos. Não à toa há forte barreira

[33] A título de curiosidade, em que pese os magistrados e os servidores não serem considerados, para os fins jurídicos, um público legitimamente vulnerável (assim como, por outro lado, já são as crianças e os adolescentes), magistrados e servidores públicos devem observar as condições determinadas pelo Conselho Nacional de Justiça, pelo Conselho Nacional de Proteção de

por órgãos de regulação de propaganda quanto à realização de publicidade dirigida a esse público. Por isso a LGPD não proíbe, mas aplica condições mais incisivas e traz regramento específico para essa operação.

A primeira condição é a atenção ao princípio do melhor interesse da criança e do adolescente. Conforme asseguram Ana Carolina Brochado Teixeira e Anna Cristina de Carvalho Rettore,

> "o princípio do melhor interesse é corolário da doutrina da proteção integral, inaugurada pela Constituição Federal de 1988. Tal doutrina prega que a criança e o adolescente, bem como seus direitos, devam ser protegidos de forma especial, além de garantir-lhes as mesmas prerrogativas que cabem aos adultos. (...) A rigor, preservar o melhor interesse desse grupo, que é protegido na maturação e desenvolvimento, é agir de modo a lhes potencializar o exercício de seus direitos fundamentais. A previsão legal de que a salvaguarda dos dados da criança e do adolescente deve ser feita em seu melhor interesse indica que o resguardo das informações relevantes dos menores deve ser sempre em prol de seu desenvolvimento e em atenção aos seus direitos fundamentais"[34].

Ou que se tem, portanto, é a percepção de um legislador atento e observador, que entendeu a necessidade de previsão específica para público que, em última medida, mais adiante dará continuidade à sociedade e que merece amparo ainda maior e que atenda a seu melhor interesse.

Pautado nessa máxima o parágrafo 1º do artigo 14 dispõem que o tratamento de dados pessoais de crianças deverá ser realizado com o

Dados e pela Autoridade Nacional de Proteção de Dados, segundo o art. 28 da Política de Privacidade de Proteção de Dados no Poder Judiciário:

Art. 28 da Política de Privacidade de Proteção de Dados no Poder Judiciário: *A proteção de dados pessoais de magistrados e de servidores deverá observar as condições determinadas pelo Conselho Nacional de Justiça, pelo Conselho Nacional de Proteção de Dados Pessoais e pela Autoridade Nacional de Proteção de Dados, na forma da legislação e regulamentação vigentes.*

Para mais a respeito das determinações a respeito da Política de Privacidade de Proteção de Dados no Poder Judiciário, consultar o ANEXO VI desse Manual.

[34] RETTORE, Anna Cristina de Carvalho; TEIXEIRA, Ana Carolina Brochado. A Autoridade parental e o tratamento de dados pessoais de crianças e adolescentes. *In*: TEPEDINO, Gustavo; FRAZÃO, Ana; OLIVA, Milena Donato (coords). Lei Geral de Proteção de Dados e as suas repercussões no Direito Brasileiro, São Paulo: Revista dos Tribunais, p. 515.

consentimento específico e em destaque dado por pelo menos um dos pais ou pelo responsável legal, preservando a autodeterminação informativa e a segurança do menor.

E a necessidade de o consentimento advir de um ato realizado por ao menos um dos pais ou o representante legal não é à toa. Na prática, tal qual determinado pelo art. 3º do Código Civil Brasileiro, o menor de 16 anos é reconhecido como absolutamente incapaz para o exercício dos atos da vida civil, de tal maneira que o eventual consentimento dessa criança ou jovem ofende a elementos formadores e essenciais do negócio jurídico, tornando-o inexequível.

Exceção importante para a coleta de dados pessoais da criança e do adolescente sem o consentimento de, ao menos, um dos pais diz respeito à necessidade de coleta justamente para contatar o pai ou o responsável ou para a própria proteção do menor, sendo que o uso do dado se dará apenas uma vez. Em verdade, a determinação caminha de mãos dadas com aquela contida no art. 227 da Constituição Federal[35], a qual explicita ser dever tanto da família quanto do Estado à criança e ao adolescente, entre outros, o direito à dignidade, ao respeito, além de colocá-los a salvo de toda forma de negligência e discriminação.

Agora, um ponto de debate importante diz respeito ao fato de o Código Civil pátrio determinar, em seu art. 3º, que é absolutamente incapaz aquele que é menor de 16 anos, e já o seu art. 4º determinar que são incapazes, entre outras pessoas, aquelas que têm entre 16 e 18 anos. Ocorre que o Estatuto da Criança e do Adolescente (ECA) determina, em seu art. 2º, que se considera criança a pessoa até doze anos de idade incompletos, e adolescente aquela entre doze e dezoito anos de idade.

Note que o ECA é mais protetivo em relação à defesa do menor, fazendo com que aquele que tenha mais do que 16 anos e menos do que 18 anos receba maior amparo legal, isso porque o Código Civil determina que aquele que tem menos de 16 anos é considerado absolutamente incapaz, resultando na necessidade de ser representado para o oferecimento do

[35] Art. 227 da Constituição Federal. É dever da família, da sociedade e do Estado assegurar à criança, ao adolescente e ao jovem, com absoluta prioridade, o direito à vida, à saúde, à alimentação, à educação, ao lazer, à profissionalização, à cultura, à dignidade, ao respeito, à liberdade e à convivência familiar e comunitária, além de colocá-los a salvo de toda forma de negligência, discriminação, exploração, violência, crueldade e opressão

consentimento para o tratamento de dados da criança. Agora, e o jovem que tem entre 16 e 18 anos? Pelo Código Civil, sendo ele relativamente incapaz, ele deveria ser assistido no ato de consentir o seu tratamento de dados. De forma prática, a interpretação que vem sendo dada ao caso dá conta de que de fato, quando se tratar do menor de 16 anos, ao menos um dos pais ou o responsável substitua o menor na decisão, enquanto no caso de se tratar de um jovem entre 16 e 18 anos, o responsável apenas verifique a regularidade e validade do ato praticado pelo menor.

Mesmo assim, isso não altera um quadro preocupante pois que poderá trazer um relevante desafio para o agente que realiza o tratamento identificar se o consentimento foi dado por um dos pais ou responsáveis pelo menor, ou se foi dado pelo próprio menor.

Também o dado coletado, a forma de seu uso e os caminhos para a sua utilização devem ser públicas e precisam ser oferecidas de maneira simples, clara e acessível, assim como prevê o princípio da transparência.

O parágrafo 4 determina que os controladores não deverão condicionar a participação dos titulares de que trata o § 1º deste artigo em jogos, aplicações de internet ou outras atividades ao fornecimento de informações pessoais além das estritamente necessárias à atividade. A medida é inteligente porque se assim não o fosse se teria o mais bem-acabado dos caminhos que condicionaria a participação do menor a importante universo da internet principalmente desde que fosse disponibilizado o dado pessoal do menor ao controlador.

O parágrafo 5º impõe que controlador promova todos os esforços razoáveis para verificar que o consentimento a que se refere foi dado pelo responsável pela criança, consideradas as tecnologias disponíveis. Trata-se de valorizar o princípio da prevenção uma vez que esse trata da adoção das medidas para prevenir a ocorrência de dados em virtude do tratamento de dados. Nesse sentido, importa relatar que aplicativos de internet não de hoje tem exigido que junto ao consentimento supostamente ofertado pelos pais se dê a resolução de um problema matemático em patamar mais elevado do que aquele indicado a uma criança para fortalecer o argumento do controlador de que aquele que consentiu não era a criança. Embora não seja o método mais seguro ao menos se percebe o esforço por parte do controlador em se aproximar da norma legal.

Para concluir o posicionamento emprestado exclusivamente à criança e ao adolescente quando do tratamento de seus dados, as informações sobre o tratamento de dados devem ser fornecidas de maneira simples, clara e acessível, consideradas as características físico-motoras, perceptivas, sensoriais, intelectuais e mentais do usuário, com uso de recursos audiovisuais quando adequado, de forma a proporcionar a informação necessária aos pais ou ao responsável legal e adequada ao entendimento da criança.

15. Do término do tratamento dos dados

Seção IV
Do Término do Tratamento de Dados

Art. 15. O término do tratamento de dados pessoais ocorrerá nas seguintes hipóteses:
I – verificação de que a finalidade foi alcançada ou de que os dados deixaram de ser necessários ou pertinentes ao alcance da finalidade específica almejada;
II – fim do período de tratamento;
III – comunicação do titular, inclusive no exercício de seu direito de revogação do consentimento conforme disposto no § 5º do art. 8º desta Lei, resguardado o interesse público; ou
IV – determinação da autoridade nacional, quando houver violação ao disposto nesta Lei.

A Seção IV do Capítulo II da LGPD traz a dinâmica do término do tratamento de dados. Essa ocorrerá quando (i) alcançada a finalidade para o tratamento de dados ou quando os dados deixam de ser necessários ou pertinentes ao alcance da finalidade almejada. Percebe-se que o artigo 15 da LGPD faz a combinação perfeita com os princípios da finalidade, da adequação e da necessidade estampados no artigo 6º da mesma norma. Deve-se ser lembrado que a operação de tratamento de dados deve ocorrer em função de propósitos legítimos, específicos, explícitos e informados ao titular, sem possibilidade de tratamento posterior de forma incompatível com essas finalidades; sempre de maneira compatível com as finalidades informadas ao titular, de acordo com o contexto do tratamento; e dentro dos parâmetros e dos limites ao mínimo necessário para a realização de suas finalidades, com abrangência dos dados pertinentes, proporcionais e não excessivos em relação às finalidades do tratamento de dados. Logo, "o tratamento de dados para que uma compra *on line*, por exemplo, esgota-se com a finalização da própria compra, salvo se o titular autorizar o armazenamento dos dados para compras futuras"[36].

O inciso II do artigo mantém a mesma linha de raciocínio para destacar que também se caracteriza o fim do tratamento de dados do titular quando presenciado o fim do período do tratamento. Então, caso definido que o tratamento de dado esteja vinculado a um espaço temporal e, por óbvio, com o atingimento desse momento, há que ser encerrado logicamente o tratamento do dado. Tratam-se, ambas as hipóteses contidas nos incisos I e II da materialização do fundamento da autodeterminação informativa (art. 2º, II da LGPD).

Como terceira possibilidade de término do tratamento se tem aquela trazida no inciso III do artigo 15 que trata da revogação do consentimento por parte do titular. A revogabilidade é claramente elemento expressivo na LGPG, fundado na autodeterminação informativa, bem como no respeito à privacidade; na inviolabilidade da intimidade, da honra e da imagem. Mesmo assim, conforme como exposto no bojo dos comentários do parágrafo 5º do artigo 8º, soa desarrazoado achar como certo que o titular possa ofertar o seu consentimento ao controlador para que esse operacionalize o tratamento de dados para uma finalidade ou certo período e, anteriormente ao atingimento da condição para o término do tratamento, o titular – sem qualquer desobediência observada por parte do controlador – simplesmente revogue o seu consentimento, frustrando o tratamento de dados emprestado pelo controlador. É claro que o controlador que eventualmente promova o tratamento de infinidade de pessoas, se tiver a desistência de um titular provavelmente não encontrará óbice para a realização de sua atividade, que continuará a ser executada sem grandes percalços. No entanto, há que se considerar a possibilidade de diversos titulares, ao mesmo tempo, promoverem a revogação do tratamento sem a verificação do prazo para tanto ou sem a observância do atingimento da finalidade almejada pelo controlador, hipóteses essas que poderiam levar o controlador a (i) continuar a promover o tratamento, agora, em razão do inciso IX do artigo 7º da LGPD (quando necessário para atender

[36] GUEDES, Gisela Sampaio da Cruz; Meirelles, Rose Melo Vencelau. *In*: TEPEDINO, Gustavo; FRAZÃO, Ana; OLIVA, Milena Donato (coords). Lei Geral de Proteção de Dados e as suas repercussões no Direito Brasileiro, São Paulo: Revista dos Tribunais, p. 223.

aos interesses legítimos do controlador ou de terceiro, exceto no caso de prevalecerem direitos e liberdades fundamentais do titular que exijam a proteção dos dados pessoais); ou (ii) a buscar eventual reparação cível por ver frustrado o seu direito ao tratamento.

O inciso IV destaca o término do tratamento por conta de determinação da autoridade nacional, quando houver violação ao disposto nesta Lei.

16. Da eliminação dos dados pessoais

Art. 16. Os dados pessoais serão eliminados após o término de seu tratamento, no âmbito e nos limites técnicos das atividades, autorizada a conservação para as seguintes finalidades:
I – cumprimento de obrigação legal ou regulatória pelo controlador;
II – estudo por órgão de pesquisa, garantida, sempre que possível, a anonimização dos dados pessoais;
III – transferência a terceiro, desde que respeitados os requisitos de tratamento de dados dispostos nesta Lei; ou
IV – uso exclusivo do controlador, vedado seu acesso por terceiro, e desde que anonimizados os dados.

Em que pese o fato de a LGPD instrumentalizar o princípio da finalidade (por ela mesmo trazido) ao fazer com que a operação de tratamento de dados se dê para se alcançar um determinado fim e, após o atingimento dessa finalidade, o controlador, em regra, ter que eliminar os dados, a mesma LGPD regulamenta as hipóteses em que, finalizada a operação de tratamento, o controlador ainda possa manter consigo as informações do titular a fim de atender algumas necessidades. A primeira delas diz respeito à necessidade de o controlador ter que realizar o cumprimento de obrigação legal ou regulatória pelo controlador. Nesse caso, basicamente fica repetida a mesma interpretação daquela vista no inciso II do artigo 7º.

Seguindo a mesma linha, o inciso II garante a possibilidade de manutenção dos dados outrora tratados em razão de realização de estudo por órgão de pesquisa, garantida, sempre que possível, a anonimização dos dados pessoais. Dá-se com isso basicamente as mesmas impressões que aquelas presenciadas na interpretação do inciso IV do artigo 7º.

O inciso III do artigo 16 da LGPD possibilita a conservação dos dados tratados a fim de que se dê como destinação, após o seu tratamento pelo primeiro agente, a transferência a terceiro, sendo certo, no entanto, que mantenha o respeito aos requisitos de tratamento de dados dispostos na própria LGPD.

O inciso IV traz a hipótese de ser mantido o dado após o cumprimento de sua finalidade pelo controlador para que ele mesmo, controlador, o utilize, sem a possibilidade de acesso a terceiro, desde que o dado seja anonimizado pelo controlador. A curiosidade e o perigo do permissivo legal é o fato de que a lei autoriza – como exceção ao princípio da finalidade – o controlador a manter o dado pessoal do titular mesmo que após o atingimento da finalidade para a qual ele foi tratado anteriormente desde que ele – e apenas ele controlador – o utilize, sem acesso a terceiro, bastando para tanto a anonimização do dado. O problema é que isso garante ao controlador a manutenção do dado para a posteridade, sem que ele em qualquer momento tenha que descartar aquela informação. Ainda que esse dado necessite ser anonimizado, o fato é que o controlador certamente poderá encontrar valia e utilidade no dado anonimizado e, mesmo que ele mantenha os ditames legais da LGPD para que sejam evitados danos ao titular, isso por si só já macula o fundamento da autodeterminação informativa uma vez que o titular teria aceito o tratamento do seu dado pelo controlador para uma finalidade específica.

17. Da titularidade dos dados pessoais das pessoas físicas

CAPÍTULO III
DOS DIREITOS DO TITULAR

Art. 17. Toda pessoa natural tem assegurada a titularidade de seus dados pessoais e garantidos os direitos fundamentais de liberdade, de intimidade e de privacidade, nos termos desta Lei.

A partir do artigo 17 se inaugura novo capítulo da LGPD, mais especificamente intitulado "Direitos do Titular". O artigo 17 declara que toda pessoa natural tem assegurada a titularidade de seus dados pessoais, ficando garantidos os direitos fundamentais da liberdade, da intimidade e da privacidade.

A primeira observação a se fazer é que novamente a norma especifica que a sua aplicação diz respeito às pessoas naturais, não alcançando assim a proteção de dados da pessoa jurídica. Outrossim, fica reafirmada pela LGPD a proteção a direitos fundamentais tutelados por legislações predecessoras. O direito da liberdade, trazido no caput do artigo 5º da Constituição Federal é abraçado, assim como os direitos da personalidade também são protegidos, mostrando como a LGPD, antes de mais nada, está na mesma linha protetiva do Código Civil no que concerne aos direitos da personalidade (arts. 11 a 21), conforme prelecionado na Introdução do Manual.

18. Dos direitos do titular dos dados pessoais

Art. 18. O titular dos dados pessoais tem direito a obter do controlador, em relação aos dados do titular por ele tratados, a qualquer momento e mediante requisição:
I – confirmação da existência de tratamento;
II – acesso aos dados;
III – correção de dados incompletos, inexatos ou desatualizados;
IV – anonimização, bloqueio ou eliminação de dados desnecessários, excessivos ou tratados em desconformidade com o disposto nesta Lei;
V – portabilidade dos dados a outro fornecedor de serviço ou produto, mediante requisição expressa, de acordo com a regulamentação da autoridade nacional, observados os segredos comercial e industrial;
VI – eliminação dos dados pessoais tratados com o consentimento do titular, exceto nas hipóteses previstas no art. 16 desta Lei;
VII – informação das entidades públicas e privadas com as quais o controlador realizou uso compartilhado de dados;
VIII – informação sobre a possibilidade de não fornecer consentimento e sobre as consequências da negativa;
IX – revogação do consentimento, nos termos do § 5º do art. 8º desta Lei.
§ 1º O titular dos dados pessoais tem o direito de peticionar em relação aos seus dados contra o controlador perante a autoridade nacional.
§ 2º O titular pode opor-se a tratamento realizado com fundamento em uma das hipóteses de dispensa de consentimento, em caso de descumprimento ao disposto nesta Lei.
§ 3º Os direitos previstos neste artigo serão exercidos mediante requerimento expresso do titular ou de representante legalmente constituído, a agente de tratamento.
§ 4º Em caso de impossibilidade de adoção imediata da providência de que trata o § 3º deste artigo, o controlador enviará ao titular resposta em que poderá:

I – comunicar que não é agente de tratamento dos dados e indicar, sempre que possível, o agente; ou
II – indicar as razões de fato ou de direito que impedem a adoção imediata da providência.
§ 5º O requerimento referido no § 3º deste artigo será atendido sem custos para o titular, nos prazos e nos termos previstos em regulamento.
§ 6º O responsável deverá informar, de maneira imediata, aos agentes de tratamento com os quais tenha realizado uso compartilhado de dados a correção, a eliminação, a anonimização ou o bloqueio dos dados, para que repitam idêntico procedimento, exceto nos casos em que esta comunicação seja comprovadamente impossível ou implique esforço desproporcional.
§ 7º A portabilidade dos dados pessoais a que se refere o inciso V do caput deste artigo não inclui dados que já tenham sido anonimizados pelo controlador.
§ 8º O direito a que se refere o § 1º deste artigo também poderá ser exercido perante os organismos de defesa do consumidor.

Em razão principalmente dos fundamentos do respeito à privacidade e da autodeterminação informativa, o artigo 18 operacionaliza os direitos inerentes ao titular de dados. Ele tem direito a obter, a qualquer momento e mediante sua requisição, (i) a confirmação da existência de tratamento. Com isso, compete meramente ao titular ter a ciência da existência ou não de tratamento de seus dados pela figura do controlador. Isso porque, ainda que o controlador deva fazer o tratamento em função de uma finalidade específica, a partir da qual, quando finalizada, o tratamento em tese terminaria (com atenção às exceções para tanto, conforme o artigo 16 dessa lei), o controlador pode simplesmente entender por bem finalizar o tratamento anteriormente ao momento ou à finalidade antes determinada, o que pode levar ao titular a querer saber se isso de fato se deu ou não.

Também é de direito do titular ter: (ii) acesso aos seus dados. Isso se dá em função da existência dos princípios da finalidade, da adequação, do livre acesso e da qualidade, todos contidos no artigo 6º da LGPD. A rigor, é uma das faculdades do titular realizar a fiscalização do tratamento de seus dados realizado pelo controlador a fim de ter ciência se realmente a finalidade para a qual os seus dados foram solicitados/obtidos está sendo atingida; ou para saber se a razão da requisição dos seus dados é compatível com os meios usados para tanto; ou para saber se de fato os seus dados estão sendo tratados com a devida qualidade no aparato técnico e moral por parte do controlador.

Seguindo a trilha cronológica dos incisos anteriores, o inciso III do artigo 18 traz como direito do titular de dados (iii) requerer a correção de dados incompletos, inexatos ou desatualizados. Isso se dá porque obviamente o dado do titular, estando incompleto, inexato ou inadequado pode trazer infortúnios ao titular. Daí seu direito em ter acesso livre acesso às suas informações e solicitar ao controlador que as corrija.

O inciso IV traz o direito do titular de requisitar a anonimização, o bloqueio ou a eliminação de dados desnecessários, excessivos ou tratados em desconformidade com o disposta na LGPD. O primeiro entrave em relação ao inciso é que o legislador coloca à mercê ao titular dos dados a interpretação acerca daquilo que ele considera como dado desnecessário, para que tal informação possa ser anonimizada, bloqueada ou eliminada pelo controlador. É evidente que, até em razão da manutenção de sua privacidade, da preservação da audodeterminação informativa, e por conta do princípio da finalidade, é de direito do titular dos dados tratados realizar a fiscalização dos dados em posse do controlador e, em caso de necessidade de correção, solicitar que o controlador assim o proceda. O problema é que pode soar pouco razoável transferir ao titular o direito de entender como desnecessário um dado que atenda a uma finalidade de caráter técnico anteriormente requerida pelo controlador e consentida pelo titular. Ou seja, o titular enxergar uma inadequação em seu dado *bruto*, no campo de dados do controlador, parece bastante razoável, agora o titular julgar como necessário ou não um dado para determinada finalidade que pode exigir interpretação técnica ou de mercado efetuada pelo controlador pode não parecer razoável.

Além disso, ainda dentro do inciso IV, mesmo que a LGPD não discipline de maneira textual, a norma *flerta* com interpretação e debate importantes na agenda atual que é o chamado direito ao esquecimento. Este, de início, representaria o direito de não ser lembrado contra sua vontade, primordialmente no que concerne a episódios desabonadores, de natureza criminal, nos quais se envolveu, mas que, posteriormente, fora inocentado. Só que esse direito ao esquecimento já perdeu a sua aplicação apenas na esfera criminal e já vem sendo utilizado em outras searas do direito. O fato é que o direito ao esquecimento atua sob a égide de que as pessoas não necessitam se manter vinculadas às informações sobre elas que não são completas ou verdadeiras, ou que igualmente não sejam mais consideradas relevantes. Isso porque ele "se relaciona à esperança de todo jurisdicionado que objetiva limitar certas passagens de sua vida ao passado e não apenas àqueles que sofreram uma persecução penal e foram inocentados"[37].

Conforme o inciso V do artigo 18 da LGPD, também é direito do titular requerer (v) a portabilidade dos dados a outro fornecedor de serviço ou produto, mediante requisição expressa, de acordo com a regulamentação da autoridade nacional, observados os segredos comercial e industrial. Isso novamente apresenta o espírito da LGPD, que protege a autodeterminação informativa, a privacidade, a honra e a imagem do titular, que pode dar o devido destino a seus dados. Compete exclusivamente a ele requerer, de forma expressa, a portabilidade de seus dados a outro fornecedor de produto ou de serviço, de acordo com a regulamentação da autoridade nacional, sem, evidentemente, portar para outro fornecedor informação ou segredo comercial/industrial do controlador último. Vale dizer que, conforme o parágrafo 7º também desse artigo 18, a portabilidade dos dados pessoais aqui referidas não inclui dados que já tenham sido anonimizados pelo controlador.

Mas é importante abrir um parêntese a respeito do assunto. Como defende Daniela Copetti Cravo, a portabilidade surge como:

> "um instituto de fomento e de estímulo às migrações e ao livre trânsito dos consumidores entre diferentes serviços ou produtos no mercado digital. A portabilidade apresenta dessa forma uma dupla essência: além de permitir que os indivíduos exercitem o seu direito à autodeterminação informacional, busca promover a concorrência em um mercado caracterizado por grandes vencedores monopolistas (...) Apesar da novidade no que toca ao campo dos dados, a portabilidade não é um instituto novo em nosso ordenamento, já sendo utilizada em outras esferas, como é o caso da telefonia e do mercado financeiro"[38].

[37] MARTINA, Sandra Regina; BERGSTEIN, Laís. Revista Científica: Aproximações entre direito ao esquecimento e a lei Geral de Proteção de dados (LGPD. Vol. 1, nº 1, jan-jun, 2019, p. 172.

[38] CRAVO, Daniela Copetti. O direito à portabilidade na Lei de Proteção de Dados. In: TEPEDINO, Gustavo; FRAZÃO, Ana; OLIVA, Milena Donato (coords). Lei Geral de Proteção de Dados e as suas repercussões no Direito Brasileiro, São Paulo: Revista dos Tribunais, p. 348.

A percepção da autora é perfeita na medida em que ao se permitir que o titular dos dados obtenha de volta as suas informações e que essas sejam transferidas a outro agente de tratamento, o direito à portabilidade fica sendo tido como um novo instrumento sob a bandeira da proteção de dados. Daí a relevância verificada no direito ao titular explicitado no inciso V do artigo 18.

Pelo inciso VI o titular de dados pode requerer (vi) a eliminação dos dados pessoais tratados com o consentimento do titular, exceto nas hipóteses previstas no art. 16 desta Lei. Independentemente do que já se apontou a respeito das impressões que se pode ter quando o titular, que já outorgou ao controlador o consentimento para que esse realize o tratamento de seus (titular) dados, inadvertidamente solicita a eliminação de seus dados sem que, eventualmente, a finalidade para a qual foi requerida anteriormente o tratamento de seus dados tenha sido atingida, indiscutivelmente a lei oferta ao titular o direito de ele, a qualquer momento, solicitar a eliminação de seus dados, com exceção das hipóteses contidas no artigo 16 da LGPD. A rigor, por óbvio, tal direito se dá em função dos fundamentos contidos nos incisos I e II do artigo 2º da LGPD: *respeito à privacidade* e *autodeterminação informativa*.

Pelo inciso VII se tem o direito de o titular de dados requerer (vii) a informação das entidades públicas e privadas com as quais o controlador realizou uso compartilhado de dados. Logo, o titular, tendo em vista a finalidade e a adequação para a qual os seus dados foram solicitados, pode fiscalizar o compartilhamento de dados (objeto do parágrafo 5º do artigo 7º) efetuado pelo controlador.

O inciso VIII retrata que é direito do titular requerer (viii) informação sobre a possibilidade de não fornecer consentimento e sobre as consequências da negativa. Embora a lei não deixe claro, entende-se que tal possibilidade de não fornecer os dados se dê antes de o titular ter consentido para o tratamento de seus dados. Isso porque, caso ele já tenha consentido, seria o caso de a lei falar que ele, titular dos direitos, teria o direito de revogar o consentimento uma vez dado por ele. Em se tratando, portanto, de o direito que ele, titular, tem de requerer informações acerca de uma negativa sua para que seus dados sejam tratados, também é de direito dele, titular, ter ciência às repercussões provenientes de sua negativa.

O inciso IX do artigo 18 estampa que é direito do titular (ix) revogar o consentimento dado ao controlador para executar o tratamento de dados.

A respeito disso muito se falou nos comentários dessa lei, sobretudo naqueles a respeito do parágrafo 5º do artigo 8º. A rigor, ficam mantidas as críticas anteriores, bem como as interpretações acerca do que o legislador implementou. Em suma, o que se tem é que o que o legislador quis ofertar com o direito de revogação do consentimento por parte do titular foi dar vida aos fundamentos e princípios que a LGPD tanto aplaude, contidos tanto no artigo 2º quanto no 6º dessa lei.

Também defende o parágrafo 1º do artigo 18 que é direito do titular de dados pessoais tem o direito de peticionar em relação aos seus dados contra o controlador perante a autoridade nacional. Vale dizer que o inciso V do artigo 55-J determina que é atribuição da autoridade nacional apreciar petições de titular contra controlador após comprovada pelo titular a apresentação de reclamação ao controlador não solucionada no prazo estabelecido em regulamentação. Ou seja, a petição do titular em face do controlador endereçada à autoridade nacional deve se dar após ficar comprovado por parte do titular que ele buscou administrativamente satisfazer os seus interesses e que, no silêncio do controlador ou na ausência de resolução por sua parte, ele, titular, peticionou perante a autoridade nacional. Além disso, como parêntese, é fundamental destacar que o direito garantido ao titular de peticionar junto à autoridade nacional para que essa tome providências também é garantido ao mesmo titular para que ele peticione perante os organismos de defesa do consumidor, conforme o parágrafo 8º desse artigo 18.

Ademais, conforme o parágrafo 2º do artigo 18, o titular pode se opor ao tratamento realizado com fundamento em uma das hipóteses de dispensa de consentimento, em caso de descumprimento ao disposto da LGPD. Isso quer dizer que o titular pode discordar da justificativa para que seus dados sejam tratados por controlador sem seu consentimento (calcada em alguma das hipóteses dos incisos de II a X do artigo 7º), de tal sorte que ele deverá endereçá-la ao próprio controlador para obter explicações. Caso não as tenha ou caso não se sinta satisfeito com a resposta do controlador, ele poderá peticionar perante a autoridade nacional para que essa tome medidas, conforme o artigo 55-J, inciso IV, que determina que compete à Autoridade Nacional de Proteção de Dados "fiscalizar e aplicar sanções em caso de tratamento de dados realizado em descumprimento à legislação, mediante processo administrativo que assegure o contraditório, a ampla defesa e o direito de recurso".

Importa dizer que, assim como se depura do parágrafo 3º do artigo 18, os direitos previstos no referido artigo serão exercidos mediante requerimento expresso do titular ou de representante legalmente constituído, a agente de tratamento.

Como consequência dos direitos e das eventuais requisições expressas feitas por parte do titular de dados tratados ao suposto controlador, esse último, ao recebê-las e se não conseguir atende-las de imediato, deverá responder ao titular que: (i) não é agente de tratamento dos dados e indicar, sempre que possível, o agente; ou (ii) indicar as razões de fato ou de direito que impedem a adoção imediata da providência. Novamente, após isso, caberá ao titular acatar às justificativas recebidas ou requerer junto à autoridade nacional providências.

Interessa dizer que o requerimento referido no parágrafo 3º deste artigo será atendido sem custos para o titular, nos prazos e nos termos previstos em regulamento.

O parágrafo 6º do artigo 18 determina que o responsável deverá informar, de maneira imediata, aos agentes de tratamento com os quais tenha realizado uso compartilhado de dados a correção, a eliminação, a anonimização ou o bloqueio dos dados, para que repitam idêntico procedimento, exceto nos casos em que esta comunicação seja comprovadamente impossível ou implique esforço desproporcional. Significa dizer que, por conta do princípio da qualidade dos dados – que trata da garantia, aos titulares, de exatidão, clareza, relevância e atualização dos dados, de acordo com a necessidade e para o cumprimento da finalidade de seu tratamento –, o responsável pelo tratamento deve contatar outros com os quais tenha compartilhado os dados do titular para que eventual correção, eliminação ou bloqueio de dados efetuado por ele, primeiro responsável, também seja realizado por esse outro responsável, que recebeu os dados, excetuando-se as hipóteses em que esta comunicação seja comprovadamente impossível ou implique esforço desproporcional.

19. O meio que se confirma a existência ou acesso de dados pessoais

Art. 19. A confirmação de existência ou o acesso a dados pessoais serão providenciados, mediante requisição do titular:
I – em formato simplificado, imediatamente; ou

II – por meio de declaração clara e completa, que indique a origem dos dados, a inexistência de registro, os critérios utilizados e a finalidade do tratamento, observados os segredos comercial e industrial, fornecida no prazo de até 15 (quinze) dias, contado da data do requerimento do titular.
§ 1º Os dados pessoais serão armazenados em formato que favoreça o exercício do direito de acesso.
§ 2º As informações e os dados poderão ser fornecidos, a critério do titular:
I – por meio eletrônico, seguro e idôneo para esse fim; ou
II – sob forma impressa.
§ 3º Quando o tratamento tiver origem no consentimento do titular ou em contrato, o titular poderá solicitar cópia eletrônica integral de seus dados pessoais, observados os segredos comercial e industrial, nos termos de regulamentação da autoridade nacional, em formato que permita a sua utilização subsequente, inclusive em outras operações de tratamento.
§ 4º A autoridade nacional poderá dispor de forma diferenciada acerca dos prazos previstos nos incisos I e II do caput deste artigo para os setores específicos.

Uma vez que o titular realize o pedido de confirmação de existência de dados tratados pelo controlador ou que ele de fato requeira o acesso aos dados deverão ser providenciados pelo controlador: (i) de forma simplificada e imediata ao pedido pelo titular. Nesse particular, é importante destacar que é condição essencial que os dados estejam dispostos de maneira inteligível e que permita a fácil compreensão do informe por parte do titular, uma vez que é exatamente a apresentação dessas informações na maneira simplificada que faz com que o titular enxergue ou não os princípios da finalidade, da adequação, da necessidade, da qualidade dos dados e da transparência. Por outro lado, naturalmente nem sempre será possível ser fornecido pelo controlador os dados de maneira imediata à pessoa do titular. Por isso o artigo 19 autoriza, por meio do inciso II, que o controlador providencie (ii) por meio de declaração clara e completa, que indique a origem dos dados, a inexistência de registro, os critérios utilizados e a finalidade do tratamento, observados os segredos comercial e industrial, fornecida no prazo de até 15 dias, contado da data do requerimento do titular.

O parágrafo 1º do artigo 18 materializa o princípio do livre acesso ao determinar que os dados pessoais serão armazenados em formato que favoreça o exercício do direito de acesso. O parágrafo 2º, por sua vez, torna tangível a operação de ter acesso aos dados por parte do titular, uma vez que garante a ele, titular, a seu critério, o recebimento das informações e de dados por meio eletrônico, seguro e idôneo para esse fim, ou sob a forma impressa. O fato é que compete ao titular fazer valer o livre acesso a seus dados, como um legítimo direito, e requerer ao controlador que as suas informações sejam a ele, titular, encaminhadas, de forma cristalina e compreensível, seja por meio eletrônico (como e-mail) ou sob a forma impressa.

É importante destacar que caso o tratamento tenha origem no consentimento do titular ou em contrato, o titular pode solicitar a cópia eletrônica integral de seus dados pessoais – observado, por óbvio, o direito de controlador não compartilhar nesse procedimento nenhuma informação que dê conta de segredos comercial e industrial dele, controlador –, nos termos de regulamentação da autoridade nacional, em formato que permita a sua utilização subsequente, inclusive em outras operações de tratamento.

Por último, diz o parágrafo 4º do artigo 19 que a autoridade nacional poderá dispor de forma diferenciada acerca dos prazos previstos nos incisos I e II do *caput*, especificamente aquele que trata da apresentação imediata por parte do controlador ao titular; e aquele que trata do prazo de 15 dias quando da declaração clara e completa dos dados os quais o controlador tem sob sua posse e de propriedade do titular. Dessa feita, o legislador entendeu por bem outorgar à autoridade nacional a competência para entender de forma distinta os referidos prazos, tendo em mente o setor específico em que milita o controlador. O parágrafo oferta significativa exceção para regra tão relevante e que pode dificultar o cumprimento pelo controlador.

20. Do direito à revisão pelo titular em razão de decisões que afetem seus interesses

Art. 20. O titular dos dados tem direito a solicitar a revisão de decisões tomadas unicamente com base em tratamento automatizado de dados pessoais que afetem seus interesses, incluídas as decisões destinadas a definir o seu perfil pessoal, profissional, de consumo e de crédito ou os aspectos de sua personalidade.

§ 1º O controlador deverá fornecer, sempre que solicitadas, informações claras e adequadas a respeito dos critérios e dos procedimentos utilizados para a decisão automatizada, observados os segredos comercial e industrial.

§ 2º Em caso de não oferecimento de informações de que trata o § 1º deste artigo baseado na observância de segredo comercial e industrial, a autoridade nacional

poderá realizar auditoria para verificação de aspectos discriminatórios em tratamento automatizado de dados pessoais.
§ 3º (VETADO) (Incluído pela Lei nº 13.853, de 2019)

Uma vez que é direito do titular requerer a acesso aos seus dados pessoais e a eventual correção de seus dados pessoais em posse do controlador, o artigo 20 determina que o titular tem o direito de solicitar a revisão de decisões tomadas com base em tratamento automatizado de dados pessoais que afetem seus interesses, incluídas as decisões destinadas a definir o seu perfil pessoal, profissional, de consumo e de crédito ou os aspectos de sua personalidade. Percebe-se, portanto, que o artigo circunda o objeto das *decisões tomadas com base em tratamento automatizado*. Embora não seja papel do legislador efetuar a definição de conceitos, o problema é que, por se tratar de temática tão técnica, uma vez que ele se preocupou em trazer à lei os conceitos de diversos outros assuntos técnicos, careceu de melhor atenção as *decisões tomadas com base em tratamento automatizado.* E aí, por ser material também debatido no escopo do RGPD europeu, a doutrina alienígena também já se ocupou em procurar melhor elucidar o tema. A saber, decisão automatizada, para Alain Bensoussan (extraído do texto Os direitos de explicação e de oposição frente às decisões totalmente automatizadas: comparando o RGPD da União Europeia com a LGPD brasileira, de Alexandre Veronese)

> "é aquela que produz efeitos jurídicos sobre uma pessoa física ou que, de modo similar, a afeta de uma maneira significativa, sendo tomada com base no único fundamento derivado de um tratamento automatizado de dados pessoais, destinado a avaliar alguns aspectos da personalidade ou do comportamento do titular"[39].

O que se tem, assim, é que o tratamento automatizado representa elemento dos mais significativos no processamento de dados individuais. Podem ser simbolizados, também, por algoritmos, que como muito bem fundamenta Ana Frazão,

[39] BENSOUSSAN, Alain. In: TEPEDINO, Gustavo; FRAZÃO, Ana; OLIVA, Milena Donato (coords). Lei Geral de Proteção de Dados e as suas repercussões no Direito Brasileiro, São Paulo: Revista dos Tribunais, p. 397.

> "estão hoje sendo programados para a extração de padrões e inferências a partir dos quais serão tomadas, de forma automatizada, decisões sobre questões objetivas, mas que estão atreladas a importantes dados sensíveis, assim como decisões sobre questões subjetivas e que envolvem complexos juízos de valor, tais como (i) avaliar as características, a personalidade, as inclinações e as propensões de uma pessoa, inclusive no que diz respeito à sua orientação sexual; (ii) analisar o estado de ânimo ou de atenção de uma pessoa; (iii) identificar os estados emocionais, pensamentos, intenções e mesmo mentiras; (iv) detectar a capacidade e a habilidade para determinados empregos ou funções; (v) analisar a propensão À criminalidade; (vi) antever sinais de doenças, inclusive depressão, episódios de manias e outros distúrbios, mesmo antes da manifestação de qualquer sintoma"[40].

Não à toa, a autora finaliza magistralmente para destacar, em linhas gerais, que os algoritmos vêm sendo utilizados para análises complexas que abarcam as respostas para perguntas das mais difíceis atualmente, tal qual em diagnósticos, que além de representarem uma devassa na intimidade, ainda tem impactos nas possibilidades e no acesso a direitos e oportunidades.

Com isso, o *caput* do artigo 20 trata mais especificamente de assunto dos mais relevantes a respeito de tudo o que está ao redor da proteção de dados. Tão (ou mais) importante quanto um dado *bruto* é aquele processado, tratado e que, ao cabo, diz por meio de símbolos, números e afins, muito sobre a psique e a personalidade de um indivíduo. Muitas são as interpretações e as eventuais decisões que aplicativos, sites e instrumentos outros podem tomar, de forma automatizada, envolvendo uma pessoa, e tudo isso a partir de um dado pessoal. Daí a importância do zelo em relação a essas decisões que, eventualmente, podem privar o titular de oportunidades e, por isso, fundamenta-se o seu direito à revisão das decisões tomadas unicamente com base nesse tratamento automatizado de dados pessoais que afetem seus interesses, incluídas as decisões destinadas a definir o seu perfil pessoal, profissional, de consumo e de crédito ou os aspectos de sua personalidade.

[40] FRAZÃO, Ana. Fundamentos da proteção dos dados pessoais – noções introdutórias para a compreensão da lei Geral de Proteção de Dados. In: TEPEDINO, Gustavo; FRAZÃO, Ana; OLIVA, Milena Donato (coords). Lei Geral de Proteção de Dados e as suas repercussões no Direito Brasileiro, São Paulo: Revista dos Tribunais, p. 32.

Segundo o parágrafo 1º do artigo 20, o controlador deverá fornecer, sempre que solicitadas, informações claras e adequadas a respeito dos critérios e dos procedimentos utilizados para a decisão automatizada, observados os segredos comercial e industrial. Incumbe ao controlador, basicamente, fazer o trabalho reverso de tratamento do dado, como se uma decupagem fosse, a fim de apurar cada etapa da operação.

Se porventura o controlador se furtar a fornecer as informações em consonância com o parágrafo 1º tendo como justificativa a existência de segredos comercial e industrial, a autoridade nacional poderá realizar auditoria para verificação de aspectos discriminatórios em tratamento automatizado de dados pessoais. No entanto, assim como defende Alexandre Veronese, o problema é que:

> "a dificuldade para efetivar esse direito à explicação se encontra em duas barreiras. A primeira barreira possui caráter técnico. Avaliar – ou auditar – os algoritmos é uma tarefa muito complexa e que exige um claro dispêndio de recursos. Para tornar a questão mais complicada, as empresas e entidades estatais podem modificar os seus algoritmos, exigindo um redobrado esforço de atualização das autoridades independentes de controle. A segunda barreira tem clara natureza jurídica. Os programas de computador – e os algoritmos – podem ter proteção de direitos de propriedade intelectual. Assim, as avaliações e auditorias teriam que ser realizadas em contextos de proteção desses direitos, o que torna um pouco mais intrincada a operação"[41].

21. Da boa-fé na relação com a proteção de dados

Art. 21. Os dados pessoais referentes ao exercício regular de direitos pelo titular não podem ser utilizados em seu prejuízo.

Também como direito conferido ao titular de dados, fica a ele garantido que os dados pessoais que se referem ao exercício regular de sua gama de direitos não podem ser usados em seu prejuízo.

[41] VERONESE, Alexandre. Os direitos de explicação e de oposição frente às decisões totalmente automatizadas: comparando o RGPD da União Europeia e a LGPD brasileira, p. 406.

A boa-fé trazida pelo Código Civil, nos arts. 113, *caput* e 422, nos dias atuais são cláusula geral para interpretar todo ordenamento jurídico privado nacional. Mais uma vez, reafirmam-se os dizeres contidos nos comentários do art. 6º a respeito da boa-fé.

22. Do exercício da defesa judicial, individual ou coletiva, dos titulares

Art. 22. A defesa dos interesses e dos direitos dos titulares de dados poderá ser exercida em juízo, individual ou coletivamente, na forma do disposto na legislação pertinente, acerca dos instrumentos de tutela individual e coletiva.

O artigo 22 da LGPD destaca o livre acesso garantido ao titular de direitos a defender seus direitos e interesses, com a provocação do Poder Judiciário. Trata-se de direito fundamental garantido pela Constituição Federal, na forma da alínea *a* do inciso XXXIV do artigo 5º e do inciso XXXV do mesmo artigo (cláusula pétrea constitucional art. 60, §4º, inciso IV da CF). Naturalmente, o artigo vai mais a fundo para destacar que, também, a mesma defesa de direitos e de interesses por parte do titular de dados exercida em juízo se dará tanto na forma individual quanto na coletiva, a teor do disposto na lei pertinente no que concerne aos instrumentos de tutela individual e coletiva. A partir disso, os regramentos que tutelam os direitos do interessado seguirão os alicerces da lei específica em que se enquadra a demanda desse indivíduo, de tal sorte que, em se tratando de demanda individual se seguirão os ditames do diploma legal que abarca os interesses do titular, da mesma forma que será aplicada a determinação específica em se tratando de direito de natureza coletiva que envolva o titular.

Tabela 3 – Para encerrar o CAPÍTULO III da LGPD, que trata Dos Direitos do Titular, tomando o auxílio a partir da linha de raciocínio elaborada pelo Guia de Boas Práticas da LGPD de autoria do Comitê Central de Governança de Dados do Governo Federal, tem-se duas tabelas a seguir: a primeira resume e conecta os direitos dos titulares ao seu princípio correspondente, elencado pela Lei Geral de Proteção de Dados. A segunda, por sua vez, trará direitos específicos:

DIREITOS DOS TITULARES DE DADOS QUE DECORREM DOS PRINCÍPIOS	PRINCÍPIO CORRESPONDENTE	REFERÊNCIA LEGISLATIVA (LGPD)
Direito ao tratamento adstrito aos propósitos legítimos, específicos, explícitos e informados ao titular, sem possibilidade de tratamento posterior de forma incompatível com essas finalidades	Princípio da finalidade	Artigo 6º, inciso I
Direito ao tratamento adequado, compatível com as finalidades informadas ao titular, de acordo com o contexto do tratamento	Princípio da adequação	Artigo 6º, inciso II
Direito à limitação do tratamento ao mínimo necessário para a realização de suas finalidades, com abrangência dos dados pertinentes, proporcionais e não excessivos em relação às finalidades do tratamento	Princípio da necessidade	Artigo 6º, inciso III
Direito à consulta facilitada e gratuita sobre a forma e a duração do tratamento, bem como sobre a integralidade de seus dados pessoais	Princípio do livre acesso	Artigo 6º, inciso IV
Direito à exatidão, clareza, relevância e atualização dos dados, de acordo com a necessidade para o cumprimento da finalidade de seu tratamento	Princípio da qualidade dos dados	Artigo 6º, inciso V
Direito a informações claras, precisas e facilmente acessíveis sobre a realização do tratamento e os respectivos agentes de tratamento, observados os segredos comercial e industrial	Princípio da transparência	Artigo 6º, inciso VI
Direito à segurança dos dados, ao qual se contrapõe o dever, por parte dos agentes de tratamento, de utilização de medidas técnicas e administrativas aptas a proteger os dados pessoais de acessos não autorizados e de situações acidentais ou ilícitas de destruição, perda, alteração, comunicação ou difusão	Princípio da segurança	Artigo 6º, inciso VII

Direito à adequada prevenção de danos, ao qual se contrapõe o dever, por parte dos agentes de tratamento, de adoção de medidas para prevenir a ocorrência de danos em virtude do tratamento de dados pessoais	Princípio da prevenção	Artigo 6º, inciso VIII
Direito de não ser discriminado de forma ilícita ou abusiva	Princípio da não discriminação	Artigo 6º, inciso IX
Direito de exigir a adequada responsabilização e a prestação de contas por parte dos agentes de tratamento, ao qual se contrapõe o dever, por parte destes, de adoção de medidas eficazes e capazes de comprovar a observância e o cumprimento das normas de proteção de dados pessoais	Princípio da responsabilização e prestação de contas	Artigo 6º, inciso X

Tabela 4 – *direitos dos titulares de dados (tabela extraída do Guia de Boas Práticas – Lei Geral de Proteção de Dados, de autoria do Comitê Central de Governança de Dados do Governo Federal*[42]*)*

Por fim, como resumo, além dos direitos dos titulares de dados que decorrem dos princípios expostos no artigo 6º da Lei Geral de Proteção de Dados, essa mesma norma também separa outros direitos específicos, também dispostos em forma de tabela, como abaixo:

DIREITOS DOS TITULARES DE DADOS QUE DECORREM DOS PRINCÍPIOS	REFERÊNCIA LEGISLATIVA (LGPD)
Direito de condicionar o tratamento de dados ao prévio consentimento expresso, inequívoco e informado do titular, salvo as exceções legais	Artigo 7º, inciso I e 8
Direito de exigir o cumprimento de todas as obrigações de tratamento previstas na lei, mesmo para os casos de dispensa de exigência de consentimento	Artigo, parágrafo 6º
Direito à inversão do ônus da prova quanto ao consentimento	Artigo 8º, parágrafo 2º

[42] Disponível em: https://www.gov.br/governodigital/pt-br/governanca-de-dados/guia-lgpd.pdf. Acesso em 18/05/2020.

Direito de requerer a nulidade de autorizações genéricas para o tratamento de dados pessoais	Artigo 8º, parágrafo 4º
Direito de requerer a nulidade do consentimento caso as informações fornecidas ao titular tenham conteúdo enganoso ou abusivo ou, ainda, não tenham sido apresentadas previamente com transparência, de forma clara e inequívoca	Artigo 9º, parágrafo 1º
Direito de requerer a revogação do consentimento a qualquer tempo, mediante manifestação expressa do titular, por procedimento gratuito e facilitado	Artigo 8º, parágrafo 5º
Direito de revogar o consentimento caso o titular discorde das alterações quanto ao tratamento de dados, seja na finalidade, forma e duração do tratamento, alteração do controlador ou compartilhamento	Artigo 8º, parágrafos 6º e 9º, e parágrafo 2º
Direito de acesso facilitado ao tratamento de dados, cujas informações devem ser disponibilizadas de forma clara, adequada e ostensiva acerca de (entre outras): finalidade específica do tratamento; forma e duração do tratamento, observados os segredos comercial e industrial; identificação do controlador; informações de contato do controlador; informações acerca do uso compartilhado de dados pelo controlador; finalidade, responsabilidades dos agentes que realizarão o tratamento e direitos do titular, com menção explícita aos direitos contidos no art. 18	Artigo 9º
Direito de ser informado sobre aspectos essenciais do tratamento de dados, com destaque específico sobre o teor das alterações supervenientes no tratamento	Artigo 8º, parágrafo 6º
Direito de ser informado, com destaque, sempre que o tratamento de dados pessoais for condição para o fornecimento de produto ou de serviço, ou, ainda, para o exercício de direito, o que se estende à informação sobre os meios pelos quais o titular poderá exercer seus direitos	Artigo 9º, parágrafo 3º
Direito de ser informado sobre a utilização dos dados pela administração pública para os fins autorizados pela lei e para a realização de estudos por órgão de pesquisa	Artigo 7º, incisos III e IV, c/c artigo 7º, parágrafo 1º
Direito de que o tratamento de dados pessoais cujo acesso é público esteja adstrito à finalidade, à boa-fé e ao interesse público que justificaram sua disponibilização	Artigo 7º, parágrafo 3º

Direito de condicionar o compartilhamento de dados por determinado controlador que já obteve consentimento a novo e específico consentimento. No caso da Administração Pública Federal (APF), em que o tratamento é embasado nas hipóteses de dispensa de consentimento original, o compartilhamento demandará uma nova justificativa de tratamento	Artigo 7º, parágrafo 5º
Direito de ter o tratamento de dados limitado ao estritamente necessário para a finalidade pretendida quando o tratamento for baseado no legítimo interesse do controlador	Artigo 10º, parágrafo 1º
Direito à transparência do tratamento de dados baseado no legítimo interesse do controlador	Artigo 10º, parágrafo 2º
Direito à anonimização dos dados pessoais sensíveis, sempre que possível, na realização de estudos por órgão de pesquisa	Artigo 11, inciso II, *c*
Direito de ter a devida publicidade em relação às hipóteses de dispensa de consentimento para: tratamento de dados sensíveis no cumprimento de obrigação legal ou regulatória pelo controlador; ou tratamento compartilhado de dados necessários à execução, pela administração pública, de políticas públicas previstas em leis ou regulamentos	Artigo 11, parágrafo 2º
Direito de impedir a comunicação ou o uso compartilhado entre controladores de dados pessoais sensíveis referentes à saúde, com o objetivo de obter vantagem econômica (exceto nos casos de portabilidade de dados quando consentido pelo titular)	Artigo 11, parágrafo 4º
Direito de que os dados pessoais sensíveis utilizados em estudos de saúde pública sejam tratados exclusivamente dentro do órgão de pesquisa e estritamente para a finalidade de realização de estudos e pesquisas e mantidos em ambiente controlado e seguro, conforme práticas de segurança previstas em regulamento específico e que incluam, sempre que possível, a anonimização ou pseudonimização dos dados, bem como considerem os devidos padrões éticos relacionados a estudos e pesquisas	Artigo 13
Direito de não ter dados pessoais revelados na divulgação dos resultados ou de qualquer excerto do estudo ou da pesquisa sobre saúde pública	Artigo 13, parágrafo 1º
Direito de não ter dados pessoais utilizados em pesquisa sobre saúde pública transferidos a terceiros pelo órgão de pesquisa	Artigo 13, parágrafo 2º

Direito ao término do tratamento, quando verificado que: (i) a finalidade foi alcançada ou que os dados deixaram de ser necessários ou pertinentes ao alcance da finalidade específica almejada; (ii) houve o fim do período de tratamento; (iii) houve comunicação do titular, inclusive no exercício de seu direito de revogação do consentimento, conforme disposto no § 5º do art. 8º da Lei e resguardado o interesse público; ou (iv) por determinação da autoridade nacional, quando houver violação ao disposto na Lei	Artigo 15
Direito à eliminação ou ao apagamento dos dados, no âmbito e nos limites técnicos das atividades, sendo autorizada a conservação somente nas exceções legais	Artigo 16

Tabela 5 – *direitos específicos dos titulares de dados (tabela, com seu respectivo conteúdo, extraída do Guia de Boas Práticas – Lei Geral de Proteção de Dados, de autoria do Comitê Central de Governança de Dados do Governo Federal)*[43]

23. Do tratamento de dados pessoais pelas pessoas jurídicas de direito público

CAPÍTULO IV
DO TRATAMENTO DE DADOS PESSOAIS PELO PODER PÚBLICO

Seção I
Das Regras

Art. 23. O tratamento de dados pessoais pelas pessoas jurídicas de direito público referidas no parágrafo único do art. 1º da Lei nº 12.527, de 18 de novembro de 2011 (Lei de Acesso à Informação), deverá ser realizado para o atendimento de sua finalidade pública, na persecução do interesse público, com o objetivo de executar as competências legais ou cumprir as atribuições legais do serviço público, desde que:
I – sejam informadas as hipóteses em que, no exercício de suas competências, realizam o tratamento de dados pessoais, fornecendo informações claras e atualizadas sobre a previsão legal, a finalidade, os procedimentos e as práticas utilizadas para a execução dessas atividades, em veículos de fácil acesso, preferencialmente em seus sítios eletrônicos;

[43] Disponível em: https://www.gov.br/governodigital/pt-br/governanca-de-dados/guia-lgpd.pdf. Acesso em 18/05/2020.

"II – sejam protegidos e preservados dados pessoais de requerentes de acesso à informação, nos termos da Lei nº 12.527, de 18 de novembro de 2011 (Lei de Acesso à Informação), vedado seu compartilhamento no âmbito do Poder Público e com pessoas jurídicas de direito privado;" (VETADO)[44]; e
III – seja indicado um encarregado quando realizarem operações de tratamento de dados pessoais, nos termos do art. 39 desta Lei;
IV – (VETADO).(Incluído pela Lei nº 13.853, de 2019)
§ 1º A autoridade nacional poderá dispor sobre as formas de publicidade das operações de tratamento.
§ 2º O disposto nesta Lei não dispensa as pessoas jurídicas mencionadas no caput deste artigo de instituir as autoridades de que trata a Lei nº 12.527, de 18 de novembro de 2011 (Lei de Acesso à Informação).
§ 3º Os prazos e procedimentos para exercício dos direitos do titular perante o Poder Público observarão o disposto em legislação específica, em especial as disposições constantes da Lei nº 9.507, de 12 de novembro de 1997 (Lei do Habeas Data), da Lei nº 9.784, de 29 de janeiro de 1999 (Lei Geral do Processo Administrativo), e da Lei nº 12.527, de 18 de novembro de 2011 (Lei de Acesso à Informação).
§ 4º Os serviços notariais e de registro exercidos em caráter privado, por delegação do Poder Público, terão o mesmo tratamento dispensado às pessoas jurídicas referidas no caput deste artigo, nos termos desta Lei.
§ 5º Os órgãos notariais e de registro devem fornecer acesso aos dados por meio eletrônico para a administração pública, tendo em vista as finalidades de que trata o caput deste artigo.

O capítulo IV da LGPD traz o tratamento de dados pessoais pelo Poder Público[45]. A Seção I, por seu turno, dispõe acerca das regras as quais o Poder Público deve seguir para tanto.

[44] Razão do veto: "O dispositivo veda o compartilhamento de dados pessoas no âmbito do Poder Público e com pessoas jurídicas de direto privado. Ocorre que o compartilhamento de informações relacionadas à pessoa natural identificada ou identificável é medida recorrente e essencial para o regular exercício de diversas atividades e políticas públicas. É o caso, por exemplo, do banco de dados da Previdência Social e do Cadastro Nacional de Informações Sociais, cujas informações são utilizadas para o reconhecimento do direito de seus beneficiários e alimentados a partir do compartilhamento de diversas bases de dados administrados por outros órgãos públicos. Ademais, algumas atividades afetas ao poder de polícia administrativa poderiam ser inviabilizadas, a exemplo de investigações no âmbito do Sistema Financeiro Nacional, dentre outras."

[45] Nesse particular, importa ter em mente que o Conselho Nacional de Justiça editou, na data de 20 de agosto de 2020, a Recomendação nº 73 que, entre outras indicações, recomenda aos

Antes de mais nada, para melhor contextualizar, vale dizer que as pessoas jurídicas são as entidades que a lei atribui personalidade jurídica. Essas pessoas jurídicas se subdividem em de direito público (interno ou externo) e de direito privado. E aí, se as últimas são aquelas definidas no artigo 44 do Código Civil pátrio, as pessoas jurídicas de direito público na forma interna estão destacadas no artigo 41 do mesmo diploma civilista, sendo a União; os Estados, o Distrito Federal e os Territórios; os Municípios; as autarquias, incluindo as associações públicas; bem como as demais entidades de caráter público criadas por lei. Por fim, as pessoas jurídicas de direito público externo são os Estados estrangeiros e todas as pessoas que forem regidas pelo direito internacional público, conforme o artigo 42 do Código Civil brasileiro.

Sendo assim, a partir do artigo 23, tem-se que o tratamento de dados realizado pelas pessoas jurídicas de direito público constantes do art. 1º da Lei de Acesso à Informação, deverá ser realizado para o atendimento de sua finalidade pública, na persecução do interesse público, com o objetivo de executar as competências legais ou cumprir as atribuições legais do serviço público. Antes de mais nada, em que pese a supremacia do interesse coletivo ante o individual, mesmo as pessoas jurídicas de direito público elencadas no artigo 1º da Lei de Acesso à Informação (leia-se: União, pelos Estados, pelo Distrito Federal ou pelo Município) deverá ser feito sempre tendo como premissa o atendimento de sua finalidade pública, na persecução do interesse público, com o objetivo de executar as competências legais ou cumprir as atribuições legais do serviço público. E não é só! Além disso, o tratamento poderá ser realizado desde que: (i) sejam informadas as hipóteses em que, no exercício de suas competências, realizam o tratamento de dados pessoais, fornecendo informações claras e atualizadas sobre a previsão legal, a finalidade, os procedimentos e as práticas utilizadas para a execução dessas atividades, em veículos de fácil acesso, preferencialmente em seus sítios eletrônicos. Ou seja, a

órgãos do Poder Judiciário brasileiro a adoção de medidas preparatórias e ações iniciais para adequação às disposições contidas na Lei Geral de Proteção de Dados.
Seguindo essa toada, o Tribunal de Justiça do Estado de São Paulo, por meio da pessoa de sua presidente, tomou a dianteira para a Política de Privacidade e Proteção de Dados no Poder Judiciário do Estado de São Paulo, com o seguinte texto, o qual compreende no ANEXO VI desse Manual.

administração pública centralizada, ao realizar o tratamento de dados, também deverá seguir os parâmetros principiológicos dispostos na LGPD ao apontar ao titular de dados as razões para a operação de tratamento, os procedimentos utilizados, em veículos de fácil acesso e com linguagem de fácil compreensão. Cumulativamente, conforme o inciso III do artigo 23, também terá que ser indicado ao titular (ii) um encarregado quando realizarem operações de tratamento de dados pessoais, nos termos do art. 39 da LGPD.

Conforme o parágrafo 1º do artigo 23, a autoridade nacional (objeto de tratativas no artigo 55) poderá dispor sobre as formas de publicidade das operações de tratamento. O expediente é bem-vindo na medida em que a disposição que determina a apresentação fácil e clara das informações, preferencialmente em sítios eletrônicos, conforme o inciso I desse artigo, não oferece detalhamento e carece de melhor regulamentação.

O parágrafo 2º destaca que o disposto na LGPD não dispensa a União, os Estados, o Distrito Federal e os Municípios de instituírem as autoridades de que trata a Lei de Acesso à Informação.

Pelo parágrafo 3º fica determinado que os prazos e procedimentos para exercício dos direitos do titular perante o Poder Público observarão o disposto em legislação específica, em especial as disposições constantes da Lei do Habeas Data, da Lei Geral do Processo Administrativo e da Lei de Acesso à Informação, tal qual se verifica a partir da leitura do artigo 23 dessa lei, com a diferença de, aqui, tratar-se de demanda exclusivamente em face do Poder Público.

O parágrafo 4º da lei estipula uma espécie de equiparação prática entre os serviços notariais e de registro exercidos em caráter privado e o Poder Público. Isso se dá porque há a determinação para que os serviços notariais e de registro exercidos em caráter privado, por delegação do Poder Público, terão o mesmo tratamento dispensado às pessoas jurídicas referidas no caput deste artigo, nos termos da LGPD. Ainda nesse particular, os mesmos órgãos notariais e de registro devem fornecer acesso aos dados por meio eletrônico para a administração pública, tendo em vista as finalidades de que trata o *caput* do artigo 23.

Para melhor visualização, segue tabela contendo as pessoas jurídicas, subdivididas nas de direito público (interno e externo) e de direito privado.

	Pessoa Jurídica de Direito Público	Pessoa Jurídica de Direito Privado
Interno	União; Estados, Distrito Federal e territórios; Municípios; Autarquias; Demais entidades de caráter público criadas por lei	Associações; Sociedades; Fundações; Organizações religiosas; Partidos políticos; Empresas individuais de responsabilidade limitada
Externo	Estados estrangeiros; Pessoas regidas pelo direito internacional público	

Tabela 6 – *Tabela de apresentação das pessoas jurídicas amparadas pelo ordenamento jurídico brasileiro*

24. Das regras para empresas públicas e/ou para sociedades de economia mista

Art. 24. As empresas públicas e as sociedades de economia mista que atuam em regime de concorrência, sujeitas ao disposto no art. 173 da Constituição Federal, terão o mesmo tratamento dispensado às pessoas jurídicas de direito privado particulares, nos termos desta Lei.
Parágrafo único. As empresas públicas e as sociedades de economia mista, quando estiverem operacionalizando políticas públicas e no âmbito da execução delas, terão o mesmo tratamento dispensado aos órgãos e às entidades do Poder Público, nos termos deste Capítulo.

Ainda na seara do tratamento de dados pessoais executado pelo Poder Público, o artigo 24 da Lei Geral de Proteção de Dados impõe regramento específico às empresas públicas e às sociedades de economia mista que atuem em regime de concorrência, sujeitas ao disposto no artigo 173 da Constituição Federal. Antes de mais nada, vale rememorar que empresa pública e sociedade de economia mista são aquelas sociedades que compõem a administração pública indireta (descentralizada) e cujo controle acionário é exercido pelo Estado. Assim, a empresa pública é a pessoa jurídica de direito privado, constituída por capital exclusivamente público e que se constitui em qualquer uma das modalidades empresariais. Já a sociedade de economia mista é pessoa jurídica de direito privado, constituída por capital tanto público quanto privado, sendo que a parcela de capital público deve ser superior à parcela do capital privado já que o controle acionário deve ser exercido pelo Poder Público. A sociedade de economia mista deve ser constituída apenas na forma de sociedade anônima.

Sendo assim, em razão do artigo 24 da LGPD, essas sociedades, ao atuarem em regime de concorrência, sujeitas ao disposto no 173 da Constituição Federal, recebem tratamento equiparado às pessoas de direito privado particulares[46]. A relevância substancial da equiparação é visualizar que a elas, empresas públicas e sociedades de economia mista, passa a se dispensar rigorosamente as mesmas prerrogativas e obrigações que aquelas observadas a qualquer empresa de direito privado, afastando a utilização do princípio da supremacia do interesse público sobre o interesse do particular. Tem-se, dessa maneira, verdadeira exceção aos pressupostos e aos princípios atrelados ao tratamento realizado pelo Poder Público.

No entanto, o parágrafo 1º do mesmo artigo 24 é claro ao determinar que se essas empresas públicas e sociedades de economia mista estiverem operacionalizando políticas públicas e, quando estiverem o fazendo no âmbito da execução delas, terão o mesmo tratamento dispensado aos órgãos e às entidades do Poder Público, consumando-se, assim, rigorosamente todos os preceitos relativos aos órgãos e entidades do Poder Público. Com isso, quando se tem a sociedade de economia mista ou a empresa pública – que pelo *caput* do artigo 24, teriam tratamento equiparado às empresas de direito privado –, operacionalizando políticas públicas ou atuando na defesa delas, tem-se, automaticamente, as mesmas percepções e as mesmas obrigações que aquelas dispensadas aos órgãos e às entidades do Poder Público, reforçando-se com isso os princípios trazidos no artigo 37 da carta Magna, em especial o da legalidade, o da impessoalidade, o da moralidade, o da publicidade e do da eficiência.

[46] Leia-se: quando o Estado se vê na condição de agente empresarial, explorando, diretamente, atividade econômica em concorrência com a iniciativa privada.

25. Do formato interoperável dos dados

Art. 25. Os dados deverão ser mantidos em formato interoperável e estruturado para o uso compartilhado, com vistas à execução de políticas públicas, à prestação de serviços públicos, à descentralização da atividade pública e à disseminação e ao acesso das informações pelo público em geral.

Reforçando a finalidade adstrita ao tratamento de dados pessoais pelo Poder Público, com atenção à finalidade que atenda ao interesse público, como bem explicita Lorena Muniz e Castro Lage,

> "Visando a interação e sinergia entre os dados tratados pelos entes públicos, a LGPD também definiu que os dados devem ser mantidos em formato interoperável e estruturado de forma a permitir o uso compartilhado e integrado dos dados entre os entes públicos, viabilizando, assim, o acesso às informações pelo público em geral e pelos próprios entes públicos. A intenção é que os sistemas de tratamento de dados dos entes públicos sejam passíveis de comunicação para permitir a transparência e facilidade no compartilhamento e tratamento dos dados, ainda que o sistema de outro ente seja diferente"[47].

O aspecto essencial e que merece destaque no artigo 25 da LGPD é a lógica da interoperabilidade. Quem bem sintetiza a impressão a respeito do tema é Diego Macêdo:

> "Interoperabilidade é a capacidade de um sistema (informatizado ou não) de se comunicar de forma transparente (ou o mais próximo disso) com outro sistema (semelhante ou não). Para um sistema ser considerado interoperável, é muito importante que ele trabalhe com padrões abertos ou ontologias. Seja um sistema de portal, seja um sistema educacional ou ainda um sistema de comércio eletrônico, ou e-commerce, hoje em dia se caminha cada vez mais para a criação de padrões para sistemas. Interoperabilidade não é somente integração de sistemas nem somente integração de redes. Não referencia

[47] LAGE, Castro; MUNIZ, Lorena. A aplicação da Lei Geral de Proteção de Dados a entes Públicos. Disponível em: https://domtotal.com/noticia/1350736/2019/05/a-aplicacao. Acesso em: 13/04/2020.

> unicamente troca de dados entre sistemas e não contempla simplesmente definição de tecnologia. É, na verdade, a soma de todos esses fatores, considerando, também, a existência de um legado de sistemas, de plataformas de hardware e software instaladas. Parte de princípios que tratam da diversidade de componentes, com a utilização de produtos diversos de fornecedores distintos. Tem por meta a consideração de todos os fatores para que os sistemas possam atuar cooperativamente, fixando as normas, as políticas e os padrões necessários para consecução desses objetivos"[48].

Nota-se o objetivo do legislador em mais do que impor barreiras ao Poder Público quando do tratamento de dados pessoais do particular, mas sim em defender a privacidade do titular dos dados.

26. Do compartilhamento dos dados pessoais pelo Poder Público

Art. 26. O uso compartilhado de dados pessoais pelo Poder Público deve atender a finalidades específicas de execução de políticas públicas e atribuição legal pelos órgãos e pelas entidades públicas, respeitados os princípios de proteção de dados pessoais elencados no art. 6º desta Lei.
§ 1º É vedado ao Poder Público transferir a entidades privadas dados pessoais constantes de bases de dados a que tenha acesso, exceto:
I – em casos de execução descentralizada de atividade pública que exija a transferência, exclusivamente para esse fim específico e determinado, observado o disposto na Lei nº 12.527, de 18 de novembro de 2011 (Lei de Acesso à Informação);
"II – quando houver previsão legal e a transferência for respaldada em contratos, convênios ou instrumentos congêneres;" (VETADO)[49];

[48] MACÊDO, Diego. Disponível em: https://www.diegomacedo.com.br/o-que-e-interoperabilidade/. Acesso em 02/06/2020.

[49] Razões do veto: "A redação do dispositivo exige que haja, cumulativamente, previsão legal e respaldo em contratos, convênios ou instrumentos congêneres para o compartilhamento de dados pessoais entre o Poder Público e entidades privadas. A cumulatividade da exigência estabelecida no dispositivo inviabiliza o funcionamento da Administração Pública, já que diversos procedimentos relativos à transferência de dados pessoais encontram-se detalhados em atos normativos infralegais, a exemplo do processamento da folha de pagamento dos servidores públicos em instituições financeiras privadas, a arrecadação de taxas e tributos e o pagamento de benefícios previdenciários e sociais, dentre outros."

III – nos casos em que os dados forem acessíveis publicamente, observadas as disposições desta Lei.
IV – quando houver previsão legal ou a transferência for respaldada em contratos, convênios ou instrumentos congêneres; ou
V – na hipótese de a transferência dos dados objetivar exclusivamente a prevenção de fraudes e irregularidades, ou proteger e resguardar a segurança e a integridade do titular dos dados, desde que vedado o tratamento para outras finalidades.
§ 2º Os contratos e convênios de que trata o § 1º deste artigo deverão ser comunicados à autoridade nacional.

O *caput* do artigo 26 estipula regra que prevê que o tratamento de dados pessoais efetuados por entes públicos deve se dar de acordo sob o atendimento de sua destinação pública e dos interesses públicos, tendente a cumprir competências e atribuições legais do serviço prestado, não podendo ser feita a operação de tratamento que fuja aos interesses do ente público e que não cumpra a sua finalidade pública.

Seja como for, a leitura do artigo 26 da LGPD deve ser combinada à leitura do artigo 27 pois que, salvas exceções, condiciona a comunicação ou o uso compartilhado dos dados do titular, realizados pelo Poder Público à entidade privada, à anuência do próprio titular e com a necessidade de informe de tal operação à autoridade nacional.

Mais adiante, o parágrafo 1º do artigo determina que é defeso ao Poder Público o compartilhamento de dados pessoais aos quais ele tenha em seu banco de dados, com a exceção dos seguintes cenários: (i) a necessidade para um fim específico e determinado que tenha a execução descentralizada da atividade pública; (ii) nos casos em que os dados já forem acessíveis publicamente; (iii) quando houver previsão legal ou a transferência for respaldada em contratos, convênios ou instrumentos congêneres, formatando-se o acordo de vontade entre as partes; (iv) na hipótese de a transferência dos dados objetivar exclusivamente a prevenção de fraudes e irregularidades, ou proteger e resguardar a segurança e a integridade do titular dos dados, desde que vedado o tratamento para outras finalidades.

Por fim, o parágrafo 2º do artigo 26 determina que contratos e convênios de que trata o parágrafo anterior sejam comunicados à autoridade nacional. A medida ganha relevância porque a autoridade nacional pode determinar regras complementares para a comunicação e uso compartilhado de dados pessoais, sendo que caso haja a percepção de descumprimento da Lei Geral de Proteção de Dados pelo Poder Público pode a autoridade nacional impor medidas, por meio de informe, que visem interromper a violação, inclusive com a aplicação de sanções, conforme o artigo 31 da LGPD.

27. Do informe à ANPD quando da transmissão de dados entre pessoas jurídicas

Art. 27. A comunicação ou o uso compartilhado de dados pessoais de pessoa jurídica de direito público a pessoa de direito privado será informado à autoridade nacional e dependerá de consentimento do titular, exceto:
I – nas hipóteses de dispensa de consentimento previstas nesta Lei;
II – nos casos de uso compartilhado de dados, em que será dada publicidade nos termos do inciso I do caput do art. 23 desta Lei; ou
III – nas exceções constantes do § 1º do art. 26 desta Lei.
Parágrafo único. A informação à autoridade nacional de que trata o caput deste artigo será objeto de regulamentação.

Conforme adiantado no artigo anterior, a comunicação ou o uso compartilhado de dados pessoais pela pessoa jurídica de direito público em favor da pessoa jurídica de direito privado em via de regra deverá ser informada à autoridade nacional e também dependerá do consentimento do titular. No entanto, há exceções, como: (i) nas situações em que há a dispensa da necessidade de aceite por parte do titular de dados, tais quais aquelas verificadas entre os incisos II a X do artigo 7º da LGPD; (ii) ou nas de uso compartilhado de dados, em que será dada publicidade nos termos do inciso I do *caput* do artigo 23 da LGPD; ou, ainda (iii) em todas as exceções contidas no parágrafo 1º do artigo 26 da LGPD (que desaguam nos incisos de I a V do mesmo artigo).

Demonstra-se a ausência de preparação e a formulação de uma norma regulamentadora dos dados pessoais com evidente lacuna, o legislador implementou a regra de que a comunicação ou o uso compartilhado por parte da pessoa jurídica de direito público em favor da pessoa jurídica de direito privado demandaria, além do consentimento do titular dos dados (salvo as exceções destacadas), do informe por parte do Poder Público à autoridade nacional. Sucede que, a rigor, a informação à autoridade nacional ainda carece de regulamentação, de tal sorte que as repercussões advindas de sua eventual ausência ainda se mantêm, até o momento da entrada em vigor efetiva da Lei Geral de Proteção de Dados.

28. Item vetado

"Art. 28. A comunicação ou o uso compartilhado de dados pessoais entre órgãos e entidades de direito público será objeto de publicidade, nos termos do inciso I do caput do art. 23 desta Lei." (VETADO)[50]**.**

O artigo acima foi vetado pela seguinte razão: "A publicidade irrestrita da comunicação ou do uso compartilhado de dados pessoais entre órgãos e entidades de direito público, imposta pelo dispositivo, pode tornar inviável o exercício regular de algumas ações públicas como as de fiscalização, controle e polícia administrativa."

29. Do poder de polícia da autoridade nacional

Art. 29. A autoridade nacional poderá solicitar, a qualquer momento, aos órgãos e às entidades do poder público a realização de operações de tratamento de dados pessoais, informações específicas sobre o âmbito e a natureza dos dados e outros detalhes do tratamento realizado e poderá emitir parecer técnico complementar para garantir o cumprimento desta Lei.

O artigo 29 da Lei Geral de Proteção de Dados, que foi objeto de reconstrução por duas vezes e cuja redação final foi dada pela Lei nº 13.853/2019, estabelece que à autoridade nacional fica resguardado o direito se solicitar, a qualquer tempo, aos órgãos e às entidades do Poder Público, a realização de operações de tratamento de dados pessoais, as informações específicas sobre o âmbito e a natureza dos dados e outros detalhes do tratamento realizado, bem como fica resguardada a essa

[50] Razões do veto: "A publicidade irrestrita da comunicação ou do uso compartilhado de dados pessoais entre órgãos e entidades de direito público, imposta pelo dispositivo, pode tornar inviável o exercício regular de algumas ações públicas como as de fiscalização, controle e polícia administrativa."

mesma autoridade o direito de emitir parecer técnico complementar para garantir o cumprimento da Lei Geral de Proteção de Dados, conforme, ainda, o 55-J, inciso XI.

Crítica que pode ser feita ao artigo se dá na medida em que a autoridade nacional, com competência para, entre outras funções, zelar pela proteção de dados pessoais e que, a rigor, fica sob o *guarda-chuva* da Presidência da República, pode requerer aos órgãos e às entidades do Poder Público que realizem o tratamento de dados pessoais sem qualquer necessidade de aceite pelo titular, desobrigando-a de seguir alguns dos fundamentos centrais dessa norma, previstos em seu artigo 2º.

Em verdade, insta destacar que as alterações na redação do artigo 29 da LGPD foram sutis, com atenção especial para a retirada do artigo definido "*as*" antes de "informações específicas sobre o âmbito e a natureza dos dados". Embora possa soar como debate semântico desprezível, vale dizer que o artigo 29 deveria combinar por completo com o artigo 55-J, inciso XI, que trata de uma das competências da autoridade nacional. Ocorre que, a redação final do artigo 29 também não coincide religiosamente com aquela destacada no regramento citado.

30. Do eventual estabelecimento resoluções para atividades de comunicação

Art. 30. A autoridade nacional poderá estabelecer normas complementares para as atividades de comunicação e de uso compartilhado de dados pessoais.

A autoridade nacional pode estabelecer regras de complemento para as atividades de comunicação e de uso compartilhado de dados pessoais. O artigo não destaca se a regra se aplica apenas quando a comunicação e o ouso compartilhado de dados pessoais se dá por pessoas jurídicas de direito público em prol de pessoas jurídicas de direito privado ou se se dá, também, em situações de comunicação e de compartilhamento e de comunicação entre pessoas jurídicas de direito privado. No entanto, por se estar no capítulo do Tratamento de Dados Pessoais pelo Poder Público, quer parecer que o legislador optou pelo primeiro enquadramento fático, cabendo, porém, à jurisprudência, mais adiante firmar o seu entendimento em relação ao cenário.

31. Da responsabilidade por infração

Seção II
Da Responsabilidade

Art. 31. Quando houver infração a esta Lei em decorrência do tratamento de dados pessoais por órgãos públicos, a autoridade nacional poderá enviar informe com medidas cabíveis para fazer cessar a violação.

Tratando da responsabilização como forma de inaugurar a Seção II do Capítulo IV, conforme adiantado na interpretação do parágrafo 2º do artigo 26 dessa norma, na hipótese de existência de infração a norma em decorrência do tratamento de dados pessoais por órgãos públicos, a autoridade nacional pode enviar informe com medidas cabíveis para fazer cessar a violação, sob pena da aplicação de sanções como, por exemplo, advertência, com indicação de prazo para a adoção de medidas corretivas; divulgação da infração após devidamente apurada e confirmada a sua ocorrência; bloqueio ou eliminação dos dados pessoais aos quais a infração se referir, até sua regularização, além de outras instituídas no bojo dos incisos do artigo 52, devendo ser dada especial atenção ao parágrafo do citado artigo.

32. Da publicitação de relatórios de impacto à proteção de dados pessoais

Art. 32. A autoridade nacional poderá solicitar a agentes do Poder Público a publicação de relatórios de impacto à proteção de dados pessoais e sugerir a adoção de padrões e de boas práticas para os tratamentos de dados pessoais pelo Poder Público.

O artigo 32 determina que a autoridade nacional poderá solicitar a agentes do poder público a publicação de relatórios de impacto à proteção de dados pessoais e sugerir a adoção de padrões de boas práticas para os tratamentos de dados pessoais pelos entes, a fim de fazer cumprir todo o disposto nesta legislação. Assim como bem sustenta Lorena Muniz e Castro Lage, "os entes públicos também precisam se adequar à LGPD para garantir a necessária segurança aos dados pessoais e, consequentemente à sociedade, bem como para o próprio ente, que precisa prevenir a aplicação de penalidades pela ANPD"[51].

33. Das hipóteses para a transferência internacional de dados

CAPÍTULO V
DA TRANSFERÊNCIA INTERNACIONAL DE DADOS

Art. 33. A transferência internacional de dados pessoais somente é permitida nos seguintes casos:
I – para países ou organismos internacionais que proporcionem grau de proteção de dados pessoais adequado ao previsto nesta Lei;
II – quando o controlador oferecer e comprovar garantias de cumprimento dos princípios, dos direitos do titular e do regime de proteção de dados previstos nesta Lei, na forma de:
a) cláusulas contratuais específicas para determinada transferência;
b) cláusulas-padrão contratuais;
c) normas corporativas globais;
d) selos, certificados e códigos de conduta regularmente emitidos;
III – quando a transferência for necessária para a cooperação jurídica internacional entre órgãos públicos de inteligência, de investigação e de persecução, de acordo com os instrumentos de direito internacional;
IV – quando a transferência for necessária para a proteção da vida ou da incolumidade física do titular ou de terceiro;
V – quando a autoridade nacional autorizar a transferência;
VI – quando a transferência resultar em compromisso assumido em acordo de cooperação internacional;
VII – quando a transferência for necessária para a execução de política pública ou atribuição legal do serviço público, sendo dada publicidade nos termos do inciso I do caput do art. 23 desta Lei;
VIII – quando o titular tiver fornecido o seu consentimento específico e em destaque para a transferência, com informação prévia sobre o caráter internacional da operação, distinguindo claramente esta de outras finalidades; ou
IX – quando necessário para atender as hipóteses previstas nos incisos II, V e VI do art. 7º desta Lei.

[51] LAGE, Lorena Muniz e Castro. A aplicação da Lei Geral de Proteção de Dados a entes Públicos. Disponível em: https://domtotal.com/noticia/1350786/2019/05/a-aplicacao. Acesso em: 13/04/2020.

Parágrafo único. Para os fins do inciso I deste artigo, as pessoas jurídicas de direito público referidas no parágrafo único do art. 1º da Lei nº 12.527, de 18 de novembro de 2011 (Lei de Acesso à Informação), no âmbito de suas competências legais, e responsáveis, no âmbito de suas atividades, poderão requerer à autoridade nacional a avaliação do nível de proteção a dados pessoais conferido por país ou organismo internacional.

O Capítulo V da LGPD é dedicado ao Tratamento Internacional de Dados. Assim, o *caput* do artigo 33 da norma oferece hipóteses para que seja possível a transferência internacional de dados da pessoa do titular. A primeira situação diz respeito à transferência para países ou organismos que proporcionem grau de proteção aos dados considerado, pela LGPD, como adequado ao previsto pela própria norma. Entretanto, a problemática reside no fato de que faltou maior "tato" ao legislador ao condicionar a transferência a país ou organismo que se valha de meios com grau de proteção tida como adequada, sem, porém, definir na prática o que vem a ser "adequado"[52]. Logo, vem bem a calhar o olhar de Angelo Gamba Prata de Carvalho, para quem

> "pode-se, já em um primeiro momento, traçar distinção fundamental entre a LGPD brasileira e o RGPD europeu, que orienta a Comissão Europeia a decidir pela adequação ao nível de proteção em torno de três pilares ainda bastante abertos, porém com maior nível de especificação, como se depreende do item 2 do art. 45 do Regimento europeu:
>
> *a) O primado do Estado de direito, o respeito pelos direitos humanos e liberdades fundamentais, a legislação pertinente em vigor, tanto a geral como a setorial, nomeadamente em matéria de segurança pública, defesa, segurança nacional e direito penal, e respeitante ao acesso das autoridades públicas a dados pessoais, bem como a aplicação dessa legislação e das regras de proteção de dados, das regras profissionais e das medidas de segurança, incluindo as regras para a transferência ulterior de dados pessoais para outro país terceiro ou organização internacional, que são cumpridas nesse país ou por essa organização internacional, e a jurisprudência, bem como os direitos dos titulares dos dados efetivos e oponíveis, e vias de recurso administrativo e judicial para os titulares de dados cujos dados pessoais sejam objeto de transferência;*

[52] Mais adiante, conforme se verá no artigo seguinte (artigo 34), o legislador se ocupou em destacar que incumbirá à autoridade nacional a tarefa de avaliar, segundo certos parâmetros, o nível de adequação à LGPD que o país o organismo a receber os dados apresenta.

> *b) A existência e o efetivo funcionamento de uma ou mais autoridades de controle independentes no país terceiro ou às quais esteja sujeita uma organização internacional, responsáveis por assegurar e impor o cumprimento das regras de proteção de dados, e dotadas de poderes coercitivos adequados para assistir e aconselhar os titulares dos dados no exercício dos seus direitos, e cooperar com as autoridades de controlo dos Estados-Membros; e*
>
> *c) Os compromissos internacionais assumidos pelo país terceiro ou pela organização internacional em causa, ou outras obrigações decorrentes de convenções ou instrumentos juridicamente vinculativos, bem como da sua participação em sistemas multilaterais ou regionais, em especial em relação à proteção de dados pessoais"*[53].

Conforme bem ponderado pelo autor, a esperança é de que aquilo que está contido na legislação europeia sirva como alicerce a ser levado em consideração pela autoridade brasileira de proteção de dados quando da avaliação da adequação de determinados sistemas jurídicos.

Como segunda hipótese de transferência internacional de dados, o inciso II do artigo 33 traz o permissivo quando o controlador oferecer e comprovar garantias de cumprimento dos princípios, dos direitos do titular e do regime de proteção de dados previstos nesta Lei, na forma de: a) cláusulas contratuais específicas para determinada transferência; b) cláusulas-padrão contratuais; c) normas corporativas globais; d) selos, certificados e códigos de conduta regularmente emitidos.

O inciso III destaca que a transferência pode se dar quando for necessária para a cooperação jurídica internacional entre órgãos públicos de inteligência, de investigação e de persecução, de acordo com os instrumentos de direito internacional. Em última análise, a determinação visa preservar a ordem pública e os direitos individuais e coletivos de outras sociedades que podem observar sua maior proteção quando a transferência de dados pessoais do titular no Brasil puder auxiliar órgãos internacionais naquelas localidades.

Ainda no âmbito da transferência internacional de dados como forma de preservação da segurança, o inciso IV possibilita a operação quando a transferência for necessária para a proteção da vida ou da incolumidade

[53] CARVALHO, Angelo Gamba Prata de. Transferência internacional de dados na Lei Geral de Proteção de Dados – força normativa e efetividade diante do cenário internacional. In: TEPEDINO, Gustavo; FRAZÃO, Ana; OLIVA, Milena Donato (coords). Lei Geral de Proteção de Dados e as suas repercussões no Direito Brasileiro, São Paulo: Revista dos Tribunais, p. 626.

física do titular ou de terceiro. O permissivo é deveras similar ao também observado no RGPD, em seu artigo 49, item *f*, que destaca:

> *1. Na falta de uma decisão de adequação nos termos do artigo 45.o, n.o 3, ou de garantias adequadas nos termos do artigo 46.o, designadamente de regras vinculativas aplicáveis às empresas, as transferências ou conjunto de transferências de dados pessoais para países terceiros ou organizações internacionais só são efetuadas caso se verifique uma das seguintes condições:*
> *f) A transferência for necessária para proteger interesses vitais do titular dos dados ou de outras pessoas, se esse titular estiver física ou legalmente incapaz de dar o seu consentimento;*

Dando seguimento, os incisos seguintes assinalam a possibilidade de transferência internacional de dados *quando a autoridade nacional autorizar a transferência*, como pelo inciso V; ou quando *a transferência resultar em compromisso assumido em acordo de cooperação internacional*, pelo inciso VI; quando *a transferência for necessária para a execução de política pública ou atribuição legal do serviço público, sendo dada publicidade nos termos do inciso I do caput do art. 23 da LGPD* (inciso VII); quando *o titular tiver fornecido o seu consentimento específico e em destaque para a transferência, com informação prévia sobre o caráter internacional da operação, distinguindo claramente esta de outras finalidades* (inciso VIII); ou quando *necessário para atender as hipóteses previstas nos incisos II, V e VI do art. 7º desta Lei* (inciso IX).

Por último, conforme determina o parágrafo único do artigo 33, (i) os órgãos públicos integrantes da administração direta dos Poderes Executivo, Legislativo, incluindo as Cortes de Contas, e Judiciário e do Ministério Público; e (ii) as autarquias, as fundações públicas, as empresas públicas, as sociedades de economia mista e demais entidades controladas direta ou indiretamente pela União, Estados, Distrito Federal e Município – todas elas presentes e representantes do parágrafo único do artigo 1º da Lei de Acesso à Informação –, no âmbito de suas competências legais; e os responsáveis, no âmbito de suas atividades, quando se tratar da transferência internacional de dados do titular sob a justificativa de que a remessa de dados se dará para país ou organismo internacional que proporcione grau de proteção adequado, podem requerer à autoridade nacional a avaliação do nível de proteção a dados pessoais conferido por país ou organismo internacional.

34. Da interpretação do nível de proteção de dados alienígenas

Art. 34. O nível de proteção de dados do país estrangeiro ou do organismo internacional mencionado no inciso I do caput do art. 33 desta Lei será avaliado pela autoridade nacional, que levará em consideração:
I – as normas gerais e setoriais da legislação em vigor no país de destino ou no organismo internacional;
II – a natureza dos dados;
III – a observância dos princípios gerais de proteção de dados pessoais e direitos dos titulares previstos nesta Lei;
IV – a adoção de medidas de segurança previstas em regulamento;
V – a existência de garantias judiciais e institucionais para o respeito aos direitos de proteção de dados pessoais; e
VI – outras circunstâncias específicas relativas à transferência.

Nos comentários do artigo imediatamente anterior ficou anunciado que, quando da avaliação do nível de proteção, havia faltado maior cuidado por parte do legislador para determinar o que de fato viria a ser aquele interpretado como adequado para tanto, ficando a mercê da autoridade nacional proceder de tal maneira, segundo o caput do artigo 34. Para tanto, a autoridade nacional deve levar em conta, de forma conjugada: (I) as normas gerais e setoriais da legislação em vigor no país de destino ou no organismo internacional, a fim de ter em mente se os valores adotados por aquele Estado ou organismo bem dialoga com aqueles expressados na LGPD; (II) a natureza dos dados; (III) a observância dos princípios gerais de proteção de dados pessoais e direitos dos titulares previstos nesta Lei; (IV) a adoção de medidas de segurança previstas em regulamento; (V) a existência de garantias judiciais e institucionais para o respeito aos direitos de proteção de dados pessoais; e (VI) outras circunstâncias específicas relativas à transferência[54].

35. Das cláusulas modelo

Art. 35. A definição do conteúdo de cláusulas-padrão contratuais, bem como a verificação de cláusulas contratuais específicas para uma determinada transferência,

[54] A rigor, a percepção dos melhores parâmetros que a autoridade nacional poderia adotar quando da apuração do nível de proteção ficam destacados na análise do artigo anterior.

normas corporativas globais ou selos, certificados e códigos de conduta, a que se refere o inciso II do caput do art. 33 desta Lei, será realizada pela autoridade nacional.

§ 1º Para a verificação do disposto no caput deste artigo, deverão ser considerados os requisitos, as condições e as garantias mínimas para a transferência que observem os direitos, as garantias e os princípios desta Lei.

§ 2º Na análise de cláusulas contratuais, de documentos ou de normas corporativas globais submetidas à aprovação da autoridade nacional, poderão ser requeridas informações suplementares ou realizadas diligências de verificação quanto às operações de tratamento, quando necessário.

§ 3º A autoridade nacional poderá designar organismos de certificação para a realização do previsto no caput deste artigo, que permanecerão sob sua fiscalização nos termos definidos em regulamento.

§ 4º Os atos realizados por organismo de certificação poderão ser revistos pela autoridade nacional e, caso em desconformidade com esta Lei, submetidos a revisão ou anulados.

§ 5º As garantias suficientes de observância dos princípios gerais de proteção e dos direitos do titular referidas no caput deste artigo serão também analisadas de acordo com as medidas técnicas e organizacionais adotadas pelo operador, de acordo com o previsto nos §§ 1º e 2º do art. 46 desta Lei.

Em atenção às funções da autoridade nacional – a quem compete, conforme os incisos I e VIII, ambos do artigo 55-J, da LGPD (a saber: (a) inciso I: *zelar pela proteção dos dados pessoais* e (b) inciso II: *estimular a adoção de padrões para serviços e produtos que facilitem o exercício de controle dos titulares sobre seus dados pessoais, os quais deverão levar em consideração as especificidades das atividades e o porte dos responsáveis*) – recai ao órgão a definição do conteúdo de cláusulas-padrão contratuais, bem como a verificação de cláusulas contratuais específicas para uma determinada transferência, normas corporativas globais ou selos, certificados e códigos de conduta. A lógica é a de se ter um organismo central que atue de modo a apurar as ações daqueles que efetuam a transferência dos dados ao exterior. Entende-se pela necessidade de formação de um *piso*, uma abordagem mínima que congregue, em seus atos, os preceitos da LGPD, tudo a fim de garantir os direitos do titular que tiver os seus dados transferidos.

A máxima é assegurada justamente no parágrafo 1º do referido artigo, que preceitua que deverão ser considerados os requisitos, as condições e as garantias mínimas para a transferência que observem os direitos, as garantias e os princípios. Não à toa o parágrafo 2º ainda determinar que nesse particular de apuração das cláusulas contratuais, ou dos documentos ou das regras corporativas globais que fiquem submetidas à aprovação da autoridade nacional, podem ser solicitadas informações suplementares ou realizadas diligências de verificação quanto às operações de tratamento, quando necessário. A própria autoridade nacional ainda pode designar organismos de certificação para a realização de tais atos e atividades, sendo de sua responsabilidade (autoridade nacional), fiscalizar, rever e, eventualmente até, caso notada desconformidade com os preceitos da LGPD, anular os afazeres do organismo, assim como determinam os parágrafos 3º e 4º do artigo 35.

Por último, merece atenção o parágrafo 5º do artigo que assegura que referidas formas de garantir por parte da autoridade nacional que os princípios e preceitos da LGPD sejam observados quando da transferência dos dados de modo internacional, também sejam conjugadas às determinações dispostas no artigo 46, parágrafos 1º e 2º da LGPD. O que o legislador faz com tal combinação de artigos é assegurar que o controlador adote medidas de segurança – sejam técnicas, sejam administrativas – aptas a proteger o acesso de dados pessoais de acessos não autorizados e de situações acidentais ou ilícitas de destruição, perda, alteração, comunicação ou qualquer forma de tratamento inadequado ou ilícito, a partir de padrões técnicos usados pela própria autoridade nacional. O legislador torna, com isso, muito mais presentes e vivos os princípios da segurança, da prevenção e da não discriminação, todos dispostos no artigo 6º da LGPD.

36. Da comunicação à autoridade nacional

Art. 36. As alterações nas garantias apresentadas como suficientes de observância dos princípios gerais de proteção e dos direitos do titular referidas no inciso II do art. 33 desta Lei deverão ser comunicadas à autoridade nacional.

A LGPD define que eventuais alterações nas garantias de que os princípios da Lei Geral de Proteção de Dados quando da transferência internacional de dados pelo controlador se evidenciar, deverão elas ser comunicadas a autoridade nacional. Em nada surpreende a redação do artigo porquanto compete à autoridade nacional zelar pela proteção dos dados pessoais, bem como fiscalizar e aplicar sanções em caso de tratamento de dados realizado em descumprimento à legislação, mediante processo administrativo que assegure o contraditório, a ampla defesa e o direito de recurso. A rigor, tem-se a autoridade nacional como a entidade de caráter protetivo, com olhos atentos para a preservação dos preceitos centrais da LGPD, tal qual determinado no inciso I do artigo 55-J da LGPD.

37. Dos agentes de tratamento de dados das pessoas naturais

CAPÍTULO VI
DOS AGENTES DE TRATAMENTO DE DADOS PESSOAIS

Seção I
Do Controlador e do Operador

Art. 37. O controlador e o operador devem manter registro das operações de tratamento de dados pessoais que realizarem, especialmente quando baseado no legítimo interesse.

Se o artigo 36 da LGPD concluiu os dizeres da norma acerca da transferência internacional de dados do titular, a partir do artigo 37 da lei se tem inaugurado um novo capítulo, que passará a tratar especificamente dos agentes que executam a operação de tratamento de dados pessoais. Assim sendo, determina o disposto no artigo que o controlador e o operador, quando da realização de operações de tratamento de dados pessoais, devem manter o registro de tais atos, sobretudo quando a operação se basear no legítimo interesse. Em primeiro lugar, assim como conceituado pelo artigo 5º da lei, segundo o inciso VI, importa rememorar que o controlador é *a pessoa natural ou jurídica, de direito público ou privado, a quem competem as decisões referentes ao tratamento de dados pessoais*; e que, segundo o inciso VII, o operador é a *pessoa natural ou jurídica, de direito público ou privado, que realiza o tratamento de dados pessoais em nome do controlador*. Tendo em vista todos os princípios que a lei contempla nos incisos do artigo 6º, a manutenção do registro das operações de tratamento por parte de seus executores garante a possibilidade de o titular e, também, de a própria autoridade nacional, verificaram a finalidade para a qual foi feito o tratamento; a adequação entre a finalidade requerida e a necessidade informada pelo agente de tratamento; o livro acesso para a consulta fácil e gratuita dos dados tratados; a própria qualidade dos dados; a transparência; a segurança (para que se apure se se os estão sendo adotadas as medidas técnicas e administrativas aptas a proteger os dados; a prevenção; a não discriminação e a responsabilização e a prestação de contas.

A medida ganha ainda maior relevância a justificativa para o tratamento de dados pessoais do titular pelo agente de tratamento estiver fundada no inciso IX do artigo 7º da LGPD, isso é, no legítimo interesse do controlador ou do operador. A ressalva feita pelo legislador tem nexo na medida em que, conforme já adiantado nos comentários daquele disposto, a interpretação do "legítimo interesse" é sensivelmente ambígua e carrega subjetividade importante, de tal sorte que, para que se mantenha a transparência, a manutenção dos registros deve ser feita.

Ao fim, a manutenção do registro das operações pelos agentes de tratamento é iniciativa central da qual se irradiam as demais, de verificação e de aceite quanto ao tratamento. Se não houvesse a necessidade de manutenção do registro da operação de tratamento por parte dos agentes de pouca valia seriam os preceitos da LGPD.

38. Do poder da autoridade nacional sobre o controlador

Art. 38. A autoridade nacional poderá determinar ao controlador que elabore relatório de impacto à proteção de dados pessoais, inclusive de dados sensíveis, referente a suas operações de tratamento de dados, nos termos de regulamento, observados os segredos comercial e industrial.
Parágrafo único. Observado o disposto no caput deste artigo, o relatório deverá conter, no mínimo, a descrição dos tipos de dados coletados, a metodologia utilizada para a coleta e para a garantia da segurança das informações e a análise do controlador com relação a medidas, salvaguardas e mecanismos de mitigação de risco adotados.

Já tratado no bojo do artigo 5º dessa LGPD, quando o legislador se ocupou de definir certos conceitos, o Relatório de Impacto à Proteção dos Dados Pessoais (RIPD)[55] representa documento fundamental a fim de demonstrar os dados pessoais que são coletados, tratados, usados, compartilhados e quais medidas são adotadas para mitigação dos riscos que possam afetar as liberdades civis e direitos fundamentais dos titulares desses dados.

Assim, alicerçada nos comandos que determinam que a autoridade nacional tem o papel central de zelar pela aplicação dos princípios da LGDP, pode ela demandar ao controlador que seja feito relatório de impacto à proteção dos dados pessoais do titular, incluindo aqueles de caráter sensível, concernente à operação de tratamento, nos exatos termos de regulamento a ser elaborado, ficando, porém, observados os segredos de caráter comercial e industrial de titularidade do controlador que, naturalmente, serão preservados, em atenção ao inciso XVII do artigo 5º, do parágrafo 3º do artigo 4º e do parágrafo 3º do artigo 10, todos da LGPD.

Elencando os elementos formadores do relatório, o parágrafo único do artigo 38 determina que deverão constar no instrumento a descrição dos tipos de dados coletados, a metodologia utilizada para a coleta e para a garantia da segurança das informações e a análise do controlador com relação a medidas, salvaguardas e mecanismos de mitigação de risco adotados.

[55] Curiosamente, a Política de Privacidade e de Proteção de Dados Pessoais no Tribunal de Justiça do Estado de São Paulo também trata da realização de relatório de impacto. No entanto, esse instrumento, diferentemente da finalidade constante da LGPD, tem como intuito a análise da aplicação da própria Política de Privacidade e de Proteção de Dados Pessoais no Tribunal como um todo. A percepção nesse sentido se dá a partir da leitura combinada do inciso V do art. 23 com a do art. 25 daquele documento:
Art. 23. A Política de Privacidade e Proteção de Dados Pessoais deve ser revista em intervalos planejados não superiores a 12 (doze) meses, a partir da data de sua publicação, ou ante a ocorrência de algumas das seguintes condições:
V. Análises de risco em Relatório de Impacto de Proteção de Dados Pessoais que indique a necessidade de modificação no documento para readequação da organização visando a prevenir ou mitigar riscos relevantes.
Art. 25. Independentemente da revisão ou atualização desta Política de Privacidade e Proteção de Dados Pessoais, deverá ser elaborado no mínimo anualmente um Relatório de Impacto de Proteção de Dados Pessoais, identificando vulnerabilidades e respectivos Planos de Ação.
Para mais a respeito da Política de Privacidade e de Proteção de Dados Pessoais no Tribunal de Justiça do Estado de São Paulo, verificar ANEXO VI desse Manual.

39. Das delimitações jurídicas dadas ao operador

Art. 39. O operador deverá realizar o tratamento segundo as instruções fornecidas pelo controlador, que verificará a observância das próprias instruções e das normas sobre a matéria.

Conforme conceituado no inciso VII do artigo 5º da LGPD, o operador é a *pessoa natural ou jurídica, de direito público ou privado, que realiza o tratamento de dados pessoais em nome do controlador*. Assim, ele cabe a ele, operador, seguir as instruções transmitidas pelo controlador, que verificará se as suas instruções estão sendo atendidas pelo operador, assim como deverá verificar, também, a legislação atinente à matéria.

Ocorre que, conforme preceitua o artigo 42 da LGPD, o controlador ou o operador que, em razão do exercício de atividade de tratamento de dados pessoais, causar a outrem dano patrimonial, moral, individual ou coletivo, em violação à legislação de proteção de dados pessoais, é obrigado a repará-lo. Desse modo, em que pese o fato de o operador realizar o tratamento segundo as instruções do fornecedor, não se desincumbe também o operador de assumir as responsabilidades por eventuais danos sofridos pelo titular de dados sobre o qual se realizou o tratamento. Com isso, é de bom tom por parte do operador também apurar se as instruções recebidas da figura do controlador se alinham à norma regulamentadora, sob pena de assumir as consequências por eventuais danos causados ao titular.

40. Dos padrões de interoperabilidade que podem ser dispostos pela ANPD

Art. 40. A autoridade nacional poderá dispor sobre padrões de interoperabilidade para fins de portabilidade, livre acesso aos dados e segurança, assim como sobre o tempo de guarda dos registros, tendo em vista especialmente a necessidade e a transparência.

Ainda a respeito do zelo por parte da autoridade nacional na proteção dos dados, pode ela dispor sobre aqueles de interoperabilidade quando se tratando da portabilidade, ou do livre acesso aos dados e segurança, bem como a respeito da guarda dos registros, tendo em mente os princípios da necessidade e da transparência. Ou seja, em razão dos princípios expostos nos incisos III e VI do artigo 6º da LGPD, a autoridade nacional pode executar atos que estipulem padrões que se destinem a preservar os princípios da necessidade e da transparência.

41. Da figura do *encarregado* para tratamento de dados pessoais

Seção II
Do Encarregado pelo Tratamento de Dados Pessoais

Art. 41. O controlador deverá indicar encarregado pelo tratamento de dados pessoais.
§ 1º A identidade e as informações de contato do encarregado deverão ser divulgadas publicamente, de forma clara e objetiva, preferencialmente no sítio eletrônico do controlador.
§ 2º As atividades do encarregado consistem em:
I – aceitar reclamações e comunicações dos titulares, prestar esclarecimentos e adotar providências;
II – receber comunicações da autoridade nacional e adotar providências;
III – orientar os funcionários e os contratados da entidade a respeito das práticas a serem tomadas em relação à proteção de dados pessoais; e
IV – executar as demais atribuições determinadas pelo controlador ou estabelecidas em normas complementares.
§ 3º A autoridade nacional poderá estabelecer normas complementares sobre a definição e as atribuições do encarregado, inclusive hipóteses de dispensa da necessidade de sua indicação, conforme a natureza e o porte da entidade ou o volume de operações de tratamento de dados.
§ 4º (VETADO).

Importa rememorar que o controlador se trata de pessoa natural ou jurídica, de direito público ou privado, a quem competem as decisões referentes ao tratamento de dados pessoais. Já operador consiste na pessoa natural ou jurídica, de direito público ou privado, que realiza o tratamento de dados pessoais em nome do controlador. Logo, o controlador é o responsável por alinhar os parâmetros da atividade de tratamento de dados e o operador, em nome do controlador, é aquele que objetivamente desempenha a o tratamento de dados, sendo certo, ainda, que nada impede que o primeiro execute a função por sua conta, assim se tornando controlador e operador. Dito isso, incumbe ao controlador a indicação do encarregado pelo tratamento de dados pessoais, conforme o caput do artigo 41 da LGPD. A figura do encarregado é também conhecida internacionalmente como DPO (Data *Protection Officer*). O encarregado, além de outras atribuições, conforme sua definição legal trazida pelo inciso VIII do artigo 5º da LGPD, é a pessoa indicada pelo controlador e operador para atuar como canal de comunicação entre o controlador, os titulares dos dados e a Autoridade Nacional de Proteção de Dados (ANPD).

Dito isso, em atenção ao princípio da transparência, traz o parágrafo 1º do artigo 41 que a identidade e as informações de contato do encarregado deverão ser divulgadas publicamente, de forma clara e objetiva, preferencialmente no site do controlador.

Importante deixar claro que, conforme a LGPD (art. 5º, IX), o DPO (encarregado) não é agente de tratamento de dados, sendo essa classificação exclusiva do controlador e do operador. Dessa forma, como bem analisa Anna Carolina Medeiros Silva, tem-se que

> "que o encarregado estimula o tratamento de dados pessoais, mas não trata dados. Ele orienta sobre as melhores práticas de privacidade, serve como canal de comunicação, adota as providências necessárias para o controlador ficar em compliance com a lei e elabora código de conduta corporativa para proteção dos dados pessoais. Portanto, a atividade do DPO é reativa e preventiva. Reativa porque o DPO é procurado para prestar esclarecimentos, e preventiva porque o DPO tem a responsabilidade de elaborar código de conduta para o controlador ficar em compliance com a LGPD"[56].

Pelo parágrafo 3º do artigo 41 se tem que, em regra, existe a obrigatoriedade de se ter a atuação do encarregado mas, o disposto ainda guarda a possibilidade de dispensa dele conforme a natureza, o porte da entidade ou o volume de operações de tratamento de dados ali realizado.

[56] SILVA, Anna Carolina Medeiros. Quem é o encarregado de dados pessoais?. Disponível em: https://acmedsilva.jusbrasil.com.br/artigos/768221374/quem-e-o-encarregado-de-dados-pessoais?ref=feed. Acesso em: 15/04/2020.

42. Da Responsabilidade Civil

Seção III
Da Responsabilidade e do Ressarcimento de Danos

Art. 42. O controlador ou o operador que, em razão do exercício de atividade de tratamento de dados pessoais, causar a outrem dano patrimonial, moral, individual ou coletivo, em violação à legislação de proteção de dados pessoais, é obrigado a repará-lo.
§ 1º A fim de assegurar a efetiva indenização ao titular dos dados:
I – o operador responde solidariamente pelos danos causados pelo tratamento quando descumprir as obrigações da legislação de proteção de dados ou quando não tiver seguido as instruções lícitas do controlador, hipótese em que o operador equipara-se ao controlador, salvo nos casos de exclusão previstos no art. 43 desta Lei;
II – os controladores que estiverem diretamente envolvidos no tratamento do qual decorreram danos ao titular dos dados respondem solidariamente, salvo nos casos de exclusão previstos no art. 43 desta Lei.
§ 2º O juiz, no processo civil, poderá inverter o ônus da prova a favor do titular dos dados quando, a seu juízo, for verossímil a alegação, houver hipossuficiência para fins de produção de prova ou quando a produção de prova pelo titular resultar-lhe excessivamente onerosa.
§ 3º As ações de reparação por danos coletivos que tenham por objeto a responsabilização nos termos do caput deste artigo podem ser exercidas coletivamente em juízo, observado o disposto na legislação pertinente.
§ 4º Aquele que reparar o dano ao titular tem direito de regresso contra os demais responsáveis, na medida de sua participação no evento danoso.

Ainda dentro da seara dos agentes que executam o tratamento de dados, o artigo 42 da LGPD passa a dispor sobre a responsabilidade dos agentes e acerca do ressarcimento daqueles que sofreram danos em virtude do tratamento de dados. E aí dispõe o *caput* do artigo que tanto o controlador quanto o operador que, em razão do exercício do tratamento de dados pessoais, causar a outrem dano patrimonial, moral, individual ou coletivo, em violação à legislação de proteção de dados pessoais, é obrigado a repará-lo.

Antes de tratar mais a fundo dos dizeres do artigo, fica impossível de não abrir parêntese para debater rapidamente assunto que a norma traz à baila quando fala em dano, individual ou coletivo causado pelo agente no exercício do tratamento de dados. Isso porque, por óbvio, o dano à pessoa não representa grande desafio de interpretação, mas o dano coletivo oferece reflexão importante e que trata de temática que está na agenda de discussões tanto na jurisprudência quando na academia.

Na prática, o dano coletivo traz para o debate o conceito de direitos metaindividuais ou direitos transindividuais. Isso é, são aqueles direitos que extrapolam o indivíduo e que alcançam um grupo de pessoas como uma coletividade ou até mesmo toda uma sociedade. Esses direitos meta ou transindividuais se subdividem em três espécies a saber: (i) difusos; (ii) coletivos e; (iii) individuais homogêneos.

De pronto há que se destacar que os dois primeiros, isso é, os direitos *difusos* e os *coletivos* ficam alojados em um mesmo lado, enquanto os *direitos individuais homogêneos* ficam de outro lado. Isso se dá porque os direitos tanto os direitos difusos quanto os direitos coletivos guardam uma similaridade entre si: ambos são considerados indivisíveis, tal sorte que o bem jurídico tutelado atende não apenas a uma pessoa, mas a uma elevada gama de pessoas. Melhor dizendo, significa dizer que dada ação coletiva, quando julgada, terá como consequência uma decisão que beneficie ou prejudique igualmente a um grande grupo de pessoas, sem que haja qualquer individualização. Então, como exemplo, uma ação coletiva movida contra uma empresa poluidora do meio ambiente não beneficiará a certa pessoa, mas a todos os moradores e transeuntes de dado espaço físico, fazendo com que o bem jurídico e a decisão tenham caráter indivisíveis.

Agora, essa é a similaridade entre os direitos difusos e os coletivos, mas o que faz com que de fato eles se diferenciem é o fato de que, embora o bem jurídico e a decisão guardem o fenômeno da indivisibilidade, há que se entender que, se por acaso a decisão beneficiar um grande contingente de pessoas, mas que formem um contingente determinado, estar-se-á tratando de um direito coletivo. Então, se há uma ação coletiva que beneficie um grande de pessoas, mas que seja um agrupamento de fácil determinação, estará se tratando de um direito coletivo, diferenciando-se de um direito difuso (como no caso do exemplo acima, da poluição do meio ambiente), em que não há benefício a um grupo especificado de pessoas.

Para fechar, a diferença tanto dos *direitos difusos* e *coletivos* (que guardam como similaridade o fato de serem abastecidos pela indivisibilidade) para os *direitos individuais homogêneos* é que nesses últimos há, sim, a divisibilidade do bem jurídico e da decisão. Isso quer dizer que são na prática vários direitos autônomos apenas reivindicados por um mesmo grupo, de modo que a decisão poderá individualizar o que cada um dos solicitantes receberá, ou não, individualmente, vez que é possível que haja essa divisão.

Como resumo, veja a tabela a seguir:

Direitos metaindividuais ou transindividuais		
Direitos	**Bem jurídico**	**Titularidade**
Difusos	Indivisível	Indeterminado
Coletivos	Indivisível	Determinado
Individuais homogêneos	Divisível	Determinado

Bem, feita essa introdução a respeito de eventuais tutelas de caráter coletivo, isso bem mostra que a LGPD de pronto coloca tanto o controlador quanto o operador – ou seja, as agentes que realizam a operação de tratamento de dados pessoais – na mesma posição, fazendo com que haja a obrigação recíproca de ambos em seguir as determinações da lei e de, ao todo tempo, fiscalizarem as atividades e/ou as determinações de um ou do outro, sob pena de, em caso de causarem dano a terceiro, terem que indenizá-lo.

E aí é importante introduzir os ensinamentos básicos a respeito do que consiste a responsabilidade em âmbito civil. Como primeira nota, cumpre ter em vista que uma intromissão não autorizada e danosa na esfera jurídica alheia pode lesar tanto um bem patrimonial quanto um bem extrapatrimonial ou, ainda, ambos, cumulativamente. Desta intromissão não autorizada que resulte em dano se pode deduzir duas espécies de responsabilidade civil: uma de ordem subjetiva (art. 927, caput do Código Civil) e uma de caráter objetiva (art. 927, parágrafo único do mesmo diploma). De todo modo, em ambos os casos, a conjunção de ao menos três elementos, quais sejam: **(i) conduta ilícita ou antijurídica** praticada; **(ii) o dano** experimentado por um terceiro; **(iii) e nexo causal** entre tal conduta e referido dano são os componentes que dão o gatilho para a necessidade de reparação, de ressarcimento que o agente causador deverá prestar a aquele que sentiu o dano.

Como resumo, observa-se o quadro a seguir:

Elementos da responsabilidade civil	
Conduta	Ilícita ou antijurídica, praticada ou deixada de ser praticada por quem deveria, e que ocasione um dano a alguém
Dano	Resultante da conduta praticada ou deixada ser praticada por quem deveria, pois que, mesmo se houver uma conduta antagônica ao direito mas que dela não resultar em dano, não há que se falar em necessidade de reparação civil
Nexo causal	Consiste no vínculo direto entre a conduta e o dano. É a causa e o efeito entre a conduta praticada por A e o dano sentido por B

Ademais, vale dizer que os três elementos acima descritos são aqueles comuns tanto à intitulada responsabilidade civil objetiva quanto a aquela chamada de responsabilidade civil subjetiva.

Agora, o que diferencia essas duas espécies é o fato de que a responsabilidade civil na sua forma objetiva encerra os seus requisitos nos três elementos descritos, enquanto a responsabilidade civil subjetiva carrega um quarto elemento que materializa a sua subjetividade, consistindo no componente **(iv) culpa** *(lato sensu)*.

Isso quer dizer que para que haja a responsabilizada civil subjetiva, além da **(i) conduta ilícita ou antijurídica** praticada por alguém; do **(ii) dano** experimentado por uma outra pessoa; e **(iii)** o **nexo causal** entre a conduta e o dano, deve-se apurar, ainda, necessariamente, se o agente que praticou o ato agiu com **(iv) culpa**, ou seja, com imprudência, negligência ou imperícia (ou, até, com dolo).

Como resumo acerca da culpa (*lato sensu*), segue o quadro explicativo que melhor detalha o conceito:

CULPA	
Imprudência	Conduta comissiva (positiva, ativa). Agente atua sem a destreza e o interesse naturais àquele ato. Age sem o cuidado do homem médio
Negligência	Conduta omissiva (negativa, passiva). Agente atua sem interesse, deixando de tomar as medidas necessárias para a realização de um ato. É o desleixo
Imperícia	Conduta também comissiva (positiva, ativa). Agente perito, técnico, conhecedor de atividade específica, executa ato sem o devido

Para encerrar, segue o quadro ilustrativo que resume ambas as espécies de responsabilidade civil, seja ela de caráter objetivo, seja de caráter subjetivo:

Classificação da responsabilidade civil	Embasamento legal	Elementos constitutivos
Objetiva	Art. 927, parágrafo único do CC	(i) Conduta ilícita ou antijurídica; (ii) dano; (iii) nexo causal
Subjetiva	Art. 927, caput do CC	(i) Conduta ilícita ou antijurídica; (ii) dano; (iii) nexo causal; (iv) culpa

Feitas as considerações a respeito tanto das tutelas de caráter transindividuais quanto dos alicerces da responsabilidade civil, já no parágrafo 1º, a fim de garantir a pronta reparação ao titular que suportou o dano, a lei passa a tratar da responsabilidade solidária (art. 265 do CC[57]) adstrita tanto ao operador quanto ao controlador dos dados. O inciso I do parágrafo 1º então determina que operador responde solidariamente pelos danos causados pelo tratamento quando descumprir as obrigações da legislação de proteção de dados ou quando não tiver seguido as instruções lícitas do controlador, hipótese em que ele, operador, equipara-se ao controlador, salvo nos casos de exclusão previstos no art. 43 da LGPD. Assim, recai ao operador, em primeiro lugar, cumprir as determinações de seu controlador quando da realização do tratamento de dados e, em segundo lugar, atentar-se à licitude das instruções, pois do contrário ele ficará equiparado ao próprio controlador e responderá solidariamente, salvo se o seu caso se enquadrar em alguma das excludentes de responsabilização previstas no artigo 43 da LGPD. Já o inciso II do mesmo parágrafo determina que os controladores que estiverem diretamente envolvidos no tratamento do qual decorram danos ao titular também respondem de forma solidária, salvas as exceções previstas no artigo 43 da mesma norma.

[57] A solidariedade não se presume, resulta da lei ou da vontade da parte. (art. 265 do CC).

Já o parágrafo 2º do artigo traz regramento semelhante ao estipulado no Código de Defesa do Consumidor, do qual se extrai que o juiz, no processo civil, pode inverter o ônus da prova a favor do titular dos dados quando, a seu juízo, (i) soar plenamente razoável e provável a alegação dele, titular; (ii) ficar constatada a hipossuficiência dele, titular de dados, para fins de produção de prova ou quando (iii) a produção de prova pelo titular se mostrar excessivamente onerosa, o que praticamente significaria cerceamento de seu direito.

O parágrafo 3º do artigo traz que as ações de reparação por danos coletivos que tenham por objeto a responsabilização nos termos em razão de dano patrimonial, moral, individual ou coletivo, em violação à legislação de proteção de dados pessoais, podem ser exercidas coletivamente em juízo, observado o disposto na legislação pertinente.

E na medida em que se trata de responsabilização solidária, como não poderia ser diferente, diz o parágrafo 4º do artigo 42 que aquele que reparar o dano ao titular tem direito de regresso contra os demais responsáveis, na medida de sua participação no evento danoso, conforme máxima instruída no direito das obrigações, contida no artigo 283 do Código Civil.

43. Da exceção da responsabilidade civil

Art. 43. Os agentes de tratamento só não serão responsabilizados quando provarem:
I – que não realizaram o tratamento de dados pessoais que lhes é atribuído;
II – que, embora tenham realizado o tratamento de dados pessoais que lhes é atribuído, não houve violação à legislação de proteção de dados; ou
III – que o dano é decorrente de culpa exclusiva do titular dos dados ou de terceiro.

A responsabilização dos agentes de tratamento que causarem dano a terceiro não consuma em três hipóteses, cada qual disposta nos incisos do artigo 43 da LGPD. A respeito da primeira, o afastamento da responsabilização se perfaz quando os agentes de tratamento provarem que não realizaram o tratamento de dados do qual são acusados (inciso I). Também fica afastada a responsabilização quando provarem que, em que pese terem procedido a realização da operação de tratamento, não incorrerem em violação à legislação de proteção de dados, conforme o inciso II do artigo 43; e, por último, se provarem que dano é decorrente de culpa exclusiva do titular dos dados ou de terceiro (inciso III).

A exceção de responsabilidade civil, ou seja, excludentes de ilicitude dos atos lesivos dos agentes de tratamento, trazida pelo CC no artigo 188 e no CDC no artigo 14, parágrafo 3º, incisos I e II se repetem neste artigo.

44. Do tratamento irregular das pessoas naturais

Art. 44. O tratamento de dados pessoais será irregular quando deixar de observar a legislação ou quando não fornecer a segurança que o titular dele pode esperar, consideradas as circunstâncias relevantes, entre as quais:
I – o modo pelo qual é realizado;
II – o resultado e os riscos que razoavelmente dele se esperam;
III – as técnicas de tratamento de dados pessoais disponíveis à época em que foi realizado.
Parágrafo único. Responde pelos danos decorrentes da violação da segurança dos dados o controlador ou o operador que, ao deixar de adotar as medidas de segurança previstas no art. 46 desta Lei, der causa ao dano.

O *caput* do artigo 44 destaca, acerca da regularidade do tratamento de dados, que ela será desconsiderada se a operação de tratamento se desenrolar em desacordo com a legislação ou quando for realizada sem a segurança que o titular possa esperar, segundo certos referenciais.

Os parâmetros para fins de apuração a respeito da segurança fornecida ao tratamento de dados quando dessa operação pelos agentes de tratamento são: (i) o modo pelo qual é realizado, já considerando os fundamentos e os princípios da LGPD, levando-se em conta, sobretudo, o princípio da finalidade, da necessidade, da prevenção e da segurança, conforme destaca o inciso; (ii) O segundo parâmetro a ser ter em mente está contido no inciso II, a saber: o resultado e os riscos que razoavelmente dele se esperam; e, por fim, (iii), as técnicas de tratamento de dados pessoais disponíveis à época em que foi realizado, assim como preleciona o inciso III.

Como conclusão a esse artigo 44, o seu parágrafo único determina que respondem pelos danos decorrentes da violação dos expedientes de segurança o controlador ou o operador que não adotar as medidas de segurança estipuladas no artigo 46 dessa mesma LGPD, que versam especificamente sobre as medidas de segurança de caráter técnico e administrativo que devem ser tomadas tanto pela figura do controlador quanto do operador para impedir o vazamento, o acesso indesejado por terceiros dos dados pessoas do titular ou o seu uso ilícito.

45. Nas relações jurídicas pautadas no CDC (Lei nº 8.078/90)

Art. 45. As hipóteses de violação do direito do titular no âmbito das relações de consumo permanecem sujeitas às regras de responsabilidade previstas na legislação pertinente.

O artigo 45 da Lei Geral de Proteção de Dados conclui o capítulo VI, que dispõe sobre a responsabilidade dos agentes que realizam o tratamento de dados. Trazendo ressalva relevante, determina o artigo que o microcosmo do direito do consumidor imponha as suas próprias regras de responsabilidade em detrimento daqueles instruídas na LGPD, quando as hipóteses de ofensa ao direito tenham como o sujeito sofredor da violação a figura do consumidor. Parece que de fato o legislador entendeu por bem que o Código de Defesa do Consumidor por si só já manifesta o respaldo legal mais adequado e propício para as defesas que o consumidor, como titular de dados tratados, merece.

Lembrando que a responsabilidade civil do CDC é objetiva (parágrafo único do art. 927 do CC), com a exceção dos profissionais liberais (art. 14, §4ºdo CDC – "A responsabilidade pessoal dos profissionais liberais será apurada mediante a verificação de culpa") onde deverá ser comprovada a culpa (arts. 186 e/ou 187 c.c. "caput" do CC).

46. Da segurança e das boas práticas

CAPÍTULO VII
DA SEGURANÇA E DAS BOAS PRÁTICAS

Seção I
Da Segurança e do Sigilo de Dados

Art. 46. Os agentes de tratamento devem adotar medidas de segurança, técnicas e administrativas aptas a proteger os dados pessoais de acessos não autorizados e

de situações acidentais ou ilícitas de destruição, perda, alteração, comunicação ou qualquer forma de tratamento inadequado ou ilícito.
§ 1º A autoridade nacional poderá dispor sobre padrões técnicos mínimos para tornar aplicável o disposto no caput deste artigo, considerados a natureza das informações tratadas, as características específicas do tratamento e o estado atual da tecnologia, especialmente no caso de dados pessoais sensíveis, assim como os princípios previstos no caput do art. 6º desta Lei.
§ 2º As medidas de que trata o caput deste artigo deverão ser observadas desde a fase de concepção do produto ou do serviço até a sua execução.

O capítulo VII da LGPD oferece o regramento a respeito da segurança (*lato sensu*) e das boas práticas quando do tratamento de dados. Mais especificamente a Seção I desse conjunto dispõe a respeito da segurança (em sentido estrito) e do sigilo de dados. Assim, de antemão, já se pode afirmar que o apanhado de regramentos explora, em última medida, os princípios da segurança, da prevenção e da responsabilização e prestação de contas, cada qual elencado no artigo 6º da LGPD.

Assim como bem explicado pelo E-book: Melhores Práticas de Governança e Conformidade com a LGPD, de autoria de Opice Blum,

> "como forma de garantir que esses novos padrões tenham atenção às regras de Privacidade, a LGPD adota a figura do *Privacy by Design* (Privacidade desde a concepção), prestigiada também no regulamento europeu, que engloba obrigatoriedade de que aos novos produtos ou serviços (incluídos o desenvolvimento de sistemas, hardware ou software e processos internos) seja feita análise sobre aderência a medidas de segurança, técnicas e administrativas que garantam a proteção dos dados e evitem formas de tratamento inadequados ou ilícitos"[58].

Ora, no mais, é importante destacar que, acima de tudo, se a Lei Geral de Proteção de Dados tutela a proteção dos dados da pessoa do titular, naturalmente ela guarda íntima relação com a ideia de segurança. Por isso, não foi involuntário que o legislador destacou que é dever do agente que faz a operação de tratamento de dados adotar as medidas de segurança de

[58] Disponível em https://opiceblumacademy.com.br/wp-content/uploads/2020/02/lgpd-governanca-melhores-praticas.pdf. Acesso em 14/04/2020.

caráter técnico e administrativo, capazes de proteger os dados pessoais de acessos não autorizados e de situações acidentais ou ilícitas ou qualquer forma de tratamento inadequado ou ilícito[59]. Como afirma Carlos Affonso Pereira de Souza,

> "Nessa direção, incentivar medidas de segurança e de sigilo de dados que possam ser seguidas pelos agentes de tratamento de dados pessoais é do interesse de todos (...) Quanto mais se consolida a noção de que o acesso a dados é ferramenta primordial nos negócios – mas também instrumental para a prática de diversos ilícitos – aumentam consideravelmente os episódios de violação da segurança e do sigilo de dados. São casos que envolvem o vazamento de dados pessoais, a invasão de bancos de dados por *crackers* e a prática de crimes, como de falsa identidade e estelionato, tendo por base o acesso indevido a dados pessoais"[60].

A norma ainda se preocupa não apenas com os atos ilegais praticados contra os dados do titular quando da operação de tratamento de dados, mas também com a destruição, a perda, ou a alteração dos dados, de tal sorte que é de incumbência do agente realizador do tratamento impor na prática os princípios da prevenção e da segurança, evitando que, independentemente da maneira com que poderia ocorrer, não ocorram danos em razão do tratamento de dados. Tudo isso, a rigor, a fim de se evitar o que o artigo 48 tratará como *incidente de segurança*.

[59] Nesse sentido, o Tribunal de Justiça do Estado de São Paulo, ao implementar a sua Política de Proteção de Dados, seguiu os preceitos da LGPD para, ao instituir uma política informação e segurança, determinar a adoção de medidas de segurança para a proteção de dados pessoais, assim como se observa de seu art. 20:
Art. 20. O Tribunal de Justiça de São Paulo dispõe de uma Política de Segurança da Informação que especifica e determina a adoção de um conjunto de medidas técnicas e administrativas de segurança para a proteção de dados pessoais contra acessos não autorizados e situações acidentais ou incidentes culposos ou dolosos de destruição, perda, adulteração, compartilhamento indevido ou qualquer forma de tratamento inadequado ou ilícito.
Para mais a respeito da Política de Proteção de Dados e lavra do Tribunal de Justiça do Estado de São Paulo, consultar o ANEXO VI desse Manual.

[60] SOUZA, Carlos Affonso Pereira de. Segurança e Sigilo dos Dados Pessoais: primeiras impressões à luz da Lei nº 13.709/2015. In: TEPEDINO, Gustavo; FRAZÃO, Ana; OLIVA, Milena Donato (coords). Lei Geral de Proteção de Dados e as suas repercussões no Direito Brasileiro, São Paulo: Revista dos Tribunais, p. 420.

Traz o parágrafo 1º do artigo 46 que a autoridade nacional, novamente, poderá dispor sobre padrões técnicos mínimos para tornar aplicável a intenção da determinação contida no artigo, sendo considerados a natureza das informações tratadas, as características específicas do tratamento e o estado atual da tecnologia, especialmente no caso de dados pessoais sensíveis, assim como os princípios previstos no caput do artigo 6º da LGPD.

A LGPD se preocupa com o fato de que as salvaguardas de segurança pontuadas devem ser observadas desde a fase de concepção do produto ou do serviço até a sua execução, conforme determinado pelo parágrafo 2º do artigo 46. Tal qual afirma mais uma vez muito bem Carlos Affonso Pereira de Souza,

> "não se deve, assim, incorporar elementos protetivos de privacidade e dos dados pessoais como um adendo ao produto ou ao serviço já acabado, não usualmente apenas após um incidente de segurança. Nesse sentido, a LGPD recepciona a ideia da chamada *privacy by design*, ou seja, a noção de que os produtos e serviços precisam tomar a segurança e o sigilo de dados como um elemento a ser levado em conta em todas as suas fases de concepção, de desenvolvimento, aplicação e avaliação"[61].

Como bem lembrado pelo autor Carlos Afonso Pereira Souza, a LGPD aplaude a máxima da *privacy by design* que, em verdade, consiste no conceito da *privacidade desde a concepção*. O conceito faz crer que a privacidade e a proteção de dados devem ser consideradas desde a concepção e durante todo o ciclo de vida do projeto, sistema, serviço, produto ou do processo. Sob esses parâmetros a privacidade pode ser atingida por meio da aplicação dos sete princípios considerados fundamentais e bem destacados pela autora Ann Cavoukian. São eles: *(i) proativo, e não reativo; preventivo, e não corretivo*, o que significa dizer que abordagem antecipa e evita eventos invasivos de privacidade antes que eles aconteçam; *(ii) privacidade deve ser o padrão dos sistemas de TI ou práticas de negócio*, sendo

[61] SOUZA, Carlos Affonso Pereira de. Segurança e Sigilo dos Dados Pessoais: primeiras impressões à luz da Lei nº 13.709/2015. In: TEPEDINO, Gustavo; FRAZÃO, Ana; OLIVA, Milena Donato (coords). Lei Geral de Proteção de Dados e as suas repercussões no Direito Brasileiro, São Paulo: Revista dos Tribunais, p. 427.

uma maneira de evitar um ato ou ação por parte do para a proteção de sua privacidade já que a proteção já estaria embutida no sistema por padrão; *(iii) Privacidade incorporada ao projeto (design) e à arquitetura dos sistemas de TI e práticas de negócios.* Isso faz com que a privacidade não seja interpretada como complemento adicional, após o sistema, projeto ou serviço já estar em implementação ou em execução, tornando-a, ao fim, um componente essencial; *(iv) funcionalidade total:* ao se incorporar a privacidade em uma determinada tecnologia, processo ou sistema, faz-se de uma forma que não comprometa a plena funcionalidade e permita que todas as exigências do projeto sejam atendidas; *(v) segurança e proteção de ponta a ponta durante o ciclo de vida de tratamento dos dados.* O que se tem com isso é que "a privacidade deve ser protegida continuamente em todo o domínio e ao longo do ciclo de vida do tratamento dos dados em questão. Não deve haver lacunas na proteção ou na prestação de contas. O princípio 'segurança' tem relevância especial porque, em sua essência, sem segurança forte, não pode haver privacidade"; *(vi) visibilidade e transparência*; e *(vii) respeito pela privacidade do usuário:* "as instituições respeitem os direitos dos titulares dos dados pessoais. Isso é alcançado por meio de medidas como padrões fortes de privacidade, avisos apropriados e interfaces amigáveis que empoderem o titular dos dados"[62]. Assim, alicerçado pelos sete princípios bem explicitados pela autora, tem-se o espírito da *privacy by design*, ou seja, da privacidade desde a concepção do produto ou do serviço até a sua execução.

47. Da garantia da informação prevista na LGPD

Art. 47. Os agentes de tratamento ou qualquer outra pessoa que intervenha em uma das fases do tratamento obriga-se a garantir a segurança da informação prevista nesta Lei em relação aos dados pessoais, mesmo após o seu término.

A LGPD eleva a obrigação de segurança dos dados no tempo, fazendo com que os agentes de tratamento ou com quem tenha participado em qualquer das fases de operação fique obrigado a garantir a segurança da

[62] Disponível em: https://www.gov.br/governodigital/pt-br/governanca-de-dados/guia-lgpd.pdf. Acesso em 29/04/2020.

informação prevista na LGPD, mesmo após o término do tratamento. Assim como relatado por Daniel Martins Vidor, “isso significa que os agentes de tratamento deverão manter um *tracking* dos dados, seus tratamentos, quem participou em qual fase e com qual responsabilidade”[63].

48. Da comunicação entre à autoridade nacional e o controlador

Art. 48. O controlador deverá comunicar à autoridade nacional e ao titular a ocorrência de incidente de segurança que possa acarretar risco ou dano relevante aos titulares.

§ 1º A comunicação será feita em prazo razoável, conforme definido pela autoridade nacional, e deverá mencionar, no mínimo:

I – a descrição da natureza dos dados pessoais afetados;

II – as informações sobre os titulares envolvidos;

III – a indicação das medidas técnicas e de segurança utilizadas para a proteção dos dados, observados os segredos comercial e industrial;

IV – os riscos relacionados ao incidente;

V – os motivos da demora, no caso de a comunicação não ter sido imediata; e

VI – as medidas que foram ou que serão adotadas para reverter ou mitigar os efeitos do prejuízo.

§ 2º A autoridade nacional verificará a gravidade do incidente e poderá, caso necessário para a salvaguarda dos direitos dos titulares, determinar ao controlador a adoção de providências, tais como:

I – ampla divulgação do fato em meios de comunicação; e

II – medidas para reverter ou mitigar os efeitos do incidente.

§ 3º No juízo de gravidade do incidente, será avaliada eventual comprovação de que foram adotadas medidas técnicas adequadas que tornem os dados pessoais afetados ininteligíveis, no âmbito e nos limites técnicos de seus serviços, para terceiros não autorizados a acessá-los.

O artigo 48 traz, ainda que implicitamente, as interpretações a respeito do conceito de *incidente de segurança*. Como, no entanto, a despeito do que se verificou no artigo 5º dessa mesma LGPD, a norma não procurou de fato conceituar o intitulado incidente de segurança, interesse que sejam feitas

[63] VIDOR, Daniel Martins. LGPD: Saiba tudo sobre segurança e sigilo de dados. Disponível em: https://www.plugar.com.br/lgpd-saiba-tudo-sobre-seguranca-e-sigilo-de-dados/. Acesso em: 16/04/2020.

breves considerações a respeito do tema. Carlos Affonso Pereira de Souza descreve o cenário como

> "a violação das medidas adotadas pelos agentes de tratamento para salvaguardar e integridade e o sigilo dos dados pessoais sob a sua administração, resultando em acessos não autorizados e em situações acidentais ou ilícitas de destruição, perda, alteração, comunicação, ou qualquer forma de tratamento inadequado ou ilícito"[64].

Aprofundando cada das possibilidades, o autor continua a sua manifestação para destacar que por acesso não autorizado se entende

> "a situação na qual um terceiro, sem permissão dos integrantes da cadeia de tratamento, tem acesso às informações de banco de dados dos agentes que participam dessa cadeia. Por sua vez, destruição de dados é o fim da existência do dado pessoal ou, pelo menos, o fim da existência daquele dado na forma pela qual costuma ser utilizado pelo controlador. O incidente de alteração de dados pessoais é verificado quando as informações armazenadas em determinado banco de dados são corrompidas ou tornam-se incompletas em razão de interferência externa. Estar-se-á diante de uma situação de perda de dados pessoais quando, embora o banco de dados ainda exista, o controlador, por alguma razão, não consegue acessá-lo. Não tendo mais a informação sob seu domínio. (...) Por fim, *qualquer forma de tratamento inadequado ou ilícito* é a espécie de incidente de segurança mais abrangente e pode ser entendida como as situações nas quais o tratamento de dados pessoais, por qualquer que seja o motivo, está sendo realizada em desconformidade com as diretrizes estabelecidas pela LGPD[65].

Feitas, portanto, as considerações iniciais, determina o artigo 48 que, na hipótese da presença de qualquer dos cenários explicitados, tão logo

[64] SOUZA, Carlos Affonso Pereira de. Segurança e Sigilo dos Dados Pessoais: primeiras impressões à luz da Lei nº 13.709/2015. In: TEPEDINO, Gustavo; FRAZÃO, Ana; OLIVA, Milena Donato (coords). Lei Geral de Proteção de Dados e as suas repercussões no Direito Brasileiro, São Paulo: Revista dos Tribunais, p 430.

[65] SOUZA, Carlos Affonso Pereira de. Segurança e Sigilo dos Dados Pessoais: primeiras impressões à luz da Lei nº 13.709/2015. In: TEPEDINO, Gustavo; FRAZÃO, Ana; OLIVA, Milena Donato (coords). Lei Geral de Proteção de Dados e as suas repercussões no Direito Brasileiro, São Paulo: Revista dos Tribunais, p 431 – 432.

constatado pelo controlador a sua ocorrência, deve ele comunicar à autoridade nacional.

Procedido dessa forma, a comunicação deverá no mínimo mencionar, conforme o inciso I do parágrafo 1º: *a descrição da natureza dos dados pessoais afetados*; além disso, assim como dispõe o inciso II:*as informações sobre os titulares envolvidos*; outrossim, como destaca o inciso III: *a indicação das medidas técnicas e de segurança utilizadas para a proteção dos dados, observados os segredos comercial e industrial*; não podendo se olvidar de tratar, conforme o inciso IV: dos *riscos relacionados ao incidente*; também V: *os motivos da demora, no caso de a comunicação não ter sido imediata*; e e, por último, como determina o inciso VI: *as medidas que foram ou que serão adotadas para reverter ou mitigar os efeitos do prejuízo*. A meta dessa comunicação à autoridade nacional é mapear eventuais riscos ou danos que poderão ser suportados pelo titular.

Depois, a autoridade nacional se ocupará de verificar a gravidade do incidente e poderá, caso necessário para resguardar os direitos dos titulares, determinar ao controlador a adoção de providências como (i) a ampla divulgação do fato em meios de comunicação; e (ii) medidas para reverter ou mitigar os efeitos do incidente, assim como se tem a partir dos incisos I e II do parágrafo 2º do artigo 48.

49. Dos sistemas utilizados para o tratamento de dados pessoais

Art. 49. Os sistemas utilizados para o tratamento de dados pessoais devem ser estruturados de forma a atender aos requisitos de segurança, aos padrões de boas práticas e de governança e aos princípios gerais previstos nesta Lei e às demais normas regulamentares.

Como arremate à Seção I, o artigo 49 determina que a dinâmica dos sistemas usados para o tratamento de dados pessoais deve ser formatada de maneira a atender aos requisitos de segurança; aos padrões de boas práticas e de governança e aos princípios gerais previstos nesta Lei e às demais normas regulamentares. Mais uma vez se denota a preocupação do legislador em respaldar os interesses e os direitos centrais dos titulares de dados tratados, trazidos tanto na LGPD – na parte dos fundamentos e dos princípios da norma –, quanto no Código Civil pátrio (mais especificamente na tutela dos direitos da personalidade – artigos de 11 a 21 daquele diploma) e na própria Constituição Federal, detidamente nos direitos fundamentais, instrumentalizados no artigo 5º da Carta Magna brasileira.

50. Das práticas de governança corporativa

Seção II
Das Boas Práticas e da Governança

Art. 50. Os controladores e operadores, no âmbito de suas competências, pelo tratamento de dados pessoais, individualmente ou por meio de associações, poderão formular regras de boas práticas e de governança que estabeleçam as condições de organização, o regime de funcionamento, os procedimentos, incluindo reclamações e petições de titulares, as normas de segurança, os padrões técnicos, as obrigações específicas para os diversos envolvidos no tratamento, as ações educativas, os mecanismos internos de supervisão e de mitigação de riscos e outros aspectos relacionados ao tratamento de dados pessoais.
§ 1º Ao estabelecer regras de boas práticas, o controlador e o operador levarão em consideração, em relação ao tratamento e aos dados, a natureza, o escopo, a finalidade e a probabilidade e a gravidade dos riscos e dos benefícios decorrentes de tratamento de dados do titular.
§ 2º Na aplicação dos princípios indicados nos incisos VII e VIII do caput do art. 6º desta Lei, o controlador, observados a estrutura, a escala e o volume de suas operações, bem como a sensibilidade dos dados tratados e a probabilidade e a gravidade dos danos para os titulares dos dados, poderá:
I – implementar programa de governança em privacidade que, no mínimo:
a) demonstre o comprometimento do controlador em adotar processos e políticas internas que assegurem o cumprimento, de forma abrangente, de normas e boas práticas relativas à proteção de dados pessoais;
b) seja aplicável a todo o conjunto de dados pessoais que estejam sob seu controle, independentemente do modo como se realizou sua coleta;
c) seja adaptado à estrutura, à escala e ao volume de suas operações, bem como à sensibilidade dos dados tratados;
d) estabeleça políticas e salvaguardas adequadas com base em processo de avaliação sistemática de impactos e riscos à privacidade;
e) tenha o objetivo de estabelecer relação de confiança com o titular, por meio de atuação transparente e que assegure mecanismos de participação do titular;
f) esteja integrado a sua estrutura geral de governança e estabeleça e aplique mecanismos de supervisão internos e externos;
g) conte com planos de resposta a incidentes e remediação; e

h) seja atualizado constantemente com base em informações obtidas a partir de monitoramento contínuo e avaliações periódicas;
II – demonstrar a efetividade de seu programa de governança em privacidade quando apropriado e, em especial, a pedido da autoridade nacional ou de outra entidade responsável por promover o cumprimento de boas práticas ou códigos de conduta, os quais, de forma independente, promovam o cumprimento desta Lei.
§ 3º As regras de boas práticas e de governança deverão ser publicadas e atualizadas periodicamente e poderão ser reconhecidas e divulgadas pela autoridade nacional.

Ainda no Capítulo VII (Da Segurança e das Boas Práticas), mas agora sob a Seção II, iniciam-se as tratativas a respeito das Boas Práticas e da Governança. Dessa feita, oferece o *caput* do artigo 50 a faculdade aos agentes de tratamento para que, no âmbito de suas competências, pelo tratamento de dados pessoais, individualmente ou por meio de associações, possam formular regras de boas práticas e de governança que estabeleçam as condições de organização; o regime de funcionamento; eventuais procedimentos, incluindo reclamações e petições de titulares; as normas de segurança; os padrões técnicos; as obrigações específicas para os diversos envolvidos no tratamento; as ações educativas; os mecanismos internos de supervisão e de mitigação de riscos e outros aspectos relacionados ao tratamento de dados pessoais.

Inicialmente, vale mencionar que a Lei Geral de Proteção de Dados permite, como adiciona Daniel Martins Vidor,

> "que os agentes de tratamento se organizem em associações. Isso significa dizer que a LGPD permite um espaço de auto-regulação, já que concede a criação de associações e estabelecimento de normas auto-reguladas pelo setor para normas e procedimentos. Isso é um bom sinal. No entanto, é preciso estar atento para o surgimento de associações que não representem verdadeiramente o setor, mas que visem apenas arrecadar recursos financeiros sem contrapartida técnica adequada"[66].

Mas não é só. Há que se falar que os programas de governança, segundo o Manual ABA de adequação à LGPD,

[66] VIDOR, Daniel Martins. Conheça as boas práticas de governança e sanção da LGPD. Disponível em: https://www.plugar.com.br/conheca-as-boas-praticas-de-governanca-e-sancao-da-lgpd/. Acesso em 17/04/2020.

> "devem estabelecer, por exemplo, condições, regimes e procedimentos internos para o tratamento de dados pessoais, normas de segurança da informação, padrões técnicos, alocação de responsabilidades e obrigações aos diversos colaboradores envolvidos nas atividades de tratamento, ações educativas, mecanismos internos de supervisão e mitigação de riscos, procedimentos de resposta a incidentes de segurança, entre outros. É também muito importante que todos os processos, decisões, esforços e ações relacionados à governança de dados pessoais na empresa sejam documentados e mantidos em arquivo para apresentação à ANPD, se necessário. A adoção de políticas de boas práticas e governança não apenas auxilia a empresa a cumprir com as obrigações estabelecidas pela LGPD, como evidencia os esforços nesse sentido e será considerada (como um atenuante) na aplicação de penalidades em caso de descumprimento da LGPD"[67].

Já a respeito dos parâmetros para o estabelecimento de regras e de boas práticas, diz o parágrafo 1º do mesmo artigo 50 que o controlador e o operador levarão em consideração, em relação ao tratamento e aos dados, a natureza, o escopo, a finalidade e a probabilidade e a gravidade dos riscos e dos benefícios decorrentes de tratamento de dados do titular.

Tendo como premissa os princípios da segurança e da prevenção, estabelece o parágrafo 2º do artigo 50, a partir de seu inciso I, em primeiro lugar um padrão mínimo a ser seguido pelo controlador ao implementar um programa de governança em privacidade, que: a) demonstre o comprometimento do controlador em adotar processos e políticas internas que assegurem o cumprimento, de forma abrangente, de normas e boas práticas relativas à proteção de dados pessoais; b) seja aplicável a todo o conjunto de dados pessoais que estejam sob seu controle, independentemente do modo como se realizou sua coleta; c) seja adaptado à estrutura, à escala e ao volume de suas operações, bem como à sensibilidade dos dados tratados; d) estabeleça políticas e salvaguardas adequadas com base em processo de avaliação sistemática de impactos e riscos à privacidade; e) tenha o objetivo de estabelecer relação de confiança com o titular, por meio de atuação transparente e que assegure mecanismos de participação do titular; f) esteja integrado a sua estrutura geral de

[67] Disponível em: http://www.aba.com.br/wp-content/uploads/2019/06/ebook-aba-compliance-lgpd.pdf. Acesso em: 17/04/2020.

governança e estabeleça e aplique mecanismos de supervisão internos e externos; g) conte com planos de resposta a incidentes e remediação; e h) seja atualizado constantemente com base em informações obtidas a partir de monitoramento contínuo e avaliações periódicas. Esse, portanto, é o parâmetro considerado mínimo, o mais baixo a ser adotado pelos controladores e pelos operadores de dados para que se estabeleçam instrumentos de proteção. Se tais práticas não forem adotadas (ou, ainda que as sejam adotadas, mas se não se mostrarem suficientes) para resguardar os dados pessoais, os bancos de dados daqueles agentes de tratamento estarão em vias de serem afetados por perniciosos incidentes de segurança.

Mas, se em primeiro lugar o inciso I do parágrafo 2º do artigo 50 destacava o mínimo a ser implementado pelo controlador em relação à governança em privacidade, o inciso II do mesmo artigo – ainda tendo em vista os princípios da prevenção e da segurança estipulados no artigo 6º da Lei Geral de Proteção de Dados –, dispõe que o controlador poderá demonstrar a efetividade de seu programa de governança em privacidade quando apropriado e, em especial, a pedido da autoridade nacional ou de outra entidade responsável por promover o cumprimento de boas práticas ou códigos de conduta, os quais, de forma independente, promovam o cumprimento da LGPD.

Por fim, o parágrafo 3º do artigo 50 da Lei Geral de Proteção de Dados é claro e enfático ao determinar que as regras de boas práticas e de governança deverão ser publicadas e atualizadas periodicamente e poderão ser reconhecidas e divulgadas pela autoridade nacional, mais uma vez como forma de manter a transparência que o espírito da lei exprime. Igualmente, na medida em que os parâmetros de governança e de boas práticas se mantêm em transformação, há que se ter a preocupação com a atualização perene de tais paradigmas.

51. Do estímulo pela ANPD ao controle de dados por seu titular

Art. 51. A autoridade nacional estimulará a adoção de padrões técnicos que facilitem o controle pelos titulares dos seus dados pessoais.

Para concluir o Capítulo VII da LGPD, tendo em mente o artigo 55-J, em seu inciso VIII, o legislador determinou que a autoridade nacional estimulará a adoção de padrões técnicos que facilitem o controle pelos titulares dos seus dados pessoais. Tem-se com isso a adoção de iniciativa que, ao fim, dialoga com o fundamento da autodeterminação informativa, o princípio da finalidade, da necessidade e do livre acesso, todos estipulados nessa Lei Geral de Proteção de Dados.

52. Das Sanções Administrativas

CAPÍTULO VIII
DA FISCALIZAÇÃO

Seção I
Das Sanções Administrativas

Art. 52. Os agentes de tratamento de dados, em razão das infrações cometidas às normas previstas nesta Lei, ficam sujeitos às seguintes sanções administrativas aplicáveis pela autoridade nacional:
I – advertência, com indicação de prazo para adoção de medidas corretivas;
II – multa simples, de até 2% (dois por cento) do faturamento da pessoa jurídica de direito privado, grupo ou conglomerado no Brasil no seu último exercício, excluídos os tributos, limitada, no total, a R$ 50.000.000,00 (cinquenta milhões de reais) por infração;
III – multa diária, observado o limite total a que se refere o inciso II;
IV – publicização da infração após devidamente apurada e confirmada a sua ocorrência;
V – bloqueio dos dados pessoais a que se refere a infração até a sua regularização;
VI – eliminação dos dados pessoais a que se refere a infração;
"VII – suspensão parcial ou total do funcionamento do banco de dados a que se refere a infração pelo período máximo de 6 (seis) meses, prorrogável por igual período até a regularização da atividade de tratamento pelo controlador; (VETADO);
VIII – suspensão do exercício da atividade de tratamento dos dados pessoais a que se refere a infração pelo período máximo de 6 (seis) meses, prorrogável por igual período; (VETADO);
IX – proibição parcial ou total do exercício de atividades relacionadas a tratamento de dados." – (VETADO)[68].

[68] Razões para os três vetos: "As sanções administrativas de suspensão ou proibição do funcionamento/exercício da atividade relacionada ao tratamento de dados podem gerar insegurança

X – suspensão parcial do funcionamento do banco de dados a que se refere a infração pelo período máximo de 6 (seis) meses, prorrogável por igual período, até a regularização da atividade de tratamento pelo controlador;
XI – suspensão do exercício da atividade de tratamento dos dados pessoais a que se refere a infração pelo período máximo de 6 (seis) meses, prorrogável por igual período;
XII – proibição parcial ou total do exercício de atividades relacionadas a tratamento de dados.
§ 1º As sanções serão aplicadas após procedimento administrativo que possibilite a oportunidade da ampla defesa, de forma gradativa, isolada ou cumulativa, de acordo com as peculiaridades do caso concreto e considerados os seguintes parâmetros e critérios:
I – a gravidade e a natureza das infrações e dos direitos pessoais afetados;
II – a boa-fé do infrator;
III – a vantagem auferida ou pretendida pelo infrator;
IV – a condição econômica do infrator;
V – a reincidência;
VI – o grau do dano;
VII – a cooperação do infrator;
VIII – a adoção reiterada e demonstrada de mecanismos e procedimentos internos capazes de minimizar o dano, voltados ao tratamento seguro e adequado de dados, em consonância com o disposto no inciso II do § 2º do art. 48 desta Lei;
IX – a adoção de política de boas práticas e governança;
X – a pronta adoção de medidas corretivas; e
XI – a proporcionalidade entre a gravidade da falta e a intensidade da sanção.
§ 2º O disposto neste artigo não substitui a aplicação de sanções administrativas, civis ou penais definidas na Lei nº 8.078, de 11 de setembro de 1990, e em legislação específica.
§ 3º O disposto nos incisos I, IV, V, VI, X, XI e XII do caput deste artigo poderá ser aplicado às entidades e aos órgãos públicos, sem prejuízo do disposto na Lei nº 8.112, de 11 de dezembro de 1990, na Lei nº 8.429, de 2 de junho de 1992, e na Lei nº 12.527, de 18 de novembro de 2011.
§ 4º No cálculo do valor da multa de que trata o inciso II do caput deste artigo, a autoridade nacional poderá considerar o faturamento total da empresa ou grupo de empresas, quando não dispuser do valor do faturamento no ramo de atividade

aos responsáveis por essas informações, bem como impossibilitar a utilização e tratamento de bancos de dados essenciais a diversas atividades, a exemplo das aproveitadas pelas instituições financeiras, dentre outras, podendo acarretar prejuízo à estabilidade do sistema financeiro nacional."

empresarial em que ocorreu a infração, definido pela autoridade nacional, ou quando o valor for apresentado de forma incompleta ou não for demonstrado de forma inequívoca e idônea.

§ 5º O produto da arrecadação das multas aplicadas pela ANPD, inscritas ou não em dívida ativa, será destinado ao Fundo de Defesa de Direitos Difusos de que tratam o art. 13 da Lei nº 7.347, de 24 de julho de 1985, e a Lei nº 9.008, de 21 de março de 1995.

§ 6º As sanções previstas nos incisos X, XI e XII do caput deste artigo serão aplicadas:

I – somente após já ter sido imposta ao menos 1 (uma) das sanções de que tratam os incisos II, III, IV, V e VI do caput deste artigo para o mesmo caso concreto; e

II – em caso de controladores submetidos a outros órgãos e entidades com competências sancionatórias, ouvidos esses órgãos.

§ 7º Os vazamentos individuais ou os acessos não autorizados de que trata o caput do art. 46 desta Lei poderão ser objeto de conciliação direta entre controlador e titular e, caso não haja acordo, o controlador estará sujeito à aplicação das penalidades de que trata este artigo.

Partindo para o Capítulo VIII, a LGPD passa a normatizar a temática da fiscalização e a sua primeira Seção aborda as sanções administrativas. Assim, diz o *caput* do artigo 52 que agentes de tratamento de dados, isso é, o controlador e o operador – excluindo-se, portanto, o encarregado –, em razão das infrações cometidas às normas previstas na LGPD, ficam sujeitos a uma (ou, até, a mais de uma) das nove sanções administrativas aplicáveis pela autoridade nacional. Os nove incisos em vigor relativos ao *caput* do artigo 52 passam a detalhar as eventuais punições aos agentes de tratamento, sendo importante destacar que, de fato, a LGPD não veda a aplicação concomitante das sanções, o que significa que uma mesma empresa, ou grupo, poderá sofrer mais de uma sanção administrativa por infração.

Antes de mais nada, o parágrafo 1º do artigo 52 destaca que as sanções serão aplicadas após procedimento administrativo que possibilite a oportunidade da ampla defesa, de forma gradativa, isolada ou cumulativa, de acordo com as peculiaridades do caso concreto e considerados os seguintes parâmetros e critérios I – a gravidade e a natureza das infrações e dos direitos pessoais afetados; II – a boa-fé do infrator; III – a vantagem auferida ou pretendida pelo infrator; IV – a condição econômica do infrator; V – a reincidência; VI – o grau do dano; VII – a cooperação do infrator; VIII – a adoção reiterada e demonstrada de mecanismos e procedimentos internos capazes de minimizar o dano, voltados ao tratamento seguro e adequado de dados, em consonância com o disposto no inciso II do § 2º do art. 48 desta Lei; IX – a adoção de política de boas práticas e governança; X – a pronta adoção de medidas corretivas; e XI – a proporcionalidade entre a gravidade da falta e a intensidade da sanção. Com efeito, antes de ser aplicada qualquer (ou quaisquer) das sanções estipuladas no artigo 52, o agente acusado terá plena oportunidade de defesa, ficando asseguradas todas as garantias e instrumentos para tanto, ainda sendo levado em consideração a gravidade ou não da suposta infração; a "biografia" do agente (isso é, a reputação que ele teve ou não ao longo do tempo); a vantagem ou não que o acusado teve com o ato; a condição do titular desfavorecido; a cooperação do infrator. Enfim, todos os elementos trazidos pelos incisos do parágrafo 1º do artigo 52, antes de ser aplicada alguma (ou mais de uma) das sanções previstas no caput do mesmo disposto.

De todo modo, vale dizer que, conforme o parágrafo 2º da LGPD, a aplicação de uma ou de mais de uma das nove sanções estipuladas pelo artigo em nada interferem na eventual aplicação, também, das repercussões legais determinadas pelo Código de Defesa do Consumidor, de tal sorte que pode o acusado sofrer qualquer (ou quaisquer) das infrações previstas, mais as infrações previstas no CDC em razão de sua conduta.

Sendo assim, a respeito efetivamente das sanções previstas ao agente realizador do tratamento de dados, podem ser elas, segundo os incisos do caput do artigo 52: (I) advertência, com indicação de prazo para adoção de medidas corretivas; (II) multa simples, de até 2% (dois por cento) do faturamento da pessoa jurídica de direito privado, grupo ou conglomerado no Brasil no seu último exercício, excluídos os tributos, limitada, no total, a R$ 50.000.000,00 (cinquenta milhões de reais) por infração; (III) multa diária, observado o limite total a que se refere o inciso II; (IV) publicização da infração após devidamente apurada e confirmada a sua ocorrência; (V) bloqueio dos dados pessoais a que se refere a infração até a sua regularização; (VI) eliminação dos dados pessoais a que se refere a infração. Depois, em razão dos vetos de incisos, a sétima forma de sanção se refere ao inciso X, que consiste na (vi) suspensão parcial do funcionamento do banco de dados a que se refere a infração pelo período máximo de 6 (seis) meses, prorrogável por igual período, até a regularização da atividade de tratamento pelo controlador. Em seguida, pelo inciso XI se tem a possibilidade de (viii) suspensão do exercício da atividade de tratamento dos dados pessoais a que se refere a infração pelo período máximo de 6 (seis) meses, prorrogável por igual período; e, por último, conforme o inciso XII, tem-se a nona forma de sanção que é (ix) proibição parcial ou total do exercício de atividades relacionadas a tratamento de dados. Novamente, vale dizer que a LGPD não veda a possibilidade de aplicação de mais de uma das nove sanções descritas entre os incisos de I a XII do *caput* do artigo 52, mas é necessário pontuar o impacto elementar que a aplicação de determinadas punições pode ter no dia-a-dia do agente punido, com a aplicação, por exemplo, de multa que pode alcançar até 2% por cento do faturamento da pessoa jurídica ou do conglomerado, ainda que limitado ao montante de R$ 50.000.000,00 (cinquenta milhões de reais); ou com a aplicação da publicização da infração, que pode abalar a reputação e a imagem institucional da pessoa jurídica ou do grupo econômico perante a coletividade, sem prejuízo da possibilidade de combinação das sanções previstas, também, no CDC, conforme o parágrafo 2º do artigo 52.

Dando continuidade, já o parágrafo 3º do artigo 52 determina que as sanções de *advertência*; de *publicização da infração*; de *bloqueio de dados pessoais a que se refere a infração até a sua regularização*; de *eliminação de dados pessoais a que se refere a infração*; de *suspensão do prazo suspensão parcial do funcionamento do banco de dados a que se refere a infração pelo período máximo de 6 (seis) meses, prorrogável por igual período, até a regularização da atividade de tratamento pelo controlador*; de *suspensão do exercício da atividade de tratamento dos dados pessoais a que se refere a infração pelo período máximo de 6 (seis) meses, prorrogável por igual período*; e de proibição parcial ou total do exercício de atividades relacionadas a tratamento de dados, podem, sim, ser aplicadas às entidades e aos órgãos públicos, sem prejuízo do disposto na Lei nº 8.112, de 11 de dezembro de 1990 (Estatuto do Servidor Público), na Lei nº 8.429, de 2 de junho de 1992 (Lei de Improbidade Administrativa), e na Lei nº 12.527, de 18 de novembro de 2011 (Lei de Acesso à Informação).

O parágrafo 4º do artigo 42 dispõe que no cálculo do valor da multa de que trata o inciso II do *caput*, que pode alcançar até de até 2% (dois por cento) do faturamento da pessoa jurídica de direito privado, grupo ou conglomerado no Brasil no seu último exercício, excluídos os tributos, limitada, no total, a R$ 50.000.000,00 (cinquenta milhões de reais) por infração, a autoridade nacional poderá considerar o faturamento total da empresa ou grupo de empresas, quando não dispuser do valor do faturamento no ramo de atividade empresarial em que ocorreu a infração, definido pela autoridade nacional, ou quando o valor for apresentado de forma incompleta ou não for demonstrado de forma inequívoca e idônea.

Já o produto da arrecadação das multas aplicadas pela autoridade nacional, estejam elas inscritas ou não em dívida ativa, segundo o parágrafo 5º do artigo 52, será destinado ao Fundo de Defesa de Direitos Difusos de que tratam o art. 13 da Lei nº 7.347, de 24 de julho de 1985 (norma que disciplina a ação civil pública), e a Lei nº 9.008, de 21 de março de 1995.

Detalhando mais as sanções de *suspensão parcial do funcionamento do banco de dados a que se refere a infração pelo período máximo de 6 (seis) meses, prorrogável por igual período, até a regularização da atividade de tratamento pelo controlador*, prevista no inciso X do caput do artigo; de *suspensão do exercício da atividade de tratamento dos dados pessoais a que se refere a infração pelo período máximo de 6 (seis) meses, prorrogável por igual período*, prevista no inciso XI do caput de mesmo artigo; e de *proibição parcial ou total do exercício de atividades relacionadas a tratamento de dados*, prevista no inciso XII do *caput* do artigo 52, determina o parágrafo 6º do mesmo artigo que somente serão elas aplicadas somente após já ter sido imposta ao menos uma das sanções de que tratam os incisos II, III, IV, V e VI do *caput* do mesmo artigo 52 para o mesmo caso concreto; e em caso de controladores submetidos a outros órgãos e entidades com competências sancionatórias, ouvidos esses órgãos. Com isso, tem-se que a aplicação de qualquer das modalidades de sanções como as *suspensões parcial do funcionamento do banco de dados* ou aquela suspensão do *exercício da atividade de tratamento;* ou, ainda, a *proibição parcial ou total do exercício de atividades relacionadas a tratamento de dados*, são a *última ratio* das sanções, somente cabíveis em caso de aplicação das penalizações anteriores, mostrando que, para o legislador, a sanção de, como ilustração, impossibilitar o tratamento de dados ao agente de tratamento é considerado mais gravoso e exemplar do que a aplicação da sanção pecuniária.

Para concluir o artigo, o parágrafo 7º destaca que os vazamentos individuais ou os acessos não autorizados de que trata o *caput* do artigo 46 da LGPD podem ser objeto de conciliação direta entre controlador e titular e, caso não haja acordo, o controlador estará sujeito à aplicação das penalidades de que trata este artigo. Isso é, as partes podem, na hipótese de acessos não autorizados de que trata o artigo 46 da LGPD, valer-se da via judicial como também do aparato extrajudicial que importe na utilização de terceiro, alheio ao conflito, a fim de dinamizar a comunicação entre as partes e para buscar com elas um desfecho com o uso de práticas mais informais e que demandem menos tempo para tanto e, caso essa via não logre êxito, o controlador ficará sujeito às aplicações e penalidades trazidas pelo artigo 52 da LGPD.

53. Das sanções administrativas impostas pela autoridade nacional

Art. 53. A autoridade nacional definirá, por meio de regulamento próprio sobre sanções administrativas a infrações a esta Lei, que deverá ser objeto de consulta pública, as metodologias que orientarão o cálculo do valor-base das sanções de multa.
§ 1º As metodologias a que se refere o caput deste artigo devem ser previamente publicadas, para ciência dos agentes de tratamento, e devem apresentar objetivamente as formas e dosimetrias para o cálculo do valor-base das sanções de multa, que deverão conter fundamentação detalhada de todos os seus elementos, demonstrando a observância dos critérios previstos nesta Lei.
§ 2º O regulamento de sanções e metodologias correspondentes deve estabelecer as circunstâncias e as condições para a adoção de multa simples ou diária.

A autoridade nacional, em observância ao inciso IV do artigo 55-J da LGPD, o qual determina que é de sua competência, fiscalizar e aplicar sanções em caso de tratamento de dados realizado em descumprimento à legislação, mediante processo administrativo que assegure o contraditório, a ampla defesa e o direito de recurso, deverá definir, por intermédio de regulamento próprio sobre as sanções administrativas a infrações à LGPD – alvo, inclusive, esse regulamento, de consulta pública –, os métodos que orientarão o cálculo do valor das sanções de multa.

É necessário que referidos métodos, conforme o parágrafo 1º do artigo, sejam previamente publicados, para ciência dos agentes de tratamento, e que apresentam objetivamente as formas e dosimetrias para o cálculo do valor-base das sanções de multa, que deverão conter fundamentação detalhada de todos os seus elementos, demonstrando a observância dos critérios previstos na LGPD. Assim, percebe-se, também, o casamento dos preceitos da LGPD ao princípio da legalidade manifestado pela locução *nullum crimen nulla poena sine previa lege*, prevista no artigo 1º do Código Penal brasileiro, segundo o qual não há crime sem lei anterior que o defina, nem há pena sem prévia cominação legal.

Ademais, determina o parágrafo 2º do artigo 53 que o regulamento de sanções e metodologias correspondentes deve estabelecer as circunstâncias e as condições para a adoção de multa simples ou diária, em razão da aplicação da forma de punição estipulada no inciso 3 do artigo anterior.

54. Do valor da sanção de multa diárias

Art. 54. O valor da sanção de multa diária aplicável às infrações a esta Lei deve observar a gravidade da falta e a extensão do dano ou prejuízo causado e ser fundamentado pela autoridade nacional.
Parágrafo único. A intimação da sanção de multa diária deverá conter, no mínimo, a descrição da obrigação imposta, o prazo razoável e estipulado pelo órgão para o seu cumprimento e o valor da multa diária a ser aplicada pelo seu descumprimento.

Novamente por conta do conteúdo previsto no inciso 3 do artigo 52, o *quantum* a ser estipulado na multa diária em razão de infração cometida pelo agente realizador do tratamento de dados observará (i) a gravidade de sua conduta danosa; (ii) a própria extensão do dano ou do prejuízo causado e (iii) deverá ser fundamentado pela autoridade nacional. Percebe-se com isso, novamente, que o legislador da LGPD caminhou de mãos dadas com os preceitos centrais do Estado Democrático de Direito e com o próprio novo Código de Processo Civil que afastam decisões solipsitas, típicas do Estado Social de Direito, que se baseavam nas percepções de um julgador supostamente dotada de toda a razão e que não precisaria justificar as suas decisões, finalizando, assim, o Capítulo VIII da LGPD.

CAPÍTULO IX
DA AUTORIDADE NACIONAL DE PROTEÇÃO DE DADOS (ANPD) E DO CONSELHO NACIONAL DE PROTEÇÃO DE DADOS PESSOAIS E DA PRIVACIDADE

Seção I
Da Autoridade Nacional de Proteção de Dados (ANPD)

"Art. 55. É criada a Autoridade Nacional de Proteção de Dados (ANPD), integrante da administração pública federal indireta, submetida a regime autárquico especial e vinculada ao Ministério da Justiça.

§ 1º A ANPD deverá ser regida nos termos previstos na Lei nº 9.986, de 18 de julho de 2000.
§ 2º A ANPD será composta pelo Conselho Diretor, como órgão máximo, e pelo Conselho Nacional de Proteção de Dados Pessoais e da Privacidade, além das unidades especializadas para a aplicação desta Lei.
§ 3º A natureza de autarquia especial conferida à ANPD é caracterizada por independência administrativa, ausência de subordinação hierárquica, mandato fixo e estabilidade de seus dirigentes e autonomia financeira.
§ 4º O regulamento e a estrutura organizacional da ANPD serão aprovados por decreto do Presidente da República.
§ 5º O Conselho Diretor será composto por 3 (três) conselheiros e decidirá por maioria.
§ 6º O mandato dos membros do Conselho Diretor será de 4 (quatro) anos.
§ 7º Os mandatos dos primeiros membros do Conselho Diretor serão de 3 (três), 4 (quatro) e 5 (cinco) anos, a serem estabelecidos no decreto de nomeação.
§ 8º É vedado a ex-conselheiro utilizar informações privilegiadas obtidas em decorrência do cargo exercido, sob pena de incorrer em improbidade administrativa. (VETADO).

55. Da Autoridade Nacional de Proteção de Dados

Art. 55-A. Fica criada, sem aumento de despesa, a Autoridade Nacional de Proteção de Dados (ANPD), órgão da administração pública federal, integrante da Presidência da República.
§ 1º A natureza jurídica da ANPD é transitória e poderá ser transformada pelo Poder Executivo em entidade da administração pública federal indireta, submetida a regime autárquico especial e vinculada à Presidência da República.
§ 2º A avaliação quanto à transformação de que dispõe o § 1º deste artigo deverá ocorrer em até 2 (dois) anos da data da entrada em vigor da estrutura regimental da ANPD.
§ 3º O provimento dos cargos e das funções necessários à criação e à atuação da ANPD está condicionado à expressa autorização física e financeira na lei orçamentária anual e à permissão na lei de diretrizes orçamentárias.

O Capítulo X da LGPD insere, agora em minúcias, a Autoridade Nacional de Proteção de Dados (ANPD)[69] e, mais adiante, o Conselho Nacional

[69] Na data de 26 de agosto de 2020 foi instituído o Decreto nº 10474/2020 que aprovou a Estrutura Regimental e o Quadro Demonstrativo dos Cargos em Comissão e das Funções de

de Proteção de Dados Pessoais e da Privacidade, sendo que a Seção I de referido capítulo é aquela que efetivamente trata da autoridade nacional em si.

Vale mencionar que o assunto envolvendo uma boa política de proteção de dados está justamente na definição do responsável institucional pelo seu fomento, fiscalização e *enforcement*. Equívocos quanto à adequada independência e especialização técnica do responsável pela tarefa e quanto à correta alocação de competências poderiam condenar o desenrolar da política em si". Não à toa, o artigo 55-A também sofreu veto e redações distintas, na medida em que primeiro houve debate acerca da constitucionalidade do artigo em razão da criação de órgão que não fosse feito pela Presidência da República e que a ele não estivesse dito órgão vinculado. Deu-se, assim, o primeiro veto na redação do artigo e para afastar o seu vínculo ao Ministério da Justiça, por meio da Medida Provisória nº 869/2018. Mais adiante, porém, nova alteração no artigo se deu com a inclusão dos parágrafos 1º, 2º e 3º, por intermédio, agora, da Medida Provisória nº 13.853/2019.

Assim, enfim, tem-se que o *caput* do atual artigo 55-A determina que, sem aumento de despesa, fica criada a Autoridade Nacional de Proteção de Dados, sendo, desde logo, um órgão da administração pública federal, integrante da Presidência da República. Conforme se verá a partir da leitura do artigo seguinte, muito se critica em relação à vinculação da autoridade nacional diretamente à Presidência da República, em razão da possível ausência de autonomia e independência funcional, administrativa e financeira.

O parágrafo 1º do artigo 55-A ganhou vida para destacar que a natureza jurídica da autoridade nacional é transitória e que a ANPD pode ser transformada pelo Poder Executivo em entidade da administração pública federal indireta, submetida a regime autárquico especial e vinculada à Presidência da República, tal qual se observa das demais autarquias que, em última análise, tem as funções primordiais de implementarem conjunto de práticas no fomento e na fiscalização das áreas de sua abrangências dotadas de técnica mais apurada.

Confiança da Autoridade Nacional de Proteção de Dados e remanejou e transformou cargos em comissão e funções de confiança.

O parágrafo 2º do artigo 55-A, por seu turno, determina que a avaliação quanto à transformação citada no expediente imediatamente anterior se dê em até dois anos da data da entrada em vigor da estrutura regimental da autoridade nacional.

Por último, o parágrafo 3º do artigo 55-A, também incluído pela Medida Provisória nº 13.853/2019, determina que o provimento dos cargos e das funções necessários à criação e à atuação da autoridade nacional está condicionado à expressa autorização física e financeira na lei orçamentária anual e à permissão na lei de diretrizes orçamentárias.

56. Da autonomia técnica e decisória à ANPD

Art. 55-B. É assegurada autonomia técnica e decisória à ANPD.

O artigo 55-B, no bojo das disposições acerca da LGPD e em virtude da vinculação direta da autoridade nacional à Presidência da República, passível, inclusive – dada sua natureza transitória – de transformação em órgão da administração pública indireta, não silencia os críticos que não enxergam a devida independência de um órgão de tamanha relevância para a instrumentalização da Lei geral de Proteção de Dados no Brasil. Assim, conforme o depoimento de Beto Vasconcelos e de Felipe de Paula, "o disposto no artigo 55-B não é por si só suficiente para assegurar a independência e a autonomia esperadas. Mero enunciado informativo de autonomia técnica não afasta as exigências fáticas que caracterizam uma entidade de fato autônoma"[70]. Assim, os autores entendem que efetiva autonomia e independência que pudesse garantir que a atividade técnica não estivesse sujeita a intempéries político-orçamentárias se verificaria, por exemplo, por meio de, no mínimo da supervisão ministerial por parte de órgão da administração pública direta com competência institucional relacionada à matéria; ou por meio da instituição de carreira própria de servidores públicos ou de concurso público de carreira já existente com seleção específica para a autoridade nacional.

[70] DE PAULA, Felipe; VASCONCELOS, Beto. A autoridade nacional de proteção de dados: origem, avanços e pontos críticos. In: TEPEDINO, Gustavo; FRAZÃO, Ana; OLIVA, Milena Donato (coords). Lei Geral de Proteção de Dados e as suas repercussões no Direito Brasileiro, São Paulo: Revista dos Tribunais, p. 732.

57. Da composição da ANPD

Art. 55-C. A ANPD é composta de:
I – Conselho Diretor, órgão máximo de direção;
II – Conselho Nacional de Proteção de Dados Pessoais e da Privacidade;
III – Corregedoria;
IV – Ouvidoria;
V – órgão de assessoramento jurídico próprio; e
VI – unidades administrativas e unidades especializadas necessárias à aplicação do disposto nesta Lei.

O artigo 55-C traz a composição da autoridade nacional, ficando destacado que cada dos seis incisos do artigo apresenta órgão ou unidade internos à ANPD. O inciso I inicia o detalhamento da composição da autoridade nacional introduzindo o Conselho Direito, desde já funcionando como o órgão máximo de direção. O Conselho Diretor será responsável pela direção da autoridade nacional e cujos integrantes são escolhidos pela Presidência da República. Além desse, há outro órgão de conselho, mais especificamente o de Proteção de Dados Pessoais e da Privacidade, conforme o inciso II do artigo 55-C, que será responsável por, entre outras atribuições, realizar estudos, análises e sugestões ao Conselho Diretor, constituído de autoridades e membros da sociedade civil. A seguir, conforme o inciso III se tem a Corregedoria da autoridade nacional, órgão voltado prioritariamente à apuração e à responsabilização de agentes, em face de seus erros de conduta, devidamente previstos na legislação; a Ouvidoria (inciso IV); a divisão de assessoramento jurídica própria da ANPD (inciso V); e, por último, as unidades administrativas e as unidades especializadas necessárias para a aplicação da lei.

58. Da Diretoria da ANPD

Art. 55-D. O Conselho Diretor da ANPD será composto de 5 (cinco) diretores, incluído o Diretor-Presidente.
§ 1º Os membros do Conselho Diretor da ANPD serão escolhidos pelo Presidente da República e por ele nomeados, após aprovação pelo Senado Federal, nos termos da alínea 'f' do inciso III do art. 52 da Constituição Federal, e ocuparão cargo em comissão do Grupo-Direção e Assessoramento Superiores – DAS, no mínimo, de nível 5.

§ 2º Os membros do Conselho Diretor serão escolhidos dentre brasileiros que tenham reputação ilibada, nível superior de educação e elevado conceito no campo de especialidade dos cargos para os quais serão nomeados.
§ 3º O mandato dos membros do Conselho Diretor será de 4 (quatro) anos.
§ 4º Os mandatos dos primeiros membros do Conselho Diretor nomeados serão de 2 (dois), de 3 (três), de 4 (quatro), de 5 (cinco) e de 6 (seis) anos, conforme estabelecido no ato de nomeação.
§ 5º Na hipótese de vacância do cargo no curso do mandato de membro do Conselho Diretor, o prazo remanescente será completado pelo sucessor.

Tratando mais especificamente do órgão supremo da autoridade nacional, determina o *caput* do artigo 55-D que o seu Conselho Diretor será composto de cinco diretores, incluído o Diretor-Presidente.

O parágrafo 1º do artigo afirma que os membros do Conselho Diretor da autoridade nacional serão eleitos diretamente pelo Presidente da República e serão igualmente por ele nomeados, após aprovação pelo Senado Federal, nos termos da alínea 'f' do inciso III do art. 52 da Constituição Federal (determina que compete privativamente ao Senado Federal aprovar previamente, por voto secreto, após arguição pública, a escolha de titulares de outros cargos que a lei determinar) e ocuparão cargo em comissão do Grupo-Direção e Assessoramento Superiores – DAS, no mínimo, de nível 5.

O parágrafo 2º do artigo 55-D traz os requisitos do ponto de vista do comportamento e da reputação dos possíveis indicados, além dos aparatos técnicos que devem ter em razão do cargo, para assim determinar que os membros do Conselho Diretor serão escolhidos dentre brasileiros que tenham reputação ilibada, nível superior de educação e elevado conceito no campo de especialidade dos cargos para os quais serão nomeados, sendo certo que terão mandato de quatro anos, conforme o parágrafo do mesmo artigo.

Já o parágrafo 4º determina que os mandatos dos primeiros membros nomeados do Conselho Diretor sofrem variação, conforme estabelecido no ato da promoção, de tal maneira que variarão eles entre dois, três, quatro, cinco e seis anos.

Por derradeiro, o parágrafo 5º dispõe que na hipótese de vacância do cargo no curso do mandato de membro do Conselho Diretor, o prazo remanescente será completado pelo sucessor.

59. Dos Membros do Conselho Diretor da ANPD

Art. 55-E. Os membros do Conselho Diretor somente perderão seus cargos em virtude de renúncia, condenação judicial transitada em julgado ou pena de demissão decorrente de processo administrativo disciplinar.
§ 1º Nos termos do caput deste artigo, cabe ao Ministro de Estado Chefe da Casa Civil da Presidência da República instaurar o processo administrativo disciplinar, que será conduzido por comissão especial constituída por servidores públicos federais estáveis.
§ 2º Compete ao Presidente da República determinar o afastamento preventivo, somente quando assim recomendado pela comissão especial de que trata o § 1º deste artigo, e proferir o julgamento.

O artigo 55-E, em seu *caput*, contempla as regras para a perda de cargos por parte dos membros do Conselho Diretor. Vale dizer que a redação tem rol taxativo que determina que referidos membros só perdem os seus cargos se (i) renunciarem a eles; se (ii) tiverem condenação judicial transitada em julgado ou se (iii) tiverem pena de demissão decorrente de processo administrativo disciplinar.

O parágrafo 1º do artigo 55-E determina que é de incumbência do Ministro de Estado Chefe da Casa Civil da Presidência da República instaurar o processo administrativo disciplinar, que será conduzido por comissão especial constituída por servidores públicos federais estáveis, a fim de apurar o comportamento lesivo do membro do Conselho Diretor e, finalmente, se for o caso, determinar a sua demissão.

Mais adiante, na hipótese de a comissão especial instaurada para apurar o desvio de conduta do membro do Conselho Diretor entender por seu afastamento preventivo, competirá ao Presidente da República fazê-lo, nos termos do parágrafo 3º do artigo 55-E.

60. Do exercício do cargo perante a ANPD

Art. 55-F. Aplica-se aos membros do Conselho Diretor, após o exercício do cargo, o disposto no art. 6º da Lei nº 12.813, de 16 de maio de 2013
Parágrafo único. A infração ao disposto no caput deste artigo caracteriza ato de improbidade administrativa.

O *caput* do artigo 55-F informa que se aplicam aos membros do Conselho Diretor, ato contínuo ao exercício do cargo, o disposto no artigo 6º da Lei nº 12.813/2013. A rigor, referido artigo 6º da norma narrada trata da configuração de conflito de interesses envolvendo ocupantes de cargo ou emprego no âmbito do Poder Executivo federal. Assim, o conflito de interesses se dá após o exercício de cargo ou emprego no âmbito do Poder Executivo federal: I – a qualquer tempo, divulgar ou fazer uso de informação privilegiada obtida em razão das atividades exercidas; e II – no período de 6 meses, contado da data da dispensa, exoneração, destituição, demissão ou aposentadoria, salvo quando expressamente autorizado, conforme o caso, pela Comissão de Ética Pública ou pela Controladoria-Geral da União: a) prestar, direta ou indiretamente, qualquer tipo de serviço a pessoa física ou jurídica com quem tenha estabelecido relacionamento relevante em razão do exercício do cargo ou emprego; b) aceitar cargo de administrador ou conselheiro ou estabelecer vínculo profissional com pessoa física ou jurídica que desempenhe atividade relacionada à área de competência do cargo ou emprego ocupado; c) celebrar com órgãos ou entidades do Poder Executivo federal contratos de serviço, consultoria, assessoramento ou atividades similares, vinculados, ainda que indiretamente, ao órgão ou entidade em que tenha ocupado o cargo ou emprego; ou d) intervir, direta ou indiretamente, em favor de interesse privado perante órgão ou entidade em que haja ocupado cargo ou emprego ou com o qual tenha estabelecido relacionamento relevante em razão do exercício do cargo ou emprego.

O parágrafo único do artigo 55-F da LGPD determina que o membro do Conselho Diretor que agir com conflito de interesses terá caracterizado contra si ato de improbidade administrativa.

61. Da estrutura regimental da ANPD

Art. 55-G. Ato do Presidente da República disporá sobre a estrutura regimental da ANPD.
§ 1º Até a data de entrada em vigor de sua estrutura regimental, a ANPD receberá o apoio técnico e administrativo da Casa Civil da Presidência da República para o exercício de suas atividades.
§ 2º O Conselho Diretor disporá sobre o regimento interno da ANPD.

Mais uma vez apresentando a vinculação da autoridade nacional à Presidência da República, determina o *caput* do artigo 55-J que será por meio de ato do Presidente da República em que ficará disposta a estrutura regimental da ANDP.

O parágrafo 1º determina que enquanto não se der a entrada em vigor da estrutura regimental da ANPD, essa mesma Autoridade Nacional de Proteção de Dados receberá o apoio técnico e administrativo da Casa Civil da Presidência da República para o exercício de suas atividades.

O artigo 55-G é concluído com o seu parágrafo 2º que afirma que o Conselho Diretor deverá dispor sobre o regimento interno da ANPD.

62. Dos cargos comissionados e as funções de confiança na ANPD

Art. 55-H. Os cargos em comissão e as funções de confiança da ANPD serão remanejados de outros órgãos e entidades do Poder Executivo federal.

Determina o artigo 55-H da LGPD que os cargos em comissão e as funções de confiança da ANPD serão remanejados de outros órgãos e entidades do Poder Executivo federal. Como bem se sabe, os cargos de comissão são aqueles ocupados de forma transitória por agentes públicos nomeados e exonerados livremente pela autoridade competente. Assim como na exposição crítica elaborada nos comentários do artigo 55-B, a escolha de agente nessa categoria não envolve concursos públicos para exigir aprovação prévia, conforme previsto no art. 37, inciso II da Constituição Federal, de tal sorte que a seleção dos ocupantes pode recair sobre servidores ou pessoas que não perfazem o quadro funcional, conforme, agora, o inciso V do mesmo artigo 37 da Carta Magna. Já a função de confiança é destacada a um servidor efetivo, integrante do quadro da administração, não modificando, assim, a estrutura organizacional da mesma administração pública. E vale dizer que, nesse particular, em que pese o fato de aquele que exerce a função de confiança ter atingido tal *status* por intermédio, anteriormente de concurso público – já que somente pode exercê-la o servidor de cargo efetivo –, a função pública em si não exige o concurso público. O que se tem, ao fim, é que a destinação de atividades e funções de substancial relevância dentro da autoridade nacional sendo determinada, sem, necessariamente, o devido escrutínio na medida em que a sua ocupação se dará através de mero remanejamento de outros servidores da administração, deslocados de suas funções originais.

63. Das indicações à cargos na ANPD

Art. 55-I. Os ocupantes dos cargos em comissão e das funções de confiança da ANPD serão indicados pelo Conselho Diretor e nomeados ou designados pelo Diretor-Presidente.

Em atenção e dando continuidade aos dizeres do artigo anterior, o disposto no artigo 55-I determina que referidos ocupantes dos cargos em comissão e das funções de confiança da autoridade nacional serão indicados pelo Conselho Diretor e nomeados ou designados pelo Diretor-Presidente, sem indicações por parte do legislador dos critérios que devem ser seguidos para tanto.

64. Da competência da ANPD

Art. 55-J. Compete à ANPD:
I – zelar pela proteção dos dados pessoais, nos termos da legislação;
II – zelar pela observância dos segredos comercial e industrial, observada a proteção de dados pessoais e do sigilo das informações quando protegido por lei ou quando a quebra do sigilo violar os fundamentos do art. 2º desta Lei;
III – elaborar diretrizes para a Política Nacional de Proteção de Dados Pessoais e da Privacidade;
IV – fiscalizar e aplicar sanções em caso de tratamento de dados realizado em descumprimento à legislação, mediante processo administrativo que assegure o contraditório, a ampla defesa e o direito de recurso;
V – apreciar petições de titular contra controlador após comprovada pelo titular a apresentação de reclamação ao controlador não solucionada no prazo estabelecido em regulamentação;
VI – promover na população o conhecimento das normas e das políticas públicas sobre proteção de dados pessoais e das medidas de segurança;
VII – promover e elaborar estudos sobre as práticas nacionais e internacionais de proteção de dados pessoais e privacidade;

VIII – estimular a adoção de padrões para serviços e produtos que facilitem o exercício de controle dos titulares sobre seus dados pessoais, os quais deverão levar em consideração as especificidades das atividades e o porte dos responsáveis;
IX – promover ações de cooperação com autoridades de proteção de dados pessoais de outros países, de natureza internacional ou transnacional;
X – dispor sobre as formas de publicidade das operações de tratamento de dados pessoais, respeitados os segredos comercial e industrial;
XI – solicitar, a qualquer momento, às entidades do poder público que realizem operações de tratamento de dados pessoais informe específico sobre o âmbito, a natureza dos dados e os demais detalhes do tratamento realizado, com a possibilidade de emitir parecer técnico complementar para garantir o cumprimento desta Lei;
XII – elaborar relatórios de gestão anuais acerca de suas atividades;
XIII – editar regulamentos e procedimentos sobre proteção de dados pessoais e privacidade, bem como sobre relatórios de impacto à proteção de dados pessoais para os casos em que o tratamento representar alto risco à garantia dos princípios gerais de proteção de dados pessoais previstos nesta Lei;
XIV – ouvir os agentes de tratamento e a sociedade em matérias de interesse relevante e prestar contas sobre suas atividades e planejamento;
XV – arrecadar e aplicar suas receitas e publicar, no relatório de gestão a que se refere o inciso XII do caput deste artigo, o detalhamento de suas receitas e despesas;
XVI – realizar auditorias, ou determinar sua realização, no âmbito da atividade de fiscalização de que trata o inciso IV e com a devida observância do disposto no inciso II do caput deste artigo, sobre o tratamento de dados pessoais efetuado pelos agentes de tratamento, incluído o poder público;
XVII – celebrar, a qualquer momento, compromisso com agentes de tratamento para eliminar irregularidade, incerteza jurídica ou situação contenciosa no âmbito de processos administrativos, de acordo com o previsto no Decreto-Lei nº 4.657, de 4 de setembro de 1942;
XVIII – editar normas, orientações e procedimentos simplificados e diferenciados, inclusive quanto aos prazos, para que microempresas e empresas de pequeno porte, bem como iniciativas empresariais de caráter incremental ou disruptivo que se autodeclarem startups ou empresas de inovação, possam adequar-se a esta Lei;
XIX – garantir que o tratamento de dados de idosos seja efetuado de maneira simples, clara, acessível e adequada ao seu entendimento, nos termos desta Lei e da Lei nº 10.741, de 1º de outubro de 2003 (Estatuto do Idoso);
XX – deliberar, na esfera administrativa, em caráter terminativo, sobre a interpretação desta Lei, as suas competências e os casos omissos;
XXI – comunicar às autoridades competentes as infrações penais das quais tiver conhecimento;

XXII – comunicar aos órgãos de controle interno o descumprimento do disposto nesta Lei por órgãos e entidades da administração pública federal;
XXIII – articular-se com as autoridades reguladoras públicas para exercer suas competências em setores específicos de atividades econômicas e governamentais sujeitas à regulação; e
XXIV – implementar mecanismos simplificados, inclusive por meio eletrônico, para o registro de reclamações sobre o tratamento de dados pessoais em desconformidade com esta Lei.
§ 1º Ao impor condicionantes administrativas ao tratamento de dados pessoais por agente de tratamento privado, sejam eles limites, encargos ou sujeições, a ANPD deve observar a exigência de mínima intervenção, assegurados os fundamentos, os princípios e os direitos dos titulares previstos no art. 170 da Constituição Federal e nesta Lei.
§ 2º Os regulamentos e as normas editados pela ANPD devem ser precedidos de consulta e audiência públicas, bem como de análises de impacto regulatório.
§ 3º A ANPD e os órgãos e entidades públicos responsáveis pela regulação de setores específicos da atividade econômica e governamental devem coordenar suas atividades, nas correspondentes esferas de atuação, com vistas a assegurar o cumprimento de suas atribuições com a maior eficiência e promover o adequado funcionamento dos setores regulados, conforme legislação específica, e o tratamento de dados pessoais, na forma desta Lei.
§ 4º A ANPD manterá fórum permanente de comunicação, inclusive por meio de cooperação técnica, com órgãos e entidades da administração pública responsáveis pela regulação de setores específicos da atividade econômica e governamental, a fim de facilitar as competências regulatória, fiscalizatória e punitiva da ANPD.
§ 5º No exercício das competências de que trata o caput deste artigo, a autoridade competente deverá zelar pela preservação do segredo empresarial e do sigilo das informações, nos termos da lei.
§ 6º As reclamações colhidas conforme o disposto no inciso V do caput deste artigo poderão ser analisadas de forma agregada, e as eventuais providências delas decorrentes poderão ser adotadas de forma padronizada.

O *caput* do artigo 55-J da Lei Geral de Proteção de Dados é, certamente, um dos mais importantes dessa legislação. Trata-se do disposto que elencará as competências e as utilidades da autoridade nacional. Conforme se destacou nos artigos anteriores dessa Seção I do presente capítulo, a rigor, não se enxerga a eficácia da norma protetiva do tratamento dos dados se não houver um órgão independente, autônomo, capaz de definir diretrizes e de exercer a fiscalização eficiente, com poderes de, quando for o caso, impor sanções a aqueles que eventualmente violem as regras trazidas pela norma.

O inciso I do artigo 55-J traz, provavelmente, a função precípua da autoridade nacional que vem a ser a de zelar pela proteção dos dados pessoais. Se a Lei Geral de Proteção de Dados trata, naturalmente, da proteção de dados, a atividade primordial da ANPD é a de se valer dos meios necessários e legais para que de fato os dados pessoais de seus titulares sejam protegidos[71].

O inciso II do artigo 55-J de pronto destaca que, em pese – conforme o inciso anterior – a ANPD tenha a preocupação com a proteção dos dados pessoais de seus titulares, a autoridade nacional não deixará de preservar, no entanto, os segredos comercial e industrial do agente realizador do tratamento. Vale dizer, porém, que o ideário central do legislador é a proteção de dados do titular, de tal maneira que ele preferiu destacar na redação do artigo que à autoridade nacional compete zelar pela observância aos segredos comercial e industrial do agente realizador do tratamento de dados, mas, sem atacar a proteção de dados pessoais e do sigilo das informações quando protegido por lei ou quando a quebra do sigilo violar os fundamentos do artigo 2º da própria LGPD.

O inciso III apresenta que é de competência da autoridade nacional a elaboração de um direcionamento para a Política Nacional de Proteção de Dados Pessoais e da Privacidade que, a rigor, deve fomentar uma estrutura que congregue tanto a sociedade civil quanto o poder público e a iniciativa a fim de pavimentar um caminho para a utilização consciente dos dados pessoais.

O inciso IV repete expedientes já destacados anteriormente e atribuições igualmente destinadas à autoridade nacional, sendo de sua competência a fiscalização e a aplicação de sanções em caso de tratamento de dados realizado em descumprimento à legislação, mediante processo administrativo que assegure o contraditório, a ampla defesa e o direito de recurso, conforme trazido no *caput* do artigo 52 da LGPD.

[71] No Tribunal de Justiça do Estado de São Paulo, em razão da Política de Proteção de Dados Pessoais implantada por esse Tribunal, o Comitê Gestor de Privacidade e Proteção de Dados Pessoais ("CGPPDP") – criado pela Portaria nº 9.884/2020 –, deverá definir, *ad referendum* da direção do Tribunal de Justiça de São Paulo, os procedimentos e mecanismos de fiscalização do cumprimento desta Política.

O inciso V determina que a autoridade nacional deverá receber e apreciar as solicitações do titular cujos seus dados foram tratados em face do controlador, após comprovada pelo titular a apresentação de reclamação ao controlador não solucionada no prazo estabelecido em regulamentação.

O inciso VI traz significativa atribuição à autoridade nacional uma vez que determina ser de sua competência promover na população o conhecimento das normas e das políticas públicas sobre proteção de dados pessoais e das medidas de segurança. Ou seja, o legislador faz com que os valores centrais que a LGPD consagra, especialmente aqueles que tratam da efetiva proteção dos dados pessoais de seu titular, não sejam apenas elementos etéreos. Procura-se forçar o principal órgão de fiscalização e de proteção desses preceitos a adotar medidas efetivas para que a sociedade tenha ciência de seus direitos e as formas de assegurá-lo.

O inciso VII destina à autoridade nacional o papel de se manter atualizada e ciente das práticas tanto nacionais quanto internacionais de proteção de dados e de privacidade.

Conforme o inciso VIII, é de competência da autoridade nacional estimular a adoção de padrões para serviços e produtos que facilitem o exercício de controle dos titulares sobre seus dados pessoais, os quais deverão levar em consideração as especificidades das atividades e o porte dos responsáveis.

Já pelo inciso IX do artigo 55-J se tem a competência da autoridade nacional para a promoção de ações de cooperação com autoridades de proteção de dados pessoais de outros países, de natureza internacional ou transnacional. O que se depura a partir do disposto é a intenção por parte do legislador de, novamente, manter a autoridade nacional atualizada em relação a novos padrões de atuação e de criar um canal saudável de comunicação com autoridades internacionais que têm atribuições similares.

Relevante incumbência resguardada à autoridade nacional está depositada no inciso X do artigo 55-J. Assim, é de competência da ANPD dispor sobre as formas de publicidade das operações de tratamento de dados pessoais, respeitados os segredos comercial e industrial. Uma vez que as pessoas de um modo geral recebem, a todo instante, incontáveis estímulos para a aquisição de produtos e de serviços, é fundamental que a publicidade também absorva um papel mais educativo e que contemple as formas de publicidade quando das operações de tratamento de dados, sempre, novamente, ficando respeitados os eventuais segredos comerciais e industriais do agente tratador.

Adotando uma postura de maior fiscalização, o inciso XI do artigo 55-J determina que é de competência da ANPD solicitar, a qualquer tempo, às entidades do poder público que eventualmente realizem as operações de tratamento de dados pessoais informe específico sobre (i) o âmbito, (ii) a natureza dos dados e (iii) os demais detalhes do tratamento realizado, com a possibilidade de emitir parecer técnico complementar para garantir o cumprimento da LGPD.

Até em razão da elementar e necessária existência do órgão corregedor na composição da autoridade nacional, é de competência da ANPD elaborar relatórios de gestão anuais acerca de suas atividades a fim de se apurar a regularidade e a eficiência de suas atividades, assim como estipulado no inciso XII do artigo 55-J.

A LGPD faz menção, por diversas vezes, a regulamentos que serão instituídos e nortearão os afazeres de variados públicos como, por exemplo, os agentes tratadores de dados pessoais. Assim, conforme o inciso XIII do artigo 55-J, é de incumbência da autoridade nacional editar parcela de tais regulamentos e procedimentos sobre proteção de dados pessoais e privacidade, bem como sobre relatórios de impacto à proteção de dados pessoais para os casos em que o tratamento representar alto risco à garantia dos princípios gerais de proteção de dados pessoais previstos na LGPD.

Diz o inciso XIV do artigo 55-J que compete à autoridade nacional ouvir os agentes de tratamento e a sociedade em matérias de interesse relevante e prestar contas sobre suas atividades e planejamento. Logo, percebe-se a função outorgada à ANPD de também executar o elo tanto com a sociedade civil quanto com os agentes realizadores da operação de tratamento de dados na matéria de interesse de cada desses públicos. Por último, ainda que o legislador pudesse ter separado disposto específico para a competência, é função da autoridade nacional também prestar contas sobre as suas próprias atividades e o seu planejamento, materializando, assim, princípios elementares investidos na administração pública, em seus órgãos ou servidores.

Em razão do princípio da publicidade investido nos atos da administração pública, determina o inciso XV do artigo 55-J que a autoridade nacional deverá arrecadar e aplicar suas receitas (tal qual se depreende do artigo 55-L da LGPD) e publicar, no relatório de gestão a que se refere o inciso XII do caput deste artigo, o detalhamento de suas receitas e despesas.

Também de incumbência da ANPD, diz o inciso XVI que ela deverá proceder com a realização de auditorias, ou determinar sua realização, no âmbito da atividade de fiscalização de que trata o inciso IV e com a devida observância do disposto no inciso II do caput deste artigo, sobre o tratamento de dados pessoais efetuado pelos agentes de tratamento, incluído o poder público.

Determina o inciso XVII que a ANPD deverá celebrar, a qualquer momento, compromisso com agentes de tratamento a fim de que se elimine irregularidades, incertezas jurídicas ou situações contenciosas no âmbito de processos administrativos, de acordo com o previsto no Decreto-Lei nº 4.657, de 4 de setembro de 1942, notoriamente conhecido como Lei de Introdução às normas do Direito Brasileiro (LINDB), antiga Lei de Introdução ao Código Civil (LICC).

Implementando preocupação com eventuais agentes de tratamento que apresentem roupagem mais vulnerável e singular, dispõe o inciso XVIII do artigo 55-J que compete à autoridade nacional editar normas, orientações e procedimentos simplificados e diferenciados, inclusive quanto aos prazos, para que microempresas e empresas de pequeno porte, bem como iniciativas empresariais de caráter incremental ou disruptivo que se autodeclarem *startups* ou empresas de inovação, possam se adequar a própria LGPD. A ideia, por óbvio, é a de fazer com que agentes que se prestem a realizar o tratamento de dados mas que não possuem experiência e condições comparáveis ao empresariado mais aparelhado, técnica e economicamente, possa, mesmo assim, adequar-se à norma e executar o tratamento dentro de parâmetros aceitáveis.

Tendo em vista a vulnerabilidade que eventualmente pode ser atribuída a parcela considerável do público idoso no que se refere a todo o aparato tecnológico envolvido, direta ou indiretamente, no procedimento de tratamento de dados, o inciso XIX do artigo 55-J determina que a ANPD deve garantir que o tratamento de dados de idosos seja efetuado de maneira simples, clara, acessível e adequada ao seu entendimento, nos termos da LGPD e também nos termos do Estatuto do Idoso.

Traz o inciso XX que deve a autoridade nacional deliberar, na esfera administrativa, em caráter terminativo, sobre a interpretação desta Lei, as suas competências e os casos omissos.

Determina o inciso XXI que a autoridade nacional deve comunicar às autoridades competentes as infrações penais das quais tiver conhecimento, eventualmente cometidas tanto por titulares, em situações que tenham ou que em nada tenham a ver com o tratamento em si, quanto também aquelas cometidas por agentes de tratamento de dados.

Ainda em razão de sua posição de fiscalização e de controle, incumbe à autoridade nacional, conforme o inciso XXII do artigo 55-J, comunicar aos órgãos de controle interno o descumprimento do disposto na LGPD por órgãos e entidades da administração pública federal.

Deve a ANPD, conforme o inciso XXIII, se articular com as autoridades reguladoras públicas para exercer suas competências em setores específicos de atividades econômicas e governamentais sujeitas à regulação.

Por último, compete à ANPD, assim como preleciona o inciso XXIV do artigo 55-J, implementar mecanismos simplificados, inclusive por meio eletrônico, para o registro de reclamações sobre o tratamento de dados pessoais em desconformidade com a LGPD.

O artigo 170 da Constituição Federal está no bojo do Capítulo dos Princípios Gerais da Ordem Econômica e tal capítulo, por sua vez, é parte do Título VII da Constituição Federal, que trata da Ordem Econômica e Financeira. Pois bem, diz o caput do referido artigo 170 da Carta magna brasileira que *"a ordem econômica, fundada na valorização do trabalho humano e na livre iniciativa, tem por fim assegurar a todos existência digna, conforme os ditames da justiça social, observados os seguintes princípios"*. E os princípios, depois, elencados cada qual pelos incisos do artigo são: I – soberania nacional; II – propriedade privada; III – função social da propriedade; IV – livre concorrência; V – defesa do consumidor; VI – defesa do meio ambiente, inclusive mediante tratamento diferenciado conforme o impacto ambiental dos produtos e serviços e de seus processos de elaboração e prestação; VII – redução das desigualdades regionais e sociais; VIII – busca do pleno emprego; IX – tratamento favorecido para as empresas de pequeno porte constituídas sob as leis brasileiras e que tenham sua sede e administração no País.

Bem, sendo assim, o parágrafo 1º do artigo 55-J do LGPD determina que a ANPD, ao impor condicionantes administrativas ao tratamento de dados pessoais por agente de tratamento privado, sejam eles limites, encargos ou sujeições, observar a exigência de mínima intervenção, assegurados justamente os fundamentos, os princípios e os direitos dos titulares previstos em referido artigo, de modo a não ofender prerrogativas constitucionalmente asseguradas.

Antes de efetuar a redação de regulamentos e de normas, a autoridade nacional deve realizar consulta e audiência públicas, bem como deve proceder com a realização de análises de impacto regulatório. As medidas são importantes para que fiquem mensuradas repercussões nos setores atingidos, principalmente nos agentes que realizem o tratamento de dados no setor em questão, sem, contudo, que isso de algum modo altere a autonomia da autoridade nacional ou que modifique eventuais apontamentos e regramentos que ela pudesse julgar pertinentes.

Determina o parágrafo 3º do artigo 55-J a conjugação de interesses entre a autoridade nacional e os órgãos e entidades públicos responsáveis pela regulação de setores específicos da atividade econômica e governamental, de modo a assegurar o cumprimento de suas atribuições com a maior eficiência e promover o adequado funcionamento dos setores regulados, conforme legislação específica, e o tratamento de dados pessoais, na forma da LGPD.

O parágrafo 4º do artigo 55-J articula canal de comunicação, inclusive por intermédio de cooperação técnica, entre a autoridade nacional e órgãos da administração pública responsáveis pela regulação de setores específicos da atividade econômica e governamental, para que se facilite as atribuições regulatória, fiscalizatória e punitiva da ANPD.

Repetindo a preocupação contida no inciso II do mesmo artigo 55-J, traz o parágrafo 5º do artigo 55 que, no exercício das competências de que trata o caput deste artigo, a autoridade competente deverá zelar pela preservação do segredo empresarial e do sigilo das informações, nos termos da lei.

Por último, para concluir o artigo 55-J, o seu parágrafo 6 determina que reclamações colhidas conforme o disposto no inciso V do caput deste artigo – isso é, aquelas que tratam das apreciações por parte da ANPD de petições de titular contra controlador após comprovada pelo titular a apresentação de reclamação ao controlador não solucionada no prazo estabelecido em regulamentação –, poderão ser analisadas de forma agregada, e as eventuais providências delas decorrentes poderão ser adotadas de forma padronizada.

65. Da aplicação das sanções previstas nesta Lei compete à ANPD

Art. 55-K. A aplicação das sanções previstas nesta Lei compete exclusivamente à ANPD, e suas competências prevalecerão, no que se refere à proteção de dados pessoais, sobre as competências correlatas de outras entidades ou órgãos da administração pública.
Parágrafo único. A ANPD articulará sua atuação com outros órgãos e entidades com competências sancionatórias e normativas afetas ao tema de proteção de dados pessoais e será o órgão central de interpretação desta Lei e do estabelecimento de normas e diretrizes para a sua implementação.

O *caput* artigo 55-K oferta respaldo e competência exclusiva à autoridade nacional para, no âmbito da proteção de dados pessoais, aplicar sanções previstas na LGPD, colocando-se acima da competência de qualquer outra entidade ou órgão da administração pública, direta ou indireta. Trata-se de tentativa por parte do legislador de emprestar à ANPD – órgão, em tese, técnico e hábil na matéria em que milita –, independência, autonomia e legitimidade para aplicar as punições transcritas na LGPD aos agentes que violem referida norma.

O parágrafo único do mesmo artigo segue a mesma lógica para definir que a autoridade nacional deverá articular a sua atuação com outros órgãos e entidades com competências sancionatórias e normativas afetas ao tema de proteção de dados pessoais e será o órgão central de interpretação desta Lei e do estabelecimento de normas e diretrizes para a sua implementação. Novamente, com isso, o legislador preferiu outorgar à ANPD o grau de autoridade máxima no assunto para, em caso de necessidade de interpretação de regras sancionatórias advindas de entidades ou órgãos diferentes, prevalecer a sua (ANPD) interpretação.

66. Das receitas da ANPD

Art. 55-L. Constituem receitas da ANPD:
I – as dotações, consignadas no orçamento geral da União, os créditos especiais, os créditos adicionais, as transferências e os repasses que lhe forem conferidos;
II – as doações, os legados, as subvenções e outros recursos que lhe forem destinados;
III – os valores apurados na venda ou aluguel de bens móveis e imóveis de sua propriedade;

IV – os valores apurados em aplicações no mercado financeiro das receitas previstas neste artigo;
V – (VETADO);
VI – os recursos provenientes de acordos, convênios ou contratos celebrados com entidades, organismos ou empresas, públicos ou privados, nacionais ou internacionais;
VII – o produto da venda de publicações, material técnico, dados e informações, inclusive para fins de licitação pública.

O artigo 55-L passa a tratar das formas de receitas da autoridade nacional. Assim, o inciso I informa que são receitas as dotações[72], consignadas no orçamento geral da União, os créditos especiais, os créditos adicionais, as transferências e os repasses que lhe forem conferidos. Depois, traz o inciso II que constituem receitas da ANPD as doações, os legados, as subvenções e outros recursos que lhe forem destinados. Em seguida, apresenta o inciso III que também constituem receitas da autoridade nacional os valores apurados na venda ou aluguel de bens móveis e imóveis de sua propriedade. O inciso IV também informa que são receitas os valores apurados em aplicações no mercado financeiro das receitas previstas neste artigo; seguido do inciso VI, com os recursos provenientes de acordos, convênios ou contratos celebrados com entidades, organismos ou empresas, públicos ou privados, nacionais ou internacionais e; por último, o inciso VII diz que também são receitas da autoridade nacional o produto da venda de publicações, material técnico, dados e informações, inclusive para fins de licitação pública, destacando-se que o inciso V fora vetado.

67. Dos vetos em relação à ANPD

"Art. 56. A ANPD terá as seguintes atribuições:
I – zelar pela proteção dos dados pessoais, nos termos da legislação;
II – zelar pela observância dos segredos comercial e industrial em ponderação com a proteção de dados pessoais e do sigilo das informações quando protegido por lei ou quando a quebra do sigilo violar os fundamentos do art. 2º desta Lei;

[72] Dotações são créditos orçamentários, aprovados pelo Poder Legislativo, por intermédio da Lei Orçamentária Anual, ao Poder Executivo, que autoriza este a realizar as despesas públicas.

III – elaborar diretrizes para Política Nacional de Proteção de Dados Pessoais e da Privacidade;
IV – fiscalizar e aplicar sanções em caso de tratamento de dados realizado em descumprimento à legislação, mediante processo administrativo que assegure o contraditório, a ampla defesa e o direito de recurso;
V – atender petições de titular contra controlador;
VI – promover na população o conhecimento das normas e das políticas públicas sobre proteção de dados pessoais e das medidas de segurança;
VII – promover estudos sobre as práticas nacionais e internacionais de proteção de dados pessoais e privacidade;
VIII – estimular a adoção de padrões para serviços e produtos que facilitem o exercício de controle dos titulares sobre seus dados pessoais, que deverão levar em consideração as especificidades das atividades e o porte dos responsáveis;
IX – promover ações de cooperação com autoridades de proteção de dados pessoais de outros países, de natureza internacional ou transnacional;
X – dispor sobre as formas de publicidade das operações de tratamento de dados pessoais, observado o respeito aos segredos comercial e industrial;
XI – solicitar, a qualquer momento, às entidades do Poder Público que realizem operações de tratamento de dados pessoais, informe específico sobre o âmbito e a natureza dos dados e os demais detalhes do tratamento realizado, podendo emitir parecer técnico complementar para garantir o cumprimento desta Lei;
XII – elaborar relatórios de gestão anuais acerca de suas atividades;
XIII – editar regulamentos e procedimentos sobre proteção de dados pessoais e privacidade, assim como sobre relatórios de impacto à proteção de dados pessoais para os casos em que o tratamento representar alto risco para a garantia dos princípios gerais de proteção de dados pessoais previstos nesta Lei;
XIV – ouvir os agentes de tratamento e a sociedade em matérias de interesse relevante, assim como prestar contas sobre suas atividades e planejamento;
XV – arrecadar e aplicar suas receitas e publicar, no relatório de gestão a que se refere o inciso XII do caput deste artigo, o detalhamento de suas receitas e despesas; e
XVI – realizar ou determinar a realização de auditorias, no âmbito da atividade de fiscalização, sobre o tratamento de dados pessoais efetuado pelos agentes de tratamento, incluindo o Poder Público.
§ 1º Ao impor condicionamentos administrativos ao tratamento de dados pessoais por agente de tratamento privado, sejam eles limites, encargos ou sujeições, a ANPD deve observar a exigência de mínima intervenção, assegurados os fundamentos, os princípios e os direitos dos titulares previstos no art. 170 da Constituição Federal e nesta Lei.

§ 2º Os regulamentos e normas editados pela ANPD devem necessariamente ser precedidos de consulta e audiência públicas, bem como de análises de impacto regulatório.
(VETADO).
"Art. 57. Constituem receitas da ANPD:
I – o produto da execução da sua dívida ativa;
II – as dotações consignadas no orçamento geral da União, os créditos especiais, os créditos adicionais, as transferências e os repasses que lhe forem conferidos;
III – as doações, os legados, as subvenções e outros recursos que lhe forem destinados;
IV – os valores apurados na venda ou aluguel de bens móveis e imóveis de sua propriedade;
V – os valores apurados em aplicações no mercado financeiro das receitas previstas neste artigo; VI – o produto da cobrança de emolumentos por serviços prestados;
VII – os recursos provenientes de acordos, convênios ou contratos celebrados com entidades, organismos ou empresas, públicos ou privados, nacionais ou internacionais;
VIII – o produto da venda de publicações, material técnico, dados e informações, inclusive para fins de licitação pública."
(VETADO)[73].

Razões de veto de ambos os artigos: "Os dispositivos incorrem em inconstitucionalidade do processo legislativo, por afronta ao artigo 61, § 1º, II, 'e', cumulado com o artigo 37, XIX da Constituição."

68. Do Conselho Nacional de Proteção de Dados Pessoais e da Privacidade

Seção II
Do Conselho Nacional de Proteção de Dados Pessoais e da Privacidade

"Art. 58. O Conselho Nacional de Proteção de Dados Pessoais e da Privacidade será composto por 23 (vinte e três) representantes titulares, e seus suplentes, dos seguintes órgãos:
I – 6 (seis) representantes do Poder Executivo federal;
II – 1 (um) representante indicado pelo Senado Federal;

[73] Razões de veto de ambos os artigos: "Os dispositivos incorrem em inconstitucionalidade do processo legislativo, por afronta ao artigo 61, § 1º, II, 'e', cumulado com o artigo 37, XIX da Constituição."

III – 1 (um) representante indicado pela Câmara dos Deputados;
IV – 1 (um) representante indicado pelo Conselho Nacional de Justiça;
V – 1 (um) representante indicado pelo Conselho Nacional do Ministério Público;
VI – 1 (um) representante indicado pelo Comitê Gestor da Internet no Brasil;
VII – 4 (quatro) representantes da sociedade civil com atuação comprovada em proteção de dados pessoais;
VIII – 4 (quatro) representantes de instituição científica, tecnológica e de inovação; e
IX – 4 (quatro) representantes de entidade representativa do setor empresarial afeto à área de tratamento de dados pessoais.
§ 1º Os representantes serão designados por ato do Presidente da República, permitida a delegação, e terão mandato de 2 (dois) anos, permitida 1 (uma) recondução.
§ 2º A participação no Conselho Nacional de Proteção de Dados Pessoais e da Privacidade será considerada atividade de relevante interesse público, não remunerada.
§ 3º Os representantes referidos nos incisos I a VI do caput deste artigo e seus suplentes serão indicados pelos titulares dos respectivos órgãos e entidades.
§ 4º Os representantes referidos nos incisos VII, VIII e IX do caput deste artigo e seus suplentes serão indicados na forma de regulamento e não poderão ser membros da entidade mencionada no inciso VI do caput deste artigo.
(VETADO)[74].

Razões de veto: "O dispositivo incorre em inconstitucionalidade do processo legislativo, por afronta ao artigo 61, § 1º, II, 'e', cumulado com o artigo 37, XIX da Constituição."

69. Da composição do Conselho (CNPDPP)

Art. 58-A. O Conselho Nacional de Proteção de Dados Pessoais e da Privacidade será composto de 23 (vinte e três) representantes, titulares e suplentes, dos seguintes órgãos:
I – 5 (cinco) do Poder Executivo federal;
II – 1 (um) do Senado Federal;
III – 1 (um) da Câmara dos Deputados;
IV – 1 (um) do Conselho Nacional de Justiça;

[74] Razões de veto: "O dispositivo incorre em inconstitucionalidade do processo legislativo, por afronta ao artigo 61, § 1º, II, 'e', cumulado com o artigo 37, XIX da Constituição."

V – 1 (um) do Conselho Nacional do Ministério Público;
VI – 1 (um) do Comitê Gestor da Internet no Brasil;
VII – 3 (três) de entidades da sociedade civil com atuação relacionada a proteção de dados pessoais;
VIII – 3 (três) de instituições científicas, tecnológicas e de inovação;
IX – 3 (três) de confederações sindicais representativas das categorias econômicas do setor produtivo;
X – 2 (dois) de entidades representativas do setor empresarial relacionado à área de tratamento de dados pessoais; e
XI – 2 (dois) de entidades representativas do setor laboral.
§ 1º Os representantes serão designados por ato do Presidente da República, permitida a delegação.
§ 2º Os representantes de que tratam os incisos I, II, III, IV, V e VI do caput deste artigo e seus suplentes serão indicados pelos titulares dos respectivos órgãos e entidades da administração pública.
§ 3º Os representantes de que tratam os incisos VII, VIII, IX, X e XI do caput deste artigo e seus suplentes:
I – serão indicados na forma de regulamento;
II – não poderão ser membros do Comitê Gestor da Internet no Brasil;
III – terão mandato de 2 (dois) anos, permitida 1 (uma) recondução.
§ 4º A participação no Conselho Nacional de Proteção de Dados Pessoais e da Privacidade será considerada prestação de serviço público relevante, não remunerada.

A Seção II do Capítulo IX da LGPD trata do Conselho Nacional de Proteção de Dados Pessoais e da Privacidade. A seção é inaugurada com o artigo 58-A, sendo apresentada a composição do Conselho Nacional de Proteção de Dados Pessoais e da Privacidade, um dos 5 órgãos (além das unidades administrativas e unidades especializadas necessárias) que compõem a autoridade nacional, tal qual introduzido no artigo 55-C dessa LGPD.

O caput do artigo 58-A traz que o Conselho Nacional de Proteção de Dados Pessoais e da Privacidade será composto de 23 representantes, titulares e suplentes, provenientes dos órgãos assim definidos pelos incisos do artigo: I – cinco do Poder Executivo federal; II – um do Senado Federal; III – um da Câmara dos Deputados; IV – um do Conselho Nacional de Justiça; V – um do Conselho Nacional do Ministério Público; VI – um do Comitê Gestor da Internet no Brasil; VII – três de entidades da sociedade civil com atuação relacionada a proteção de dados pessoais; VIII – três de instituições científicas, tecnológicas e de inovação; IX – três de confederações sindicais representativas das categorias econômicas do setor produtivo; X – dois de entidades representativas do setor empresarial relacionado à área de tratamento de dados pessoais; e XI – dois de entidades representativas do setor laboral.

A respeito da designação dos representantes, todos assim o serão por ato do Presidente da República, assim como versa o parágrafo 1º do artigo 58-A. Já acerca da indicação de cada deles e de seus suplentes, conforme o parágrafo 2º do mesmo artigo, será realizada pelos titulares dos respectivos órgãos e entidades da administração pública quando referente à indicação daqueles advindos do Poder Executivo federal; do Senado Federal; da Câmara dos Deputados; do Conselho Nacional de Justiça e do Conselho Nacional do Ministério Público.

Pelo parágrafo 3º, já a indicação dos representantes do Comitê Gestor da Internet no Brasil; da sociedade com atuação relacionada a proteção de dados pessoais; de instituições científicas, tecnológicas e da inovação; de confederações sindicais representativas das categorias econômicas do setor produtivo; de entidades representativas do setor empresarial relacionado à área de tratamento de dados pessoais; e, por último, de entidades representativas do setor laboral, conforme os incisos do referido parágrafo 3º: I – serão indicados na forma de regulamento; II – não poderão ser membros do Comitê Gestor da Internet no Brasil; III – terão mandato de dois anos, permitida uma recondução.

Por fim, determina o parágrafo 4º do artigo 58-A que participação no Conselho Nacional de Proteção de Dados Pessoais e da Privacidade será considerada prestação de serviço público relevante, não remunerada, cabendo reflexão a respeito de tal disposição, na medida em que a participação em conselho de tão elevada relevância suscitaria preparação e dedicação proporcionais a eventual remuneração que a ocupação faz sugerir.

70. Da Competência do CNPDPP

Art. 58-B. Compete ao Conselho Nacional de Proteção de Dados Pessoais e da Privacidade:
I – propor diretrizes estratégicas e fornecer subsídios para a elaboração da Política Nacional de Proteção de Dados Pessoais e da Privacidade e para a atuação da ANPD;

II – elaborar relatórios anuais de avaliação da execução das ações da Política Nacional de Proteção de Dados Pessoais e da Privacidade;
III – sugerir ações a serem realizadas pela ANPD;
IV – elaborar estudos e realizar debates e audiências públicas sobre a proteção de dados pessoais e da privacidade; e
V – disseminar o conhecimento sobre a proteção de dados pessoais e da privacidade à população.

Em razão do veto ao artigo 59, o artigo 58-B finaliza o Capítulo IX da LGPD. Citado disposto, então, trata, agora, da competência do Conselho Nacional de Proteção de Dados Pessoais e da Privacidade, órgão integrante da Autoridade Nacional de Proteção de Dados Pessoais.

Com isso, compete ao Conselho Nacional de Proteção de Dados Pessoais e da Privacidade, conforme o inciso I do artigo 58-B: propor diretrizes estratégicas e fornecer subsídios para a elaboração da Política Nacional de Proteção de Dados Pessoais e da Privacidade e para a atuação da ANPD. Logo, se a Política Nacional de Proteção de Dados Pessoais e da Privacidade tem em mente fomentar uma estrutura que congregue tanto a sociedade civil quanto o poder público e a iniciativa a fim de pavimentar caminho para a utilização consciente dos dados pessoais por todos os atores envolvidos, cabe ao Conselho Nacional de Proteção de Dados Pessoais e da Privacidade definir estratégias e fornecer subsídios para tanto.

Ainda na mesma seara, diz o inciso II do artigo 58-B que compete ao Conselho Nacional de Proteção de Dados Pessoais e da Privacidade elaborar relatórios anuais de avaliação da execução das ações da Política Nacional de Proteção de Dados Pessoais e da Privacidade.

O inciso III determina que é de competência do mesmo Conselho sugerir ações a serem realizadas pela autoridade nacional; e o inciso IV determina também a competência do Conselho para Nacional de Proteção de Dados Pessoais e da Privacidade elaborar estudos e realizar debates e audiências públicas sobre a proteção de dados pessoais e da privacidade.

Por último, o inciso V complementa as competências do Conselho Nacional de Proteção de Dados Pessoais e da Privacidade para determinar que a ele recai o bastante relevante papel de disseminar o conhecimento sobre a proteção de dados pessoais e da privacidade à população. Com isso, nos últimos dois incisos ficam expostas a preocupação do legislador em levar a conhecimento público o espírito da lei, tornando, a sociedade civil, mais ciente de seus direitos em relação aos dados dos quais ela é titular.

Art. 59. Compete ao Conselho Nacional de Proteção de Dados Pessoais e da Privacidade:
I – propor diretrizes estratégicas e fornecer subsídios para a elaboração da Política Nacional de Proteção de Dados Pessoais e da Privacidade e para a atuação da ANPD;
II – elaborar relatórios anuais de avaliação da execução das ações da Política Nacional de Proteção de Dados Pessoais e da Privacidade;
III – sugerir ações a serem realizadas pela ANPD;
IV – realizar estudos e debates sobre a proteção de dados pessoais e da privacidade; e
V – disseminar o conhecimento sobre proteção de dados pessoais e da privacidade à população em geral."
(VETADO)[75].

71. Das disposições finais e transitórias da LGPD

CAPÍTULO X
DISPOSIÇÕES FINAIS E TRANSITÓRIAS

Art. 60. A Lei nº 12.965, de 23 de abril de 2014 (Marco Civil da Internet), passa a vigorar com as seguintes alterações:
"Art. 7º ....
X – exclusão definitiva dos dados pessoais que tiver fornecido a determinada aplicação de internet, a seu requerimento, ao término da relação entre as partes, ressalvadas as hipóteses de guarda obrigatória de registros previstas nesta Lei e na que dispõe sobre a proteção de dados pessoais; ...." (NR)
"Art. 16. ....
II – de dados pessoais que sejam excessivos em relação à finalidade para a qual foi dado consentimento pelo seu titular, exceto nas hipóteses previstas na Lei que dispõe sobre a proteção de dados pessoais." (NR)

[75] Razões de veto para os cinco artigos: "Os dispositivos incorrem em inconstitucionalidade do processo legislativo, por afronta ao artigo 61, § 1º, II, 'e', cumulado com o artigo 37, XIX da Constituição."

O Capítulo X é o que finaliza a Lei Geral de Proteção de Dados Pessoais. Tratam-se das Disposições Finais e Transitórias, comuns à legislação pátria. Com isso, diz o artigo 60 da LGPD altera dois artigos da Lei nº 12.965/2014, intitulada Marco Civil da internet.

O artigo 7º, em seu inciso X, daquela lei, passa a ter a seguinte redação: *o acesso à internet é essencial ao exercício da cidadania, e ao usuário são assegurados os seguintes direitos: X – exclusão definitiva dos dados pessoais que tiver fornecido a determinada aplicação de internet, a seu requerimento, ao término da relação entre as partes, ressalvadas as hipóteses de guarda obrigatória de registros previstas nesta Lei e na que dispõe sobre a proteção de dados pessoais.*

Já o inciso II do artigo 16 fica alterado para constar que *na provisão de aplicações de internet, onerosa ou gratuita, é vedada a guarda: II – de dados pessoais que sejam excessivos em relação à finalidade para a qual foi dado consentimento pelo seu titular, exceto nas hipóteses previstas na Lei que dispõe sobre a proteção de dados pessoais.*

72. Da representação da empresa estrangeira

Art. 61. A empresa estrangeira será notificada e intimada de todos os atos processuais previstos nesta Lei, independentemente de procuração ou de disposição contratual ou estatutária, na pessoa do agente ou representante ou pessoa responsável por sua filial, agência, sucursal, estabelecimento ou escritório instalado no Brasil.

O artigo 61 da LGPD trata da notificação e da intimação da empresa estrangeira, dispondo que ela será notificada e intimada de todos os atos processuais previstos na LGPD, independentemente de procuração ou de disposição contratual ou estatutária, na pessoa do agente ou representante ou pessoa responsável por sua filial, agência, sucursal, estabelecimento ou escritório instalado no Brasil, encarnando a teoria da aparência.

73. Das normas do INEP e da autoridade Nacional

Art. 62. A autoridade nacional e o Instituto Nacional de Estudos e Pesquisas Educacionais Anísio Teixeira (Inep), no âmbito de suas competências, editarão regulamentos específicos para o acesso a dados tratados pela União para o cumprimento do disposto no § 2º do art. 9º da Lei nº 9.394, de 20 de dezembro de 1996 (Lei

de Diretrizes e Bases da Educação Nacional), e aos referentes ao Sistema Nacional de Avaliação da Educação Superior (Sinaes), de que trata a Lei nº 10.861, de 14 de abril de 2004.

O artigo 64 determina que a ANPD e o Instituto Nacional de Estudos e Pesquisas Educacionais Anísio Teixeira (Inep), no âmbito de suas competências, editem regulamentos específicos para o acesso a dados tratados pela União para o cumprimento do disposto no § 2º do art. 9º da Lei nº 9.394, de 20 de dezembro de 1996 (Lei de Diretrizes e Bases da Educação Nacional)[76], e aos referentes ao Sistema Nacional de Avaliação da Educação Superior (Sinaes), de que trata a Lei nº 10.861, de 14 de abril de 2004.

74. Do estabelecimento de normas pela ANPD

Art. 63. A autoridade nacional estabelecerá normas sobre a adequação progressiva de bancos de dados constituídos até a data de entrada em vigor desta Lei, consideradas a complexidade das operações de tratamento e a natureza dos dados.

Em relação à transitoriedade entre o período de redação da Lei Geral de Proteção de Dados e a sua efetiva entrada em vigor, determina o artigo 63 que a autoridade nacional deverá estabelecer normas sobre a adequação progressiva de bancos de dados constituídos até a data de entrada em vigor desta Lei, consideradas a complexidade das operações de tratamento e a natureza dos dados. Isso é, fica colocada sob a alçada da autoridade

[76] Art. 9º A União incumbir-se-á de:
V – coletar, analisar e disseminar informações sobre a educação;
VI – assegurar processo nacional de avaliação do rendimento escolar no ensino fundamental, médio e superior, em colaboração com os sistemas de ensino, objetivando a definição de prioridades e a melhoria da qualidade do ensino;
VII – baixar normas gerais sobre cursos de graduação e pós-graduação;
VIII – assegurar processo nacional de avaliação das instituições de educação superior, com a cooperação dos sistemas que tiverem responsabilidade sobre este nível de ensino;
IX – autorizar, reconhecer, credenciar, supervisionar e avaliar, respectivamente, os cursos das instituições de educação superior e os estabelecimentos do seu sistema de ensino.
§ 2° Para o cumprimento do disposto nos incisos V a IX, a União terá acesso a todos os dados e informações necessários de todos os estabelecimentos e órgãos educacionais.

nacional importante incumbência no que concerne a transição entre o período anterior à entrada em vigor da LGPD e a sua vivência prática. Portanto, ato contínuo à constituição da Autoridade Nacional de Proteção de Dados – evento esse anterior à entrada em vigor da LGPD –, deve ela tratar das normas de adequação progressiva de banco de dados, devendo ser consideradas a complexidade das operações de tratamento e a natureza dos dados.

75. Da sistemática normativa nacional

Art. 64. Os direitos e princípios expressos nesta Lei não excluem outros previstos no ordenamento jurídico pátrio relacionados à matéria ou nos tratados internacionais em que a República Federativa do Brasil seja parte.

De suma importância o artigo 64 da Lei Geral de Proteção de Dados, que informa que os direitos e princípios expressos nesta Lei não excluem outros previstos no ordenamento jurídico pátrio relacionados à matéria ou nos tratados internacionais em que a República Federativa do Brasil seja parte. A crítica que pode ser feita, apenas, é a de que oportuno disposto talvez pudesse ter sido alojado no bojo dos artigos 2º e 6º da LGPD, que cuidam, respectivamente, dos fundamentos e dos princípios dessa norma. Seja como for, o fato de a LGPD ressalvar que a norma não exclui direitos e demais princípios previstos no ordenamento jurídico nacional e em tratados internacionais é um bom movimento do legislador.

76. Da entrada em vigor

Art. 65. Esta Lei entra em vigor:
I – dia 28 de dezembro de 2018, quanto aos arts. 55-A, 55-B, 55-C, 55-D, 55-E, 55-F, 55-G, 55-H, 55-I, 55-J, 55-K, 55-L, 58-A e 58-B;
I-A – dia 1º de agosto de 2021, quanto aos arts. 52, 53 e 54;
II – 24 (vinte e quatro) meses após a data de sua publicação, quanto aos demais artigos.

O artigo 65 da LGPD compreende o período de *vacatio legis* da norma, dizendo, em seu inciso I, que a entrada em vigor se dá no dia 28 de dezembro de 2018 para os artigos 55-A, 55-B, 55-C, 55-D, 55-E, 55-F, 55-G,

55-H, 55-I, 55-J, 55-K, 55-L, 58-A e 58-B, especificamente aqueles que versam sobre a Autoridade Nacional de Proteção de Dados e, também, sobre o Conselho Nacional de Proteção de Dados Pessoais e da Privacidade.

Já o inciso I – A determina que a entrada em vigor dos artigos 52, 53 e 54 – aqueles que tratam das sanções administrativas ao agente realizador do tratamento de dados –, se daria na data de 1º de agosto de 2021, infelizmente oferecendo a esse agente novo período de quase um ano sem a aplicação das sanções em caso de descumprimento no tratamento de dados. A crítica se dá na medida em que, a rigor, a Lei Geral de Proteção de Dados, além de se tratar de norma que marca uma vitória da sociedade e que põe a lei em compasso com as legislações internacionais mais modernas, já havia recebido longo período de *vacatio legis* para que a sociedade (e o empresariado) se adequasse aos seus ditames. A expectativa inicial foi a de que a LGPD entraria em vigor 18 meses após a sua publicação, prazo esse que depois fora estendido para 24 meses depois e, com a pandemia de Covid-19, referido espaço temporal foi novamente alargado. O fato é que se esperava que a norma como um todo tivesse a sua aplicação prática vivida ainda no ano de 2020 e as sanções administrativas foram novamente postergadas com a adição desse inciso I – A, para determinar que as sanções só teriam aplicação no segundo semestre de 2021.

Por fim, o inciso II do artigo 65 determina que a entrada em vigor dos demais artigos da LGPD se dá 24 meses após a publicação da lei.

Brasília, 14 de agosto de 2018; 197º da Independência e 130º da República.

MICHEL TEMER
Torquato Jardim
Aloysio Nunes Ferreira Filho
Eduardo Refinetti Guardia
Esteves Pedro Colnago Junior
Gilberto Magalhães Occhi
Gilberto Kassab
Wagner de Campos Rosário
Gustavo do Vale Rocha
Ilan Goldfajn
Raul Jungmann Eliseu Padilha

PARTE III

ANÁLISE PRÁTICA

As principais frentes que sofrerão influência direta da Lei Geral de Proteção de Dados serão, naturalmente, a sociedade civil, mas sobretudo o ambiente empresarial. A sociedade como um todo será impactada na medida em que atualmente se vive um mundo de troca incessante de informações e no qual se compartilham dados pessoais com agentes que de alguma maneira se valem daquele conjunto de informações para oferecer uma resposta mais individualizada para o titular ou para, ainda, obter algum tipo de vantagem prática. Por outro lado, o empresariado é o grupo que certamente sofrerá as maiores consequências já que é ele quem primeiro solicita os dados das pessoas; depois, é ele quem recebe os dados de forma bruta e que; por último, é ele quem realiza o todo o procedimento de tratamento daquela informação para mais adiante usufruir dela. Portanto, a LGPD abraça esses dois polos e requer do agente que faz o tratamento diversos cuidados na consecução dessa tarefa.

1. O que são dados?

A primeira coisa que ambos os públicos mais interessados e atingidos pela LGPD – leia-se, o empresário e o titular de dados –, devem ter em vista é na conjugação entre o que são dados objetos de tratamento, e aquilo que efetivamente consiste no tratamento. Ou seja, primeiro deve ser explicado tanto ao titular de dados quanto ao empresário quais são os dados que a lei Geral de Proteção de Dados tanto se dedica a debater.

Destarte se deve considerar que dados por si só pouco representam à pessoa. Sem um fim em si mesmo, dados são meros registros soltos e randômicos que sem alguma forma de tratamento não traz grande importância. Daí a necessidade de se estruturar essa informação para que se atinja certa finalidade.

1.1. Quais são os principais objetos de regulamentação da LGPD?

A Lei Geral de Proteção de Dados ampara o tratamento de dados pessoais de forma primária e o tratamento de dados pessoais sensíveis de forma marginal. Isso é, tanto a sociedade civil quanto o empresariado têm que tem em mente que a LGPD se ocupa de conceituar aquilo que vem a ser o dado pessoal e aquilo no que consiste o dado pessoal sensível, já ficando claro que, sendo um dado pessoal, sendo um dado pessoal sensível, a LGPD desde logo abriga os limites de tratamento de dados da pessoa natural, ou seja, do titular desse dado a ser tratado. A partir desse recorte, esses dois públicos começam a entender os seus direitos e deveres.

1.2. Mas o que vem a ser de fato o tratamento de dados?

Após se saber o que é um dado por si só; e após se saber que a LGPD regulamenta o tratamento de dois tipos de dados (dados pessoais e dados pessoais sensíveis), o próximo questionamento natural é: o que é tratar um dado?

A LGPD oferece longa lista de atos e de atividades que significam realizar o tratamento de um dado. Então se tem que a atividade de tratamento já se dá a partir da mera coleta daquela informação objeto da lei, passando por uma forma de classificação e de armazenamento, até, por exemplo, a sua própria eliminação. Isso quer dizer que tratar um dado engloba diversos atos realizados por aquele que tem essa incumbência, significando ao longo de todo esse procedimento direitos, deveres e responsabilidades para os envolvidos.

2. E quem são aqueles que realizam o tratamento?

Outro ponto central é o entendimento por parte do empresariado de quem vem a ser o agente que faz o tratamento de dados. A discussão é importante uma vez que há dois personagens nessa cadeia e ambos podem sofrer a responsabilização em razão da atividade de tratamento. Tem-se em primeiro lugar a figura do controlador e, também, em segunda mão a figura do operador. Logo, controlador e operador são, antes de mais nada, igualmente agentes de tratamento.

Bem, mas na prática a diferença principal entre eles é o fato de que o primeiro é a quem competem as decisões a respeito dos dados objeto de tratamento; e o segundo é quem executa o tratamento justamente em nome do primeiro. Mesmo assim, salvas as exceções contidas na própria norma, ambos respondem por eventuais danos gerados ao titular de dados em função da conduta praticada por qualquer deles, sendo assim de extrema relevância que o empresário esteja realizando, de algum modo, o tratamento, tenha os cuidados com os seus atos ao longo de todo o procedimento quanto ele também tenha zelo e cautela quando esse procedimento estiver sendo efetuado pela outra figura dessa cadeia.

Na prática, para o empresariado, essa consiste na principal etapa de todo o protocolo de tratamento de dados. Parte desde o colaborador que pede os dados de uma pessoa visitante na portaria da empresa para registrar seu acesso até o CEO que autoriza o uso dos dados pessoais para tomada de uma decisão empresarial. O fato é que todos da cadeia estão envolvidos com a Lei Geral de Proteção de Dados.

É imprescindível que alguns passos sejam seguidos, como o (i) treinamento); a (ii) responsabilidade legal; e o (iii) benchmarking. Pelo treinamento, deve-se conscientizar e capacitar de forma perene e contínua os colaboradores e demais parceiros sobre a abrangência e os impactos da norma, buscando eliminar lacunas provenientes de atos de particulares. Já pela ideia de responsabilidade legal, o empresário deve incutir em sua organização um responsável certificado, incumbido pela gestão dos dados pessoais, sendo ele o intitulado *Data Protection Officer* ("DPO"). Por último, conforme bem sintetiza o Ebook de lavra da empresa de tecnologia Vexia, o empresário deve ter em vista a lógica de *benchmarking*, para "adotar e disseminar as boas práticas do mercado tanto nacional quanto internacional, visando adequação aos novos modelos de negócio que vão considerar a proteção dos dados pessoais"[77].

[77] Disponível em: https://rdstation-static.s3.amazonaws.com/cms%2Ffiles%2F28555%2F1592832217Ebook_LGPD_-_O_que__e_como_adequar_sua_empresa.pdf. Acesso em 07/10/2020.

3. E quais são as regras para a realização do tratamento de dados?

Tratando-se tanto de dados pessoais quanto de dados pessoais sensíveis, a LGPD se preocupa largamente em dispor de diversos regramentos para que o agente efetue o tratamento. Com isso, tanto o titular de dados quanto o empresário devem saber que a regra geral é que haja o aceite, o consentimento por parte do titular para que o interessado no tratamento de dados assim o faça.

Sucede que a Lei Geral de Proteção de Dados também lista diversas hipóteses que fogem à regra geral para que o agente de tratamento ponha a cabo o procedimento. É fundamental que esse agente, no entanto, cumpra o tratamento nos exatos limites contidos na LGPD, mesmo que como justificativa de exceção para o tratamento.

4. Quais são os principais passos que o empresário deve seguir?

Cada empresa possui peculiaridades como, naturalmente, o seu *core bussines,* o próprio porte da empresa; a quantidade de dados a serem tratados entre outros. Para a elaboração de um plano para a operação de tratamento em conformidade com a LGPD é necessária a realização de estudo que abranja ao menos 5 etapas: (i) o mapeamento de dados; (ii) a análise de gap (avaliação do desempenho real da empresa diante de seu potencial; (iii) a proposição de um plano de governança (propor sugestões de adequações jurídicas e técnicas); (iv) a análise dos documentos internos (contratos, política de privacidade); e (v) Implementação do plano (mudança de cultura dos colaboradores, realizar treinamentos com as área da empresa).

Tendo essa dinâmica como balizador para o tratamento, há que se considerar fortemente a ideia de ciclo de vida dos dados pessoais. Em um primeiro momento se deve identificar aqueles dados pessoais a empresa já possui; assim como a forma como esses adentram os sistemas; as maneiras como são armazenados; com quem são compartilhados; bem como o método de exclusão. Ademais, nessa etapa são revisitados os contratos que envolvem dados pessoais, uma vez que eles, por óbvio, devem conter cláusulas claras sobre consentimento, coleta e finalidade de uso do dado.

Após isso, como segundo passo fundamental, são reunidos todos os riscos que existem naquela estrutura que maximizam a exposição da entidade às punições previstas pela LGPD. Há que se identificar as adequações necessárias e as prioridades de ação a partir dos desvios e lacunas encontrados.

Em verdade, muitos estudiosos estão se debruçando sobre o tema e as proposições indicadas eventualmente apresentam certa variação, mas a identificação de quais as informações entram na empresa; onde são armazenadas; por quais setores são usadas; quais as finalidades; com quem são compartilhadas e até mesmo como são excluídas são fundamentais e invariáveis. Além disso, seguem a mesma premissa a revisão dos contratos e o levantamento de riscos e de vulnerabilidades.

5. Que tipo de instrumento de tecnologia o empresariado pode se valer?

Diversas são as tecnologias que o empresário pode lançar mão para se adequar à LGPD. Conforme muito bem orienta o Ebook da Vexia, na parte de Segurança da Informação, pode-se considerar a "*varredura de servidores locais e em nuvem, além de estações de trabalho*; a *checagem da configuração das ferramentas atuais*; a *implementação de solução de criptografia*; a *adoção de ferramenta de DLP (data loss prevention)*; a *implementação de alarmes para identificar invasões ou tentativas de acesso indevidas*; a *definição (ou revisão) da política de backup de dados pessoais*; o *monitoramento da ação de terceiros com dados compartilhados pela sua empresa*". Já na seara de Auditoria e Controle, dando continuidade, a partir do uso de tecnologia da "*operação contínua de monitoramento e gestão do ambiente de rede*; bem como com a adoção de "*testes de penetração e vulnerabilidade da rede*; a "*comprovação da origem e do direito de uso dos dados*; ou da "*garantia de que os dados possam ser exportados de forma que o titular do dado consiga abrir e entender de forma clara*; e, ainda, a "*rastreabilidade dos dados*"[78].

[78] Disponível em: https://rdstation-static.s3.amazonaws.com/cms%2Ffiles%2F28555%2F1592832217Ebook_LGPD_-_O_que__e_como_adequar_sua_empresa.pdf. Acesso em 07/10/2020.

Não se pode perder de vista o expediente de data mapping, que se refere ao mapeamento do caminho percorrido por um dado pessoal dentro da organização, incluindo os procedimentos e os processos pelo quais o dado transita. Então, deve-se ter a origem, a base legal que dá aval para o tratamento do dado; o nível de segurança a que ele pertence entre outras informações úteis para se aferir as vulnerabilidades técnicas.

6. E há fundamentos e os princípios que respaldam a LGPD?

A LGPD é contemplada por diversos fundamentos e princípios que estão apresentados logo desde cedo na norma. E não poderia ser diferente. A norma tem raízes no Regulamento Geral sobre a Proteção de Dados (RGPD) europeu, e o fato de estar de mãos dadas com aquela normativa faz com que a preocupação com os dados do titular estejam, diretamente ou indiretamente, sempre presentes nas observações e disposições da LGPD. Daí a importância dos fundamentos e dos princípios que a lei pátria traz, inclusive se aproximando de expoentes defendidos no capítulo dos direitos de personalidade do Código Civil Brasileiro. Assim, tanto o titular de dados quanto o empresariado devem estar bastante atentos para os preceitos da Lei Geral de Proteção de Dados para perceber que o público mais amparado é o próprio titular de dados, isso é, a pessoa natural.

Igualmente, deve-se ter atenção à eventual necessidade de emissão de relatórios de impacto e para a inclusão de outra figura ligada ao agente, que consiste na figura do encarregado (DPO), que tem a função principal de fazer a conexão do agente de tratamento com a ANPD.

7. Quem é a ANPD?

A Agência Nacional de Proteção de Dados ("ANPD") é o órgão criado pela Lei Geral de Proteção de Dados, pertencente à administração pública, responsável por zelar, implementar e fiscalizar o cumprimento da própria LGPD em todo o território nacional.

A ANPD tem é o organismo que faz orientações; que fiscaliza; que recebe reclamações; que estimula a adoção de políticas de proteção e de segurança no tratamento de dados e que, entre outras funções, pode advertir e efetivamente punir o agente de tratamento que desrespeita a LGDP.

Ao fim, a Lei Geral de Proteção de Dados se trata de normativa que já há muito era esperada pela sociedade brasileira. A LGPD começou a ser discutida no começo da década e, após o ressoar tanto do Marco Civil da internet (Lei nº 12.965/2014) quanto, principalmente, do Regulamento Geral sobre a Proteção de Dados europeu, fez-se necessária a implantação de legislação de âmbito nacional que trouxesse regras para a proteção de dados.

Assim nasceu a LGPD, que exigirá tanto da sociedade quanto do empresariado adaptações e adequações às exigências que ela impõe. Será um desafio para o empresário atender a essa nova demanda, mas é importante que ele assim o faça, não apenas para evitar as repercussões legais que a lei traz, mas também como modo de sinalizar o profundo respeito ao titular de dados.

PARTE IV

ANEXOS

Anexo I
Modelos de termos de consentimento

Seguem modelos de termos de consentimento ilustrativos que podem contribuir com o empresário na elaboração de instrumento que o permita realizar o tratamento de dados

TERMO DE CONSENTIMENTO PARA TRATAMENTO DE DADOS PESSOAIS

Este documento visa registrar a manifestação livre, informada e inequívoca pela qual o Titular concorda com o tratamento de seus dados pessoais para finalidade específica, em conformidade com a Lei nº 13.709 – Lei Geral de Proteção de Dados Pessoais (LGPD).

Titular Pessoa a quem se referem os dados pessoais que são objeto de tratamento.	
Nome:	
RG:	CPF:

Ao assinar o presente Termo o titular anui e concorda que a empresa ...., CNPJ ...., com sede no endereço ...., telefone ...., email ...., doravante denominada Controlador, tome decisões referentes ao tratamento de seus dados pessoais, bem como realize o tratamento de seus dados pessoais, envolvendo operações como as que se referem a coleta, produção, recepção, classificação, utilização, acesso, reprodução, transmissão, distribuição, processamento, arquivamento, armazenamento, eliminação, avaliação ou controle da informação, modificação, comunicação, transferência, difusão ou extração.

Dados Pessoais

O Controlador fica autorizado a tomar decisões referentes ao tratamento e a realizar o tratamento dos seguintes dados pessoais do Titular:

Nome completo.

Data de nascimento.

Número e imagem da Carteira de Identidade (RG).

Número e imagem do Cadastro de Pessoas Físicas (CPF).

Número e imagem da Carteira Nacional de Habilitação (CNH).

Fotografia 3x4.

Estado civil.

Nível de instrução ou escolaridade.

Endereço completo.

Números de telefone, WhatsApp e endereços de e-mail.

Banco, agência e número de contas bancárias.

Bandeira, número, validade e código de cartões de crédito.

Nome de usuário e senha específicos para uso dos serviços do Controlador.

Comunicação, verbal e escrita, mantida entre o Titular e o Controlador.

Finalidades do Tratamento dos Dados

O tratamento dos dados pessoais listados neste termo tem as seguintes finalidades:

Possibilitar que o Controlador identifique e entre em contato com o Titular para fins de relacionamento comercial.

Possibilitar que o Controlador elabore contratos comerciais e emita cobranças contra o Titular.

Possibilitar que o Controlador envie ou forneça ao Titular seus produtos e serviços, de forma remunerada ou gratuita.

Possibilitar que o Controlador estruture, teste, promova e faça propaganda de produtos e serviços, personalizados ou não ao perfil do Titular.

Compartilhamento de Dados

O Controlador fica autorizado a compartilhar os dados pessoais do Titular com outros agentes de tratamento de dados, caso seja necessário para as finalidades listadas neste termo, observados os princípios e as garantias estabelecidas pela Lei nº 13.709.

Segurança dos Dados

O Controlador responsabiliza-se pela manutenção de medidas de segurança, técnicas e administrativas aptas a proteger os dados pessoais de acessos não autorizados e de situações acidentais ou ilícitas de destruição, perda, alteração, comunicação ou qualquer forma de tratamento inadequado ou ilícito.

Em conformidade ao art. 48 da Lei nº 13.709, o Controlador comunicará ao Titular e à Autoridade Nacional de Proteção de Dados (ANPD) a ocorrência de incidente de segurança que possa acarretar risco ou dano relevante ao Titular.

Término do Tratamento dos Dados

O Controlador poderá manter e tratar os dados pessoais do Titular durante todo o período em que os mesmos forem pertinentes ao alcance das finalidades listadas neste termo. Dados pessoais anonimizados, sem possibilidade de associação ao indivíduo, poderão ser mantidos por período indefinido.

O Titular poderá solicitar via e-mail ou correspondência ao Controlador, a qualquer momento, que sejam eliminados os dados pessoais não anonimizados do Titular. O Titular fica ciente de que poderá ser inviável ao Controlador continuar o fornecimento de produtos ou serviços ao Titular a partir da eliminação dos dados pessoais.

Direitos do Titular

O Titular tem direito a obter do Controlador, em relação aos dados por ele tratados, a qualquer momento e mediante requisição: I – confirmação da existência de tratamento; II – acesso aos dados; III – correção de dados incompletos, inexatos ou desatualizados; IV – anonimização, bloqueio ou eliminação de dados desnecessários, excessivos ou tratados em desconformidade com o disposto na Lei nº 13.709; V – portabilidade dos dados a outro fornecedor de serviço ou produto, mediante requisição expressa, de acordo com a regulamentação da autoridade nacional, observados os segredos comercial e industrial; VI – eliminação dos dados pessoais tratados com o consentimento do titular, exceto nas hipóteses previstas no art. 16 da Lei nº 13.709; VII – informação das entidades públicas e privadas com as quais o controlador realizou uso compartilhado de dados; VIII – informação sobre a possibilidade de não fornecer consentimento e sobre as consequências da negativa; IX – revogação do consentimento, nos termos do § 5º do art. 8º da Lei nº 13.709.

Direito de Revogação do Consentimento

Este consentimento poderá ser revogado pelo Titular, a qualquer momento, mediante solicitação via e-mail ou correspondência ao Controlador.

Local e Data:	-----------------, --- de --------------------- de ----------
Assinatura do Titular:	

Termo de Consentimento para Tratamento de Dados

Este documento visa registrar a manifestação livre, informada e inequívoca pela qual o Titular concorda com o tratamento de seus dados pessoais para finalidade específica, em conformidade com a Lei nº 13.709 – Lei Geral de Proteção de Dados Pessoais (LGPD).

Ao manifestar sua aceitação para com o presente termo, o Titular consente e concorda que a ...., CNPJ nº ...., com sede na ...., nº ..., bairro ...., na Cidade de ...., Estado de ...., telefone: ...., e-mail ...., doravante denominada Controladora, tome decisões referentes ao tratamento de seus dados pessoais, dados referentes as empresas em que atuem os usuários ou dados necessários ao usufruto de serviços ofertados pela ...., bem como realize o tratamento de tais dados, envolvendo operações como as que se referem a coleta, produção, recepção, classificação, utilização, acesso, reprodução, transmissão, distribuição, processamento, arquivamento, armazenamento, eliminação, avaliação ou controle da informação, modificação, comunicação, transferência, difusão ou extração.

Dados Pessoais

A Controladora fica autorizada a tomar decisões referentes ao tratamento e a realizar o tratamento dos seguintes dados pessoais do Titular:

Nome completo;

Nome empresarial;

Data de nascimento;

Número e imagem da Carteira de Identidade (RG);

Número e imagem do Cadastro de Pessoas Físicas (CPF);

Número e imagem da Carteira Nacional de Habilitação (CNH);

Número do Cadastro Nacional de Pessoas Jurídicas (CNPJ);

Fotografia 3x4;

Estado civil;

Nível de instrução ou escolaridade;

Endereço completo;

Números de telefone,

WhatsApp e endereços de e-mail;

Banco, agência e número de contas bancárias;

Bandeira, número, validade e código de cartões de crédito;

Nome de usuário e senha específicos para uso dos serviços do Controlador;

Comunicação, verbal e escrita, mantida entre o Titular e o Controlador.

Além disso, a Controladora fica autorizada a tomar decisões referentes ao tratamento e a realizar o tratamento dos seguintes dados inseridos pelo Titular, com a intenção de obter a prestação dos serviços ofertados pela mesma, como por exemplo, Atribuição de ISBN, Ficha Catalográfica, Carta de Exclusividade, Participação em Feiras e Eventos etc.

Finalidades do Tratamento dos Dados

O tratamento dos dados pessoais listados nesse termo tem as seguintes finalidades:

Possibilitar que a Controladora identifique e entre em contato com o Titular para fins de relacionamento comercial.

Possibilitar que a Controladora elabore contratos comerciais e emita cobranças contra o Titular.

Possibilitar que a Controladora envie ou forneça ao Titular seus produtos e serviços, de forma remunerada ou gratuita.

Possibilitar que a Controladora estruture, teste, promova e faça propaganda de produtos e serviços, personalizados ou não ao perfil do Titular.

Possibilitar que a Controladora utilize tais dados em Pesquisas de Mercado;

Possibilitar que a Controladora utilize tais dados na inscrição, divulgação, premiação dos interessados participantes de Eventos, Prêmios ou Concursos;

Possibilitar que a Controladora utilize tais dados na elaboração de catálogos e na Curadoria de autores;

Possibilitar que a Controladora utilize tais dados na elaboração de relatórios e emissão de produtos e serviços;

Possibilitar que a Controladora utilize tais dados para suas peças de Comunicação;

Possibilitar que a Controladora utilize tais dados emissão de Notas Fiscais e documentos financeiros correlatos;

Possibilitar que a Controladora utilize tais dados para facilitar a prestação de serviços diversos além dos primariamente contratados, desde que o cliente também demonstre interesse em contratar novos serviços;

Possibilitar que a Controladora utilize tais dados para manter banco de dados de profissionais do mercado para facilitar o contato em futuros convites para eventos;

Compartilhamento de Dados

A Controladora fica autorizada a compartilhar os dados pessoais do Titular com outros agentes de tratamento de dados, caso seja necessário para as finalidades listadas neste termo, observados os princípios e as garantias estabelecidas pela Lei nº 13.709.

Segurança dos Dados

A Controladora responsabiliza-se pela manutenção de medidas de segurança, técnicas e administrativas aptas a proteger os dados pessoais de acessos não autorizados e de situações acidentais ou ilícitas de destruição, perda, alteração, comunicação ou qualquer forma de tratamento inadequado ou ilícito. Em conformidade ao art. 48 da Lei nº 13.709, o Controlador comunicará ao Titular e à Autoridade Nacional de Proteção de Dados (ANPD) a ocorrência de incidente de segurança que possa acarretar risco ou dano relevante ao Titular.

Término do Tratamento dos Dados

A Controladora poderá manter e tratar os dados pessoais do Titular durante todo o período em que os mesmos forem pertinentes ao alcance das finalidades listadas neste termo. Dados pessoais anonimizados, sem possibilidade de associação ao indivíduo, poderão ser mantidos por período indefinido. O Titular poderá solicitar via e-mail ou correspondência ao Controlador, a qualquer momento, que sejam eliminados os dados pessoais não anonimizados do Titular. O Titular fica ciente de que poderá ser inviável ao Controlador continuar o fornecimento de produtos ou serviços ao Titular a partir da eliminação dos dados pessoais.

Direitos do Titular O Titular tem direito a obter da Controladora, em relação aos dados por ele tratados, a qualquer momento e mediante requisição: I – confirmação da existência de tratamento; II – acesso aos dados; III – correção de dados incompletos, inexatos ou desatualizados; IV – anonimização, bloqueio ou eliminação de dados desnecessários, excessivos ou tratados em desconformidade com o disposto na Lei nº 13.709; V – portabilidade dos dados a outro fornecedor de serviço ou produto, mediante requisição expressa e observados os segredos comercial e industrial, de acordo com a regulamentação do órgão controlador; V – portabilidade dos dados a outro fornecedor de serviço ou produto, mediante requisição expressa, de acordo com a regulamentação da autoridade nacional, observados os segredos comercial e industrial; VI – eliminação dos dados pessoais tratados com o consentimento do titular, exceto nas hipóteses previstas no art. 16 da Lei nº 13.709; VII – informação das entidades públicas e privadas com as quais o controlador realizou uso compartilhado de dados; VIII – informação sobre a possibilidade de não fornecer consentimento e sobre as consequências da negativa; IX – revogação do consentimento, nos termos do § 5º do art. 8º da Lei nº 13.709.

Direito de Revogação do Consentimento

Este consentimento poderá ser revogado pelo Titular, a qualquer momento, mediante solicitação via e-mail ou correspondência ao Controlador.

Local:

Data:

Assinatura:

Anexo II
Jurisprudência comunitária europeia

Súmulas de algumas decisões mais relevantes do Tribunal de Justiça da União Europeia e do Tribunal da Função Pública da União Europeia que podem auxiliar o operador do direito, inclusive, no Brasil para operacionalizar a LGPD.

(i) C – 507/17: Google vs Cnil

Google LLC contra Commission national de l'informatique et des libertés (CNIL)	
Processo	C – 507-17
Data do acórdão	24-09-2019
Outras indicações	Reenvio prejudicial apresentado pelo Conseil d'État
Ementa	Reenvio prejudicial – Dados pessoais – Proteção de dados das pessoas singulares no que diz respeito ao tratamento destes dados – Diretiva 95/46/CE – Regulamento (UE) 2016/679 – Motores de busca na Internet – Tratamento dos dados contidos em páginas web – Âmbito territorial do direito à supressão de referências
Legislação	Diretiva 95/46/CE e GPDR

(ii) C – 136/17: GC e outros vs Cnil

GC e o. contra Commission nationale de l'informatique et des libertés (CNIL)	
Processo	C – 136/17
Data do acórdão	24-09-2019
Outras indicações	Reenvio prejudicial apresentado pelo Conseil d'État
Ementa	Reenvio prejudicial – Dados pessoais – Proteção de dados das pessoas singulares no que diz respeito ao tratamento destes dados que figuram em páginas web – Diretiva 95/46/CE – Regulamento (UE) 2016/679 – Motores de busca na Internet – Tratamento dos dados contidos em sítios web – Categorias de dados específicos visadas no art. 8º desta diretiva e nos arts. 9º e 10º deste Regulamento – Aplicabilidade destes artigos ao operador do motor de busca – Âmbito das obrigações deste operador face aos referidos artigos – Publicação dos dados em sítios web apenas para fins jornalísticos ou de expressão artística ou literária – Impacto no tratamento de um pedido de supressão de referências – Arts. 7º, 8º e 11º da Carta dos Direitos Fundamentais da União Europeia.
Legislação	Diretiva 95/46/CE e GPDR

(iii) C – 210/16: Wirtschaftsakademie Schleswig-Holstein

Unabhängiges Landeszentrum für Datenschutz-Holstein vs Wirtschaftsakademie Schleswig-Holstein Gmbh	
Processo	C – 210/16
Data do acórdão	05-06-2018
Outras indicações	Reenvio prejudicial apresentado pelo undesverwaltungsgericht
Ementa	Reenvio prejudicial – Diretiva 95/46/CE – Dados pessoais – Proteção de dados das pessoas singulares relativamente ao tratamento destes dados – Injunção para desativar uma página Facebook (página de fãs) que permite recolher e tratar certos dados que dizem respeito aos visitantes dessa página – Art. 2º, alínea "d" – Responsável pelo conjunto pelo tratamento de dados pessoais – Art. 4º – Direito nacional aplicável – Art. 28 – Autoridades nacionais de controle – Poderes de intervenção dessa autoridade.
Legislação	Diretiva 95/46/CE – Arts. 2º e 28.

(iv) C-582/14: Patrick Breyer vs Bundesrepublik

Patrick Breyer vs Bundesrepublik Deutschand	
Processo	C-582/14
Data do acórdão	19-10-2016
Outras indicações	Acórdão do Tribunal de Justiça (Segunda Seção)
Ementa	Tratamento de dados - Conceito de "dados pessoais" - IP - Endereços de protocolo Internet - Conservação por um prestador de serviços de meio de comunicação em linha - Regulamentação nacional que não permite ter em conta o interesse legítimo prosseguido pelo responsável pelo tratamento.
Legislação	Diretiva 95/46/CE - Arts. 2º, alínea "a" - Art. 7º, alínea "f"

(v) C-201/14: Bara e Outros

Smaranda Bara e outros vs Preşedintele Casei Naţionale de Asigurări de Sănătate e outros	
Processo	C-201/14
Data do acórdão	01/10/2015
Outras indicações	Reenvio prejudicial apresentado pela Curtea de Apel Cluj
Ementa	Tratamento de dados pessoais — Artigos 10.° e 11.° — Informação das pessoas em causa — Artigo 13.° — Exceções e limitações — Transferência, por uma Administração Pública de um Estado-Membro, de dados fiscais pessoais, com vista ao seu tratamento por outra Administração Pública
Legislação	Diretiva 95/46/CE - Arts. 10º, 11 e 13

(vi) C-141/12: YS e Outros

Patrick Breyer vs Bundesrepublik Deutschand	
Processo	C-141/12
Data do acórdão	17/07/2017
Outras indicações	Reenvio prejudicial apresentado pelo Rechtbank Middleburget e pelo Raad van State
Ementa	Proteção de dados das pessoas singulares no que diz respeito ao tratamento de dados pessoais - Conceito de "dados pessoais" - Alcance do direito de acesso - Dados relativos ao requerente de uma autorização de residência e análise jurídica que figuram num documento administrativo preparatório da decisão
Legislação	Carta dos Direitos Fundamentais da União Europeia - Arts. 8º e 41; Diretiva 95/46/CE - Arts. 2º, 12 e 13.

(vii) C-683-13: Pharmacontinente - Saúde e Higiene e Outros vs Autoridade para as condições de trabalho

Pharmacontinente – Saúde e Higiene e Outros *vs* Autoridade para as condições de trabalho	
Processo	C-683-13
Data do acórdão	19/06/2014
Outras indicações	Reenvio prejudicial apresentado pelo Tribunal de Trabalho da Covilha
Ementa	Tratamento de dados pessoais – Conceito de "dados pessoais" – Princípios relativos à qualidade dos dados e à legitimidade do tratamento de dados – Segurança do tratamento – Tempo de trabalho dos trabalhadores – Registro de tempos de trabalho – Acesso da autoridade nacional com competência para a fiscalização das condições de trabalho – Obrigação de o empregador pôr à disposição o registro dos tempos de trabalho de forma a permitir a sua consulta imediata.
Legislação	Diretiva 95/46/CE – Arts. 2º, 6º, 7º e 17.

(viii) C-131-12: Google Spain e Google

Google Spain e Google	
Processo	C-131-12
Data do acórdão	13/05/2014
Outras indicações	Reenvio prejudicial apresentado pela Audiência Nacional da Espanha
Ementa	Dados pessoais – Proteção de dados das pessoas singulares no que diz respeito ao tratamento de dados pessoais – Âmbito de aplicação material e territorial da Diretiva 95/46/UE – Motores de pesquisa – Tratamento de dados contidos em páginas da internet – Pesquisa, indexação e armazenamento desses dados – Responsabilidade do operador do motor de pesquisa – Estabelecimento no território de um Estado-Membro – Alcance das obrigações desse operador e dos direitos da pessoa em causa
Legislação	Carta dos Direitos Fundamentais da União Europeia – Arts. 7º e 8º; Diretiva 95/46/CE – Arts. 2º, 4º, 12 e 14.

Anexo III
Índice de legislação relativa à proteção de dados pessoais

Documento	Notas adicionais
Declaração Universal dos Direitos do Homem – Nações Unidas – 1948	Art. 12º: *"Ninguém sofrerá intromissões arbitrárias na sua vida privada"*
Convenção Europeia dos Direitos do Homem – 1950	Art. 8º: *"Qualquer pessoa tem direito de respeito de sua vida privada e familiar, do seu domicílio e da sua correspondência"*
Constituição da República Portuguesa – 1976	Arts. 33 e 35: *"Todos os cidadãos têm o direito de tomar conhecimento do que constar de registros mecanográficos a seu respeito e do fim a que se destinam as informações, podendo exigir a retificação dos dados e a sal atualização"*
Diretrizes da OCDE para a Proteção da Privacidade e dos Fluxos Transfronteiriços de Dados Pessoais – 1980	Diretrizes relativas à política internacional sobre a proteção e a privacidade e dos fluxos transfronteiriços de dados pessoais
Convenção para a proteção das pessoas relativamente ao tratamento automatizado de dados de caráter pessoal – Tratado 108 – 1981	Tratado dos Estados membros do Conselho da Europa
Carta dos Direitos Fundamentais da União Europeia	Art. 8º *"Todas as pessoas têm o direito à proteção dos dados de caráter pessoal que lhe digam respeito"*

Anexo IV
Tabela comparativa: RGPD (europeu) e Lei nº 58/2019 (portuguesa)[79]

RGPD	Lei nº 58/2019 (Portugal)	*Observações: Arts da Lei nº 58/ /19 em que deverá ser considerada a deliberação da CNPD nº 2019/494 (Deliberação dobre a desaplicação de normas da Lei nº 58/2019) e outras indicações complementares*
Capítulo I – Disposições gerais	-	-
Art. 2º: Âmbito de aplicação material	Art. 2º: Âmbito de aplicação	Deliberação aborda o art. 2º da Lei nº 58/2019
Art. 3º: Âmbito de aplicação territorial	Art. 2º: Âmbito de aplicação	Deliberação aborda o art. 2º da Lei nº 58/2019
Capítulo II – Princípios		
Art. 5º: Princípios relativos ao tratamento de dados pessoais	Art. 21: Prazo de conservação de dados pessoais	-

[79] Tabela extraída da obra: Regulamento Geral Sobre a Proteção de Dados – Legislação e algumas notas, de Sofia Berberan Santos (Ed.) e de João Gabriel (Ed), cuja edição se deu pela GPA Academy, de Lisboa, em Portugal.

	Art. 25: Publicação em jornal oficial Art. 31: Tratamentos para fins de arquivo de interesse público, fins de investigação científica ou histórica ou fins estatísticos Art. 37: Contraordenações muito graves (ver ainda Seção III do Capítulo VII da Lei nº 58/2019, Crimes)	
Art. 6º: Licitude do tratamento	Art. 21: Prazo de conservação de dados pessoais Art. 22: Transferências de dados Art. 23: Tratamento de dados pessoais por entidades públicas para finalidades diferentes Art. 38: Relações laborais Art. 37: Coordenações muito graves Art. 61: Renovação do consentimento	Deliberação aborda arts. 23 da Lei nº 58/2019; Art. 28, nº 3, alínea "a" da Lei nº 58/2019; Art. 61, nº 2 da Lei nº 58/2019
Art. 7º: Condições aplicáveis ao consentimento	Art. 31: Tratamentos para fins de arquivo de interesse público, fins de investigação científica ou histórica ou fins estatísticos Art. 37:Coordenações muito graves Art. 61: Renovação do consentimento	Deliberação aborda art. 61 da Lei nº 58/2019
Art. 8º: Condições aplicáveis ao consentimento de crianças em relação aos serviços da sociedade de informação	Art. 17: Proteção de dados pessoais Art. 23: Tratamento de dados pessoais por entidades públicas para finalidades diferentes Art. 24: Liberdade de expressão e informação	Deliberação aborda art. 23 da Lei nº 58/2019

	Art. 28: Relações laborais Art. 29: Tratamento de dados da saúde e dados genéticos Art. 30: Bases de dados ou registros centralizados de saúde Art. 37: Contraordenações muito graves	
Art. 10º: Tratamento de dados pessoais relacionados com condenações penais e infrações	Art. 37: Contraordenações muito graves	-
Capítulo III – Direitos do titular dos dados	Em geral, arts. 37 e 38 Contraordenações muito graves e graves Ver ainda Seções III e IV do Capítulo VII da Lei nº 58/2019, “Crimes” e “Disposições comuns”	-
Art. 12: Transparência das informações, das comunicações e das regras para o exercício dos direitos dos titulares dos dados	Art. 21: Prazo de conservação de dados pessoais Art. 37: Contraordenações muito graves	Deliberação aborda art. 23 da Lei nº 58/2019
Art. 13: Informações a facultar quando os dados pessoais são recolhidos junto do titular	Art. 20: Dever de segredo Art. 21: Prazo de conservação de dados pessoais Art. 37: Contraordenações muito graves Art. 38: Contraordenações graves	Deliberação aborda art. 20, nº 1 da Lei nº 58/2019
Art. 14: Informações a facultar quando os dados pessoais não são recolhidos junto do titular	Art. 20: Dever de segredo Art. 21: Prazo de conservação de dados pessoais Art. 37: Contraordenações muito graves Art. 38: Contraordenações graves	Deliberação aborda art. 20, nº 1 da Lei nº 58/2019

Art. 15: Direito de acesso ao titular dos dados	Art. 20: Dever de segredo Art. 26: Acesso a documentos administrativos Art. 31: Tratamentos para fins de arquivo de interesse público, fins de investigação científica ou histórica ou estatísticos	Deliberação aborda art. 20, nº 1 da Lei nº 58/2019
Art. 16: Direito de retificação	Art. 31: Tratamentos para fins de arquivo de interesse público, fins de investigação científica ou histórica ou estatísticos	-
Art. 17: Direito ao pagamento dos dados (direito de ser esquecido)	Art. 21: Prazo de conservação de dados pessoais Art. 25: Publicação em jornal oficial	-
Art. 18: Direito à limitação do tratamento	Art. 31: Tratamentos para fins de arquivo de interesse público, fins de investigação científica ou histórica ou estatísticos	-
Art. 20: Direito à portabilidade dos dados	Art. 18: Portabilidade e operabilidade dos dados	-
Capítulo IV – Responsável pelo tratamento subcontratante	Art. 38: Contraordenações muito graves e graves	-
Art. 24: Responsável pelo tratamento	Art. 21: Prazo de conservação de dados pessoais	Deliberação aborda art. 23 da Lei nº 58/2019
Art. 25: Proteção de dados desde a concepção e por defeito	Em certo sentido, art. 23: Tratamento de dados pessoais por entidades públicas para finalidades diferentes	Deliberação aborda art. 23 da Lei nº 58/2019
Art. 26: Responsáveis pelo conjunto de tratamento	Em certo sentido, art. 23: Tratamento de dados pessoais por entidades públicas para finalidades diferentes	Deliberação aborda art. 23 da Lei nº 58/2019

Art. 27: Representantes dos responsáveis pelo tratamento ou dos subcontratantes não estabelecidos na União	Em certo sentido, art. 23: Tratamento de dados pessoais por entidades públicas para finalidades diferentes	Deliberação aborda art. 23 da Lei nº 58/2019
Art. 28: Subcontratante	Em certo sentido, art. 23: Tratamento de dados pessoais por entidades públicas para finalidades diferentes	Deliberação aborda art. 23 da Lei nº 58/2019
Art. 29: Tratamento sob a autoridade do responsável pelo tratamento ou subcontratante	Em certo sentido, art. 23: Tratamento de dados pessoais por entidades públicas para finalidades diferentes	Deliberação aborda art. 23 da Lei nº 58/2019
Art. 30: Registro das atividades de tratamento	Em certo sentido, art. 23: Tratamento de dados pessoais por entidades públicas para finalidades diferentes	Deliberação aborda art. 23 da Lei nº 58/2019
Art. 31: Cooperação com a autoridade de controle	Art. 8º: Dever de colaboração	-
Art. 32: Segurança do tratamento	Art. 30: Bases de dados ou registros centralizados de saúde Art. 31: Tratamentos para fins de arquivo de interesse público, fins de investigação científica ou histórica ou fins estatísticos	-
Art. 35: Designação do encarregado de proteção de dados	Art. 9º: Disposição geral Art. 10º Dever de sigilo e confidencialidade Art. 11: Funções do encarregado de proteção de dados Art. 12: Encarregados de proteção de dados em entidades públicas	-

	Art. 13: Encarregados de proteção de dados em entidades privadas Art. 29: Tratamento de dados de saúde e dados genéticos Art. 51: Violação do dever de sigilo	
Art. 40: Códigos de conduta	Art. 14: Acreditação e certificação Art. 15: Códigos de conduta	-
Art. 41: Supervisão dos códigos de conduta aprovados	Art. 14: Acreditação e certificação Art. 15: Códigos de conduta	-
Art. 42: Certificação	Art. 14: Acreditação e certificação Art. 15: Códigos de conduta	-
Art. 43: Organismos de certificação	Art. 14: Acreditação e certificação Art. 15: Códigos de conduta	-
Capítulo V – Transferências de dados pessoais para países terceiros ou organizações internacionais	Ver ainda Seções III e IV do Capítulo VII da Lei nº 58/2019, "Crimes" e "Disposições Comuns"	-
Art. 44: Princípio geral das transferências	Art. 22: Transferência de dados Art. 37: Contraordenações muito graves	A este respeito será, nomeadamente, de considerar também a Lei de organização e de funcionamento da Comissão Nacional de Proteção de Dados – Lei nº 43/2004, de 18 de agosto, alterada várias vezes, a última das quais pela Lei nº 58/2019. Deliberação da CNPD aborda art. 62 da Lei nº 58/2019
Art. 45: Transferências com base numa base de adequação		
Art. 46: Transferências sujeitas a garantias adequadas		
Art. 47: Regras vinculativas aplicáveis às empresas		

Art. 48: Transferências ou divulgações não autorizadas pelo direito da União		
Art. 49: Derrogações para situações específicas		
Art. 50: Cooperação internacional no domínio da proteção de dados pessoais		
Capítulo VII – Autoridades de controle independentes	-	-
Art. 51: Autoridade de controle	Art. 3º: Autoridade de controle nacional Art. 4º: Natureza e independência Art. 5º: Composição e funcionamento Art. 6º: Atribuições e competências Art. 7º: Avaliações prévias de impacto Art. 8º: Dever de colaboração Art. 14: Acreditação e certificação Art. 15: Códigos de conduta Art. 20, nº 2º: Dever de segredo Art. 36: Legitimidade da CNPD Art. 37: Contraordenações muito graves Art. 39: Determinação da medida da coima Art. 42: Destino das coimas Art. 44: Âmbito de aplicação das contraordenações Art. 52: Desobediência Art. 57: Comissão Nacional de Proteção de Dados	-

	Art. 60: Situações de tratamentos de dados pessoais pré-existentes Art. 62: Regimes de proteção de dados pessoais	
Art. 52: Independência Art. 53: Condições gerais aplicáveis aos membros da autoridade de controle Art. 54: Regras aplicáveis à constituição da autoridade de controle Art. 55: Competência Art. 56: Competência da autoridade de controle principal Art. 57: Atribuições Art. 58: Poderes Art. 59: Relatório de atividades Capítulo VII – Cooperação e coerência	Art. 3º: Autoridade de controle nacional Art. 4º: Natureza e independência Art. 5º: Composição e funcionamento Art. 6º: Atribuições e competências Art. 7º: Avaliações prévias de impacto Art. 8º: Dever de colaboração Art. 14: Acreditação e certificação Art. 15: Códigos de conduta Art. 20, nº 2º: Dever de segredo Art. 36: Legitimidade da CNPD Art. 37: Contraordenações muito graves Art. 39: Determinação da medida da coima Art. 42: Destino das coimas Art. 44: Âmbito de aplicação das contraordenações Art. 52: Desobediência	- -
	Art. 57: Comissão Nacional de Proteção de Dados Art. 60: Situações de tratamentos de dados pessoais pré-existentes Art. 62: Regimes de proteção de dados pessoais -	

Capítulo VIII – Vias de recurso, responsabilidade e sanções	Tem ainda relevância o art. 43: cumprimento do dever omitido	-
Art. 77: Direito de apresentar reclamação a uma autoridade de controle	Art. 32: Tutela administrativa	-
Art. 78: Direito à ação judicial contra uma autoridade de controle	Art. 34: Tutela jurisdicional	-
Art. 79: Direito à ação judicial contra um responsável pelo tratamento ou subcontratante	-	-
Art. 80: Representação dos titulares dos dados	Art. 35: Representação dos titulares dos dados	-
Art. 82: Direito de indenização e responsabilidade	Art. 33: Responsabilidade civil	-
Art. 83: Condição geral para a aplicação de coimas	Art. 37: Contraordenações muito graves Art. 38: Contraordenações graves Art. 39: Determinação da medida da coima Art. 40: Prescrição do procedimento por contraordenação Art. 41: Prazo de prescrição das coimas Art. 44: Âmbito de aplicação das contraordenações Art. 45: regime subsidiário	-
Art. 84: Sanções	Ver Seção III do Capítulo VII da Lei nº 58/2019, Crimes e Seção IV: Disposições Comuns Art. 46: Utilização de dados de forma incompatível com a finalidade de recolha	-

	Art. 47: Acesso indevido Art. 48: Desvio de dados Art. 49: Viciação ou destruição de dados Art. 50: Inserção de dados falsos Art. 51: Violação do dever de sigilo Art. 52: Desobediência Art. 53: Punibilidade da tentativa Art. 54: Responsabilidade das pessoas coletivas Art. 55: Concurso de infrações Art. 56: Sanções acessórias	
Capítulo IX – Disposições relativas a situações específicas de tratamento	Sem correspondência direta	-
Art. 85: Tratamento e liberdade de expressão de informação	Art. 24: Liberdade de expressão de informação Art. 37: Contraordenações muito graves	-
Art. 86: Tratamento e acesso aos documentos oficiais	Art. 26: Acesso a documentos administrativos	-
Art. 88: Tratamento no contexto laboral	Art. 21: Prazo de conservação de dados pessoais Art. 28: Relações laborais Art. 37: Contraordenações muito graves	-
Art. 89: Garantias e derrogações relativas ao tratamento para fins de arquivo de interesse público ou para fins de investigação científica ou histórica ou para fins estatísticos	Art. 21: Prazo de conservação de dados pessoais Art. 31: Tratamentos para fins de arquivo de interesse público, fins de investigação científica ou histórica ou fins estatísticos Art. 37: Contraordenações muito graves	-

Art. 90: Obrigações de sigilo	Art. 10: Dever de sigilo e confidencialidade Art. 29: Tratamento de dados de saúde e dados genéticos Art. 51: Violação do dever de sigilo	

Anexo V
Principais documentos publicados pela CNPD após a data de produção do RGPD[80]

Principais documentos publicados pela CNPD após a data de produção de efeitos do RGPD (atualizada à data de 19 de maio de 2020)	Referências legais	Temas principais/ Observações
a) Deliberações		
Deliberação nº 948/2018	Art. 15, nº 1, alíneas "c" e "f"; art. 32, nº 1, alíneas "b" e "d"; art. 83, nº 4, alínea "a" e nº 5, alínea "a"	Minimização de dados, integridade e confidencialidade de dados pessoais e segurança do tratamento
Deliberação nº 2019/21	Art. 15, nº 1 e art. 83, nº 5, alínea "b" do RGPD	Direito de acesso a cópias de gravações de chamadas telefônicas
Deliberação nº 2019/207	Art. 13, nº 1 e 2 e art. 83, nº 5, alínea "b" do RGPD	Sistema de videovigilância, falta de avisos informativos e informações a facultar aos titulares de dados pessoais

[80] A presente tabela foi extraída da obra Regulamento Geral Sobre a Proteção de Dados – Legislação e algumas notas, de Sofia Berberan Santos (Ed.) e de João Gabriel (Ed), cuja edição se deu pela GPA Academy, de Lisboa, em Portugal.

<table>
<tr><td>Deliberação nº 2019/222</td><td>Art. 13, nº 1 e 2 e art. 83, nº 5, alínea “b” do RGPD</td><td>Sistema de videovigilância, falta de avisos informativos e informações a facultar aos titulares de dados pessoais</td></tr>
<tr><td>Deliberação nº 2019/297</td><td>Art. 22 e art. 37, nº 1, alínea “b” e nº 4 do Decreto Lei nº 7/2004, alterado pelo Decreto Lei nº 62/2009 e o art. 14, nº 1, alínea “f” e do nº 4 da Lei nº 41/2004.</td><td>Comunicações não solicitadas, marketing direto</td></tr>
<tr><td>Deliberação nº 494/2019</td><td>Desaplicação de normas da Lei nº 58/2019</td><td>-</td></tr>
<tr><td>Deliberação nº 495/2019</td><td>Dispensa da aplicação de coimas às entidades públicas – interpretação do art. 44, nº 2 da Lei nº 58/2019</td><td>-</td></tr>
<tr><td>Deliberação nº 170/2020</td><td colspan="2">Prazos de resposta a projetos de deliberação. Covid-19</td></tr>
<tr><td colspan="3">b) Regulamentos</td></tr>
<tr><td>Regulamento nº 1/2018</td><td colspan="2">Relativo à lista de tratamento de dados pessoais sujeitos a Avaliação de Impacto sobre a Proteção de Dados (AIPD-DPIA).</td></tr>
<tr><td>Regulamento nº 310/2020</td><td colspan="2">Valor das taxas de apreciação e decisão de requerimentos à Comissão Nacional de Proteção de dados</td></tr>
<tr><td colspan="3">c) Diretrizes e orientações</td></tr>
<tr><td>Diretriz nº 1/2018</td><td colspan="2">Disponibilização de dados pessoais dos estudantes, dos docentes e demais trabalhadores no sítio da internet das instituições de ensino superior – 2 de outubro de 2018.</td></tr>
<tr><td>Diretriz nº 1/2019</td><td colspan="2">Relativa ao tratamento de dados pessoais no contexto de campanhas eleitorais e marketing político – 25 de março de 2019</td></tr>
<tr><td>Diretriz nº 2/2019</td><td colspan="2">Relativa ao tratamento de dados pessoais no contexto das redes de inteligência de distribuição de energia elétrica – 3 de setembro de 2019</td></tr>
</table>

Orientações para utilização de tecnologias de suporte ao ensino à distância – 8 de abril de 2020	Covid-19
Orientações sobre o controle à distância em regime de teletrabalho – 17 de abril de 2020	Covid-19
Orientações sobre divulgação de informação relativa a infectados por Covid-19 – 22 de abril de 2020.	Covid-19
Orientações sobre recolha de dados de saúde dos alunos – 19 de maio de 2020	Covid-19
d) Parecer nº 20/2018	
Parecer nº 20/2018	Parecer sobre a Proposta de Lei nº 120/XIII/3º (GOV). Assegura a execução na ordem jurídica nacional, do Regulamento (UE) 2016/79, relativo à proteção das pessoas singulares no que diz respeito ao tratamento de dados pessoas e à livre circulação desses dados.
e) Outros documentos	
Modelo de registro das atividades de tratamento (art. 30)	CNPD disponibiliza um modelo para responsáveis pelo tratamento e um modelo para subcontratantes
Comunicado de 2 de abril de 2020	Utilização de sistemas de videovigilância e de alarmística no contexto da Covid-19

Anexo VI

Política de Privacidade e Proteção de Dados Pessoais no Poder Judiciário do Estado de São Paulo

O Desembargador GERALDO FRANCISCO PINHEIRO FRANCO, Presidente do Tribunal de Justiça do Estado de São Paulo, no uso de suas atribuições legais e considerando o disposto na Lei 13.709, de 14 de agosto de 2018 - Lei Geral de Proteção de Dados; na Recomendação CNJ 73, de 20 de agosto de 2020; na Lei 12.965, de 23 de abril de 2014 - Marco Civil da Internet; no Decreto 8.771, de 11 de maio de 2016; na Lei 12.527, de 18 de novembro de 2011 - Lei de Acesso à Informação; na Resolução CNJ 121, de 05 de maio de 2010 e na Resolução CNJ 215, de 16 de dezembro de 2015,

RESOLVE:

Art. 1º. Instituir no âmbito do Tribunal de Justiça de São Paulo a Política de Privacidade e Proteção de Dados Pessoais -PPPDP do Poder Judiciário do Estado de São Paulo. Seção I Introdução

§1º. A presente Política de Privacidade e Proteção de Dados Pessoais materializa o desiderato do Tribunal de Justiça de São Paulo de prestigiar o respeito à proteção de dados pessoais, em consonância com a legislação específica respectiva (Lei n. 13.709 de 14 de agosto de 2018 - Lei Geral de Proteção de Dados Pessoais, "LGPD") e com a legislação correlata, especialmente a Lei n. 12.965 de 23 de abril de 2014 ("Lei do Marco Civil da

Internet") e a Lei n. 12.527, 28 de novembro de 2011 ("Lei de Acesso à Informação").

§2º. Por igual, esta Política visa a alinhar o Tribunal de Justiça de São Paulo com norteadores providos pelo Conselho Nacional de Justiça com o propósito de integração da disciplina do assunto no âmbito do sistema judiciário.

§3º. Esta Política será administrada pelo Comitê Gestor de Privacidade e Proteção de Dados Pessoais – CGPPDP, instituído pela Portaria TJSP nº 9912/2020, de 08 de setembro de 2020.

Seção II
Do Escopo

Art.2º. Esta Política regula a proteção de dados pessoais nas atividades jurisdicionais do Tribunal de Justiça de São Paulo e nas suas atividades administrativas. Suas disposições regulam o relacionamento do Tribunal de Justiça de São Paulo com os usuários de seus serviços e com os magistrados, servidores, fornecedores e quaisquer terceiros.

§1º. As disposições desta Política se referem a dados pessoais contidos em qualquer suporte físico, seja eletrônico ou não.

§2º. Os dados pessoais coletados e tratados no sítio eletrônico do Tribunal de Justiça de São Paulo são objeto de variante específica desta PPPDP, subordinada a esta última.

Seção III
Do Objetivo

Art. 3º. O objetivo desta Política é de definir e divulgar as regras de tratamento de dados pessoais pelo Tribunal de Justiça de São Paulo, em consonância com a legislação aplicável e com os regulamentos e orientações do Conselho Nacional de Justiça, do Conselho Nacional de Proteção de Dados Pessoais e de demais autoridades competentes. Esta Política provê diretrizes para a atuação do Comitê Gestor de Privacidade e Proteção de Dados Pessoais – CGPPDP, instituído pela Portaria TJSP nº 9912, de 08 de setembro de 2020 e do órgão Encarregado do Tribunal de Justiça de São Paulo.

Seção IV
Das Referências Legais e Normativas

Art. 4º O tratamento de dados pessoais pelo Tribunal de Justiça de São Paulo é regido pela Lei Federal nº 13.709, de 14.08.18 (Lei Geral de Proteção de Dados Pessoais, "LGPD") e pela legislação pertinente (inclusive as leis regedoras do habeas data, da liberdade de acesso à informação, e dos direitos de privacidade e de intimidade), assim como por normas técnicas geralmente aceitas (como a NBR ABNT ISO/IEC 29100), por política públicas (por exemplo, as de dados abertos e de inclusão digital) e por boas práticas de governança de dados (como aquelas preconizadas no Guia de Boas Práticas para Implementação na Administração Pública Federal, editado em sintonia com o Decreto federal n. 10.046/2019) e de segurança da informação. Seção V Dos Termos e Definições

Art. 5º. Os termos, expressões e definições utilizados nesta Política serão aqueles conceituados na LGPD, em legislação substituta ou no documento TJSPPSI-03.01 – Termos e definições.

Seção VI
Dos Princípios

Art. 6º. A aplicação desta Política será pautada pelo dever de boa-fé e pela observância dos princípios previstos no art. 6º da LGPD, a saber: finalidade, adequação, necessidade, livre acesso, qualidade dos dados, transparência, segurança, prevenção, não discriminação e responsabilização e prestação de contas.

Seção VII
Do Tratamento de Dados Pessoais

Art. 7º. O tratamento de dados pessoais pelo Tribunal de Justiça de São Paulo é realizado para o atendimento de sua finalidade pública, na persecução do interesse público, com o objetivo de executar suas competências legais e de cumprir as atribuições legais do serviço público.

Parágrafo único. O Regimento Interno do Tribunal de Justiça de São Paulo e demais normas de organização judiciária definem as funções e atividades que constituem as finalidades e balizadores do tratamento de dados pessoais para fins desta Política.

Art. 8º. Em atendimento a suas competências legais, o Tribunal de Justiça de São Paulo poderá, no estrito limite de suas atividades jurisdicionais, tratar dados pessoais com dispensa de obtenção de consentimento pelos respectivos titulares. Eventuais atividades que transcendam o escopo da função jurisdicional estarão sujeitas à obtenção de consentimento dos interessados.

Art. 9º. O Tribunal de Justiça de São Paulo mantém contratos com terceiros para o fornecimento de produtos ou a prestação de serviços necessários a suas operações, os quais poderão, conforme o caso, importar em disciplina própria de proteção de dados pessoais, a qual deverá estar disponível e ser consultada pelos interessados.

Art. 10 Os dados pessoais tratados pelo Tribunal de Justiça de São Paulo são:

I. Protegidos por procedimentos internos, com trilhas de auditoria para registrar autorizações, utilização, impactos e violações;

II. Mantidos disponíveis, exatos, adequados, pertinentes e atualizados, sendo retificado ou eliminado o dado pessoal mediante informação ou constatação de impropriedade respectiva ou face a solicitação de remoção, devendo a neutralização ou descarte do dado observar as condições e períodos da tabela de prazos de retenção de dados;

III. Compartilhados somente para o exercício das funções judiciárias ou para atendimento de políticas públicas aplicáveis; e

IV. Revistos em periodicidade mínima anual, sendo de imediato eliminados aqueles que já não forem necessários, por terem cumprido sua finalidade ou por ter se encerrado o seu prazo de retenção.

Art. 11. A informação sobre o tratamento de dados pessoais sensíveis ou referentes a crianças ou adolescentes estará disponível em linguagem clara e simples, com concisão, transparência, inteligibilidade e acessibilidade, na forma da lei e de acordo com as regras do regime de tramitação sob segredo de Justiça.

Art. 12. A responsabilidade do Tribunal de Justiça de São Paulo pelo tratamento de dados pessoais estará circunscrita ao dever de se ater ao exercício de sua competência legal e institucional e de empregar boas práticas de governança e de segurança.

Seção VIII
Dos Direitos do Titular

Art. 13. O Tribunal de Justiça de São Paulo zela para que o Titular do dado pessoal possa usufruir dos direitos assegurados pelos artigos 18 e 19 da LGPD, aos quais a presente Política se reporta, por remissão.

Seção IX
Da Transferência Internacional de Dados

Art. 14. O Tribunal de Justiça de São Paulo está sujeito ao dever de expedir ou atender cartas rogatórias, colaborar para autorização de atividades de cooperação internacional em investigação e persecução oficiais, e observar outros deveres inerentes à atividade jurisdicional que implicam transferências internacionais de dados.

Parágrafo único. Exceto no contexto indicado no "caput", o Tribunal de Justiça de São Paulo não procederá a transferências internacionais de dados pessoais, inclusive para fins de convênios de cooperação administrativa com outros tribunais, exceto se prévia e formalmente autorizado mediante consentimento inequívoco pelo Titular respectivo ou anonimização do dado pessoal para fins exclusivamente estatísticos.

Seção X
Dos Agentes de Tratamento de Dados Pessoais

Art. 15. O Tribunal de Justiça de São Paulo é o Controlador dos dados pessoais por ele tratados, nos termos das suas competências legal e institucional.

Art. 16. O Tribunal de Justiça de São Paulo pode, a qualquer tempo, requisitar informações acerca dos dados pessoais confiados a seus fornecedores, particularmente no caso de serviços de Tecnologia da Informação e Comunicação (TIC). Os provedores de tais serviços serão considerados Operadores e deverão aderir a esta Política, além de cumprir os deveres legais e contratuais respectivos, dentre os quais se incluirão, mas não se limitarão aos seguintes:

I. Assinar contrato ou termo de compromisso com cláusulas específicas sobre proteção de dados pessoais requeridas pelo Tribunal de Justiça de São Paulo;

II. Apresentar evidências e garantias suficientes de que aplica adequado conjunto de medidas técnicas e administrativas de segurança, para a proteção dos dados pessoais, segundo a legislação, os instrumentos contratuais e de compromissos;

III. Manter os registros de tratamento de dados pessoais que realizar, com condições de rastreabilidade e de prova eletrônica a qualquer tempo;

IV. Seguir fielmente as diretrizes e instruções transmitidas pelo Tribunal de Justiça de São Paulo;

V. Facultar acesso a dados pessoais somente para o pessoal autorizado que tenha estrita necessidade respectiva e que tenha assumido compromisso formal de preservar a confidencialidade e segurança de tais dados, devendo tal compromisso estar disponível em caráter permanente para exibição ao Tribunal de Justiça de São Paulo, mediante solicitação;

VI. Permitir a realização de auditorias, incluindo inspeções do Tribunal de Justiça de São Paulo ou de auditor independente autorizado por ele autorizado, e disponibilizar toda a informação necessária para demonstrar o cumprimento das obrigações estabelecidas;

VII. Auxiliar, em toda providência que estiver ao seu alcance, no atendimento pelo Tribunal de Justiça de São Paulo de obrigações perante Titulares de dados pessoais, autoridades competentes ou quaisquer outros legítimos interessados;

VIII. Comunicar formalmente e de imediato ao Tribunal de Justiça de São Paulo a ocorrência de qualquer risco, ameaça ou incidente de segurança que possa acarretar comprometimento ou dano potencial ou efetivo a Titular de dados pessoais, evitando atrasos por conta de verificações ou inspeções;

IX. Descartar de forma irrecuperável, ou devolver para o Tribunal de Justiça de São Paulo, todos os dados pessoais e as cópias existentes, após a satisfação da finalidade respectiva ou o encerramento do tratamento por decurso de prazo ou por extinção de vínculo legal ou contratual.

Art. 17. O Tribunal de Justiça de São Paulo instituiu pela Portaria 9.912/2020 o órgão Encarregado pelo Tratamento de Dados Pessoais do Poder Judiciário do Estado de São Paulo, que atenderá quaisquer contatos, nos termos da lei, no endereço eletrônico encarregado_lgpd@tjsp.jus.br, o qual deverá estar informado no sítio eletrônico e em materiais de divulgação desta Política.

Art. 18. O Encarregado deverá contar com apoio efetivo do Comitê Gestor de Privacidade e Proteção de Dados Pessoais –CGPPDP do Tribunal de Justiça de São Paulo para o adequado desempenho de suas funções.

Art. 19. O Tribunal de Justiça de São Paulo poderá padronizar modelos de comunicação para utilização pelo Encarregado no atendimento de solicitações ou dúvidas de Titulares de dados pessoais, e demais procedimentos organizacionais, visando a assegurar a celeridade necessária para cumprimento de prazos legais de atendimentos.

Seção XI
Da Segurança e Boas Práticas

Art. 20. O Tribunal de Justiça de São Paulo dispõe de uma Política de Segurança da Informação que especifica e determina a adoção de um conjunto de medidas técnicas e administrativas de segurança para a proteção de dados pessoais contra acessos não autorizados e situações acidentais ou incidentes culposos ou dolosos de destruição, perda, adulteração, compartilhamento indevido ou qualquer forma de tratamento inadequado ou ilícito.

Parágrafo único. Embora o Tribunal de Justiça de São Paulo recorra à organização interna e à assessoria externa que seguem padrões e critérios nacionais e internacionais geralmente aceitos, tal precaução não implica em garantia contra a possibilidade de incidentes de segurança ou de violação da proteção de dados pessoais, haja vista, sobretudo, a contínua diversificação dos riscos cibernéticos.

Art. 21. O Tribunal de Justiça de São Paulo adota boas práticas e governança capazes de inspirar comportamentos adequados e de mitigar os riscos de comprometimento de dados pessoais. Parágrafo único. As boas práticas adotadas de proteção de dados pessoais e a governança implantada deverão ser objeto de campanhas informativas na esfera interna do Tribunal de Justiça de São Paulo e em seu sítio eletrônico, visando a disseminar cultura protetiva, com conscientização e sensibilização dos interessados.

Art. 22. O órgão Encarregado e o Comitê Gestor de Privacidade e Proteção de Dados Pessoais – CGPPDP deverão manter a direção do Tribunal de

Justiça de São Paulo a par de aspectos e fatos significativos e de interesse para conhecimento pelas instâncias respectivas.

Art. 23. A Política de Privacidade e Proteção de Dados Pessoais deve ser revista em intervalos planejados não superiores a 12 (doze) meses, a partir da data de sua publicação, ou ante a ocorrência de algumas das seguintes condições:

I. Edição ou alteração de leis e/ou regulamentos relevantes;

II. Alteração de diretrizes estratégicas pelo Tribunal de Justiça de São Paulo;

III. Expiração da data de validade do documento, se aplicável;

IV. Mudanças significativas de tecnologia na organização do Tribunal de Justiça de São Paulo, como por exemplo a definição de armazenamento em data center localizado no exterior;

V. Análises de risco em Relatório de Impacto de Proteção de Dados Pessoais que indique a necessidade de modificação no documento para readequação da organização visando a prevenir ou mitigar riscos relevantes.

Art. 24. O processo de análise para determinar a adequação, suficiência e eficácia dos documentos da Política de Proteção de Dados Pessoais deve ser formalizado com o registro de diagnósticos e sugestões e das aprovações respectivas.

Art. 25. Independentemente da revisão ou atualização desta Política de Privacidade e Proteção de Dados Pessoais, deverá ser elaborado no mínimo anualmente um Relatório de Impacto de Proteção de Dados Pessoais, identificando vulnerabilidades e respectivos Planos de Ação.

Seção XII
Da Fiscalização

Art. 26. O Comitê Gestor de Privacidade e Proteção de Dados Pessoais – CGPPDP, deverá definir, ad referendum da direção do Tribunal de Justiça de São Paulo, os procedimentos e mecanismos de fiscalização do cumprimento desta Política.

Art. 27. O Tribunal de Justiça de São Paulo cooperará com fiscalizações promovidas por terceiros legitimamente interessados, devendo ser observadas as seguintes condições:

I. Sejam informadas em tempo hábil;

II. Tenham motivação objetiva e razoável;
III. Não afetem a proteção de dados pessoais não abrangidos pelo propósito da fiscalização;
IV. Não causem impacto, dano ou interrupção nos equipamentos, pessoal ou atividades do Tribunal de Justiça de São Paulo.

Parágrafo único. A inobservância da presente Política de Proteção de Dados Pessoais acarretará a apuração das responsabilidades internas e externas previstas nas normas internas do Tribunal de Justiça de São Paulo e na legislação em vigor, podendo haver responsabilização penal, civil e administrativa.

Seção XIII
Da Proteção De Dados Pessoais De Magistrados e De Servidores

Art. 28. A proteção de dados pessoais de magistrados e de servidores deverá observar as condições determinadas pelo Conselho Nacional de Justiça, pelo Conselho Nacional de Proteção de Dados Pessoais e pela Autoridade Nacional de Proteção de Dados, na forma da legislação e regulamentação vigentes.

Art. 29. Revogam-se as disposições em contrário.

Art. 30. Esta Portaria entra em vigor nesta data.

REGISTRE-SE. PUBLIQUE-SE. CUMPRA-SE.

São Paulo, 22 de setembro de 2020.

GERALDO FRANCISCO PINHEIRO FRANCO,
Presidente do Tribunal de Justiça

REFERÊNCIAS

BATISTELA, Leticia; HERZOG. Eliana; (coords). Comissão Geral da Lei de Proteção de Dados. 2019.

GUILHERME. Luiz Fernando do Vale de Almeida. Código Civil Comentado e Anotado. 2ª edição. Barueri: Ed. Manole, 2017.

MARTINA, Sandra Regina; BERGSTEIN, Laís. Revista Científica: Aproximações entre direito ao esquecimento e a lei Geral de Proteção de dados (LGPD. Vol. 1, nº 1, jan-jun, 2019.

TEPEDINO, Gustavo; FRAZÃO, Ana; OLIVA, Milena Donato. Lei Geral de Proteção de Dados Pessoais e suas repercussões no Direito Brasileiro. São Paulo: Revista dos Tribunais, 2019.

SANTOS, Sofia Berberan; GABRIEL, João. Regulamento Geral Sobre a Proteção de Dados – legislação e algumas notas. Lisboa: GPA Academy, 2020.

VIOLA, Mario (coord). Guia de Boas Práticas do Mercado Segurador Brasileiro sobre a Proteção de Dados Pessoais – Cnseg.

https://baptistaluz.com.br/espacostartup/anonimizacao-e-pseudonimizacao-conceitos-e-diferencas-na-lgpd/

https://ec.europa.eu/info/law/law-topic/data-protection/reform/what-personal-data_pt

https://www.serpro.gov.br/lgpd/menu/protecao-de-dados/dados-anonimizados-lgpd

https://triplait.com/bases-legais-para-tratamento-de-dados-da-lgpd/

https://domtotal.com/noticia/1350786/2019/05/a-aplicacao

https://acmedsilva.jusbrasil.com.br/artigos/768221374/quem-e-o-encarregado-de-dados-pessoais?ref=feed

https://www.plugar.com.br/lgpd-saiba-tudo-sobre-seguranca-e-sigilo-de-dados/

https://www.plugar.com.br/conheca-as-boas-praticas-de-governanca-e-sancao-da-lgpd/

http://www.aba.com.br/wp-content/uploads/2019/06/ebook-aba-compliance-lgpd.pdf

https://opiceblumacademy.com.br/wp-content/uploads/2020/02/lgpd-governanca--melhores-praticas.pdf

https://www.gov.br/governodigital/pt-br/governanca-de-dados/guia-lgpd.pdf

https://www.diegomacedo.com.br/o-que-e-interoperabilidade/

https://blog.idwall.co/protecao-de-dados-cenario-mundial-das-leis/

https://rdstation-static.s3.amazonaws.com/cms%2Ffiles%2F28555%2F1592832217Ebook_LGPD_-_O_que__e_como_adequar_sua_empresa.pdf.